中国古都研究

ZHONGGUO GUDU YANJIU

中国古都学会 编

2018年 1 总第34辑

- 中国的世界遗产及其与古都的关系
- 从大古都之说看洛阳在中国古都中的地位
- 唐长安长乐驿与临皋驿
- 民国西安的城市公园与都市生活
- 高句丽琉璃明王迁都"国内"及营建"豆谷离宫"考
- 日本熊山古塔与唐前期佛塔类比研究

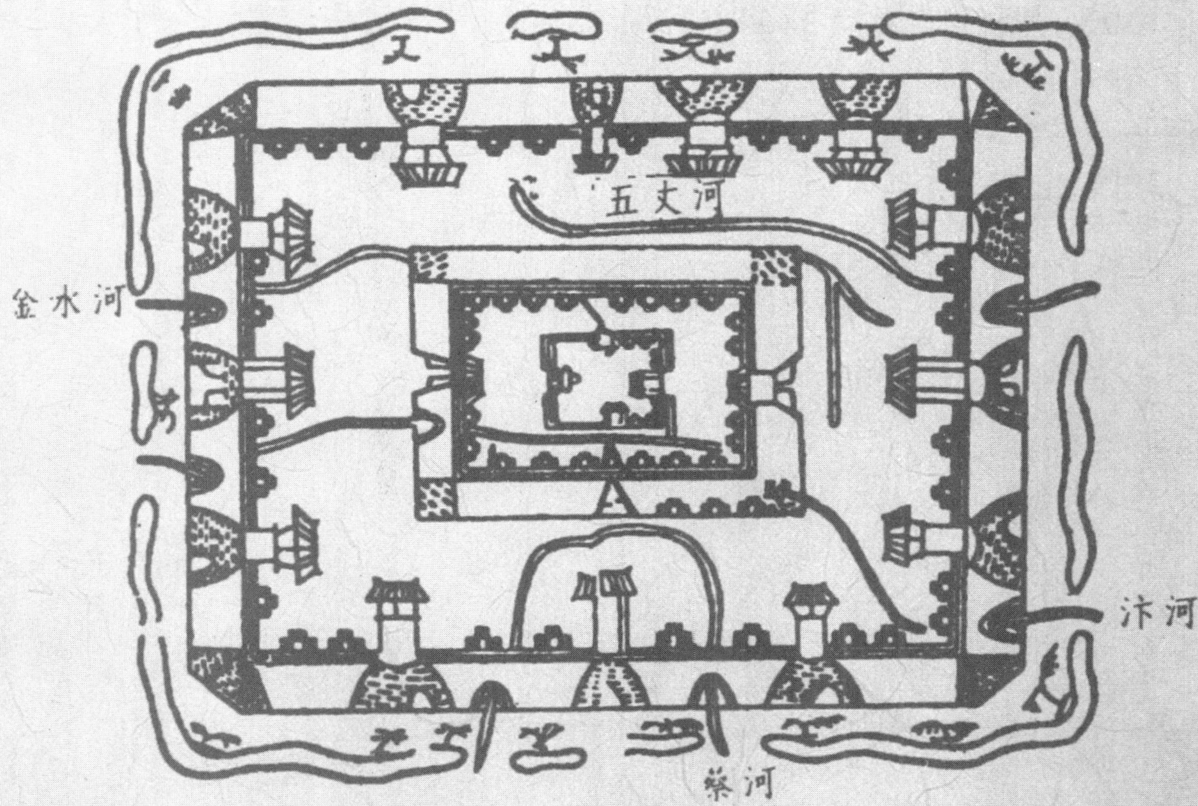

陕西师范大学出版总社

图书代号：SK18N1559

图书在版编目（CIP）数据

中国古都研究 . 总第 34 辑 / 中国古都学会编 . — 西安：陕西师范大学出版总社有限公司，2018.6

ISBN 978-7-5695-0097-4

Ⅰ . ①中… Ⅱ . ①中… Ⅲ . ①都城—中国—古代—文集 Ⅳ . ① K928.5-53

中国版本图书馆 CIP 数据核字（2018）第 137939 号

中国古都研究（总第 34 辑）
中国古都学会　编

责任编辑 / 赵荣芳
责任校对 / 侯坤奇　赵荣芳
出版发行 / 陕西师范大学出版总社
　　　　　　（西安市长安南路 199 号　邮政编码 710062）
网　　址 / http://www.snupg.com
印　　刷 / 陕西金德佳印务有限公司
开　　本 / 787mm×1092mm　　1/16
印　　张 / 11
字　　数 / 250 千
版　　次 / 2018 年 6 月第 1 版
印　　次 / 2018 年 6 月第 1 次印刷
书　　号 / ISBN 978-7-5695-0097-4
定　　价 / 25.00 元

读者购书、书店添货或发现印刷装订问题，请与本公司营销部联系、调换。
电话：（029）85307864　85303629　　传真：（029）85303879

中国古都研究

编委会主任： 萧正洪

编委会成员：

王　岗　王尚义　申有顺　叶万松　许　成
李令福　何一民　陈文道　陈国桢　安大钧
杨新华　肖爱玲　侯海英　徐海荣　耿占军
阎铁成　阎　频　萧正洪　喻清录

执行编委会：

萧正洪　李令福　刘景纯　史红帅　耿占军
吕卓民　王社教　肖爱玲　侯海英　王向辉

主　编： 萧正洪
副主编： 李令福　肖爱玲
编辑部主任： 侯海英

主办： 陕西师范大学西北历史环境与经济社会发展研究院

目　录

中国的世界遗产及其与古都的关系 …………………………………… 李令福（1）
从大古都之说看洛阳在中国古都中的地位 ……………………………… 毛　曦（12）
西汉离宫别馆祠祀功能考述 ……………………………………………… 梁　陈（21）

元中都：天历之变的舞台 ………………………………………………… 袁梦阳（34）
明末北京城煤炭储备问题探析 …………………………………………… 黄嘉福（39）
明代北京周边的水土流失 ………………………………………………… 王广腾（54）

西周金文中的"五邑"考 ………………………………………………… 邱海文（62）
汉唐昆明池园林景观分析及现代开发建议 ……………………………… 郑秀娟（67）
唐长安长乐驿与临皋驿 …………………………………………………… 李久昌（74）
民国西安的城市公园与都市生活 ………………………………………… 程　森（84）

封面题字：萧正洪　　责任编辑：赵荣芳　　责任校对：侯坤奇　赵荣芳
图片来源：《中国居住建筑简史——城市、住宅、园林》

高句丽琉璃明王迁都"国内"及营建"豆谷离宫"考………孙炜冉（98）
日本熊山古塔与唐前期佛塔类比研究………李德方（113）

谷驼铭祉的党项裔史典奇迹——拓跋踪秘………李成军（121）
北齐都城邺城兴衰的因素探析………乔凤岐 李瑞勤（132）

中国古都研究概观与简评………沈 山 刘科彬（142）
20世纪以来宋敏求《长安志》研究刍议………马 森（153）

Vol.34,No.1 Jun,2018
Studies of Chinese Ancient Capitals

Contents

China's World Heritage and Its Relationship with Ancient Capitals
　　……………………………………………………………………Li Lingfu (1)

On Luoyang's Position in Ancient Capitals of China from the Perspective of
　　Historic Capitals……………………………………………Mao Xi (12)

Study on the Function of the Resort Palaces as the Site of Sacrifice in the
　　Western Han Dynasty……………………………………Liang Chen (21)

The Central Capital of the Yuan Dynasty: Stage of Tianli Incident
　　………………………………………………………………Yuan Mengyang (34)

A Study of the Coal Reserves of Beijing in the Late Ming Dynasty
　　………………………………………………………………Huang Jiafu (39)

Water and soil erosion around Beijing during the Ming Dynasty
　　………………………………………………………………Wang Guangteng (54)

A Study of "Wuyi" in the Bronze Inscriptions of the Western Zhou Dynasty's
　　………………………………………………………………Qiu haiwen (62)

Landscape Analysis of Kunming Pond in Han and Tang Dynasties and
　　Suggestions for its Modern Development……………Zheng Xiujuan (67)

Changle Courier Station and Lingao Courier Station in the Tang Dynasty's Chang'an City ······Li Jiuchang（74）

The Parks and City Life in Xi'an of the Republic of China ······Cheng Sen（84）

A Study of the Capital Relocation to Guonei and the Establishment of Dougu Detached Palace of King Yuri of Koguryo ······Sun Weiran（98）

An Analogy between Japanese Xiongshan Pagoda and the Early Tang Pagodas ······Li Defang（113）

On the Historical Scriptures of Dangxiang Descendant:Tuoba in Gutuo ······Li Chengjun（121）

The Rise and Fall of Yecheng, the Northern Qi Capital ······Qiao Fengqi li Ruiqin（132）

An Overview of the Study of China's Ancient Capitals and Suggestions ······Shen Shan Liu Kebin（142）

A Review of the study of Song Minqiu's *Chang'an Zhi (Chang'an Chronicles)* Since the 20th Century ······Ma Sen（153）

中国的世界遗产及其与古都的关系

李令福

(陕西师范大学西北历史环境与经济社会发展研究院,陕西西安,710119)

[摘 要] 2017年,中国的世界遗产达到52项,其中文化遗产、文化景观遗产与古代都城密切相关,主要表现为北京、西安与洛阳这三个古都城市范围内的世界文化遗产最为密集。这三个古都是中国第一等级的古代都城,世界遗产的分布特征符合中国古代都城变迁的规律。本文以古都西安的小雁塔修复与大明宫国家遗址公园建设以及古都洛阳的回洛仓遗址公园建设、定鼎门遗址保护、洛阳国家历史文化公园为例,介绍中国世界遗产的保护措施及其最新进展。

[关键词] 世界遗产 古都西安 古都洛阳

[中图分类号] K928　　　　　[文献标识码] A

[作者简介] 李令福(1963—),男,安徽萧县人。陕西师范大学西北历史环境与经济社会发展研究院研究员,历史学博士,中国古都学会副会长,主要研究方向为历史地理学、中国古都学。

世界遗产是被联合国教科文组织和世界遗产委员会确认的具有世界普遍价值的人类共同资源。2017年,中国世界遗产达到52项,其中的文化遗产、文化景观遗产与古代都城密切相关。北京、西安与洛阳这三个城市较为密集的分布特征符合中国古代都城变迁的规律。本文还以古都西安与洛阳为例,介绍中国世界遗产的保护措施及其最新进展,认为东亚各国的遗产保护具有相似性,应该相互交流经验,以便共同发展。

一、中国的世界遗产与古都密切相关

中国于1985年加入《世界遗产公约》,1986年起陆续向联合国教科文组织申报世界遗产,至2017年7月,共有52个项目列入《世界遗产名录》。其中文化遗产32处,自然遗产12处,文化和自然双重遗产4处,文化景观遗产4处。

2005年,国际古迹遗址理事会(ICOMOS)界定了14种文化遗产类型,即考古遗址(Archaeological sites)、岩画遗址(Rock-Art sites)、原始人类化石遗址(Fossil Hominid sites)、历史建筑和建筑群(Historic Buildings and Ensembles)、城镇和乡村聚落/历史城镇和村庄(Urban and Rural Settlements/ Historic Towns and Villages)、

乡土建筑（Vernacular architecture），宗教遗产（Religious properties），农业、工业和技术遗产（Agricultural, Industrial and Technological properties），军事遗产（Military properties），文化景观、公园和庭园（Cultural Landscapes, Parks and Gardens），文化线路（Cultural Routes），墓葬文物和遗址（Burial Monuments and Sites），符号遗产和纪念物（Symbolic properties and Memorials），现代遗产（Modern Heritage）等，这个表述充分说明了文化遗产应当具有的丰富的多样性。① 从目前世界遗产名录分析，在数量上居于前三位的分别是：历史建筑和建筑群、城镇和乡村聚落/历史城镇和村庄、宗教遗产。

中国世界遗产的类型结构基本平衡，无论是上述四分法还是十四分法，大致均与世界平均水平相差不大。但是在空间分布上却存在明显的不平衡性，有学者研究认为：北京及周边地区文化遗产较为密集；黄河流域主要分布着文化遗产；自然遗产主要分布于长江流域带等南方地区，西南和长江中下游地区分布较为集中；双重遗产均为山岳型资源，大多分布于南方，文化景观也多位于南方。②

如果再仔细分解的话，中国世界遗产中的文化遗产类型还有与古都城市密切相关的分布特点。

首先，北京、西安与洛阳这三个中国第一等级的大古都城市范围内，世界文化遗产最为密集。北京城市范围内共有7项，不仅在中国而且是世界上拥有世界遗产数量最多的城市。其分别为周口店北京人遗址、长城、故宫、天坛、颐和园、明清皇家陵寝（明十三陵、明孝陵）、中国大运河。这7项世界文化遗产有6项属于古典建筑，而且与古代北京作为中国的首都相关联，其中长城属于军事防御体系，故宫则是典型的宫殿与皇城建筑，天坛是礼制性祭祀建筑的代表，颐和园是古典园林的集中体现，明清皇家陵寝属于陵墓建筑，大运河作为政治中心首都与经济中心的交通路线作用非凡。

西安秦始皇陵及兵马俑位于陕西西安市临潼区东侧，1987年成为中国第一批世界文化遗产。2014年"丝绸之路：长安—天山廊道的路网"成功申报世界文化遗产，由于它是一项跨国系列文化遗产，线路跨度近5000公里，沿线包括中心城镇遗迹、商贸城市、交通遗迹、宗教遗迹和关联遗迹等5类代表性遗迹共33处，申报遗产区总面积42680公顷。西安市区有汉长安城未央宫遗址、唐长安城大明宫遗址、大雁塔、小雁塔、兴教寺塔5处文化遗产正式列入世界文化遗产名录。这样古都西安共有2项6处世界

---

① 2004年国际古迹遗址理事会（ICOMOS）发表的《世界遗产名录：填补空白——未来行动计划》（2004/2005）[*The World Heritage List: Filling the Gaps: an Action Plan for the Future（2004/2005）*]

② 刘佳、乐洪发：《时空视角下中国世界遗产分布及认识》，载《盐城工学院学报》（社会科学版）2016年第3期。

遗产，其中1个皇家陵墓，2个宫殿建筑遗址，3个宗教建筑：佛塔，均位于古代首都的城郊范围；按时代来分的话，秦汉各1个，唐代4个，也属于秦汉唐的都城时代。

洛阳市的龙门石窟是中国古代雕刻艺术的典范之作，2000年成功申报为世界文化遗产。2014年申遗成功的"丝绸之路：长安—天山廊道的路网"项目中，洛阳市内共有3处：汉魏洛阳故城遗址、隋唐洛阳城定鼎门遗址与新安县汉函谷关遗址。同年申遗成功的"中国大运河"项目中，洛阳市内也有2处入选，即回洛仓遗址和含嘉仓遗址。至此，洛阳市拥有世界文化遗产3项6处。

其次，世界遗产中也有古代都城遗存及与古都相关的文化景观等。2006年第30届世界遗产大会通过中国安阳殷墟入选世界文化遗产名录。殷墟位于河南省安阳市区西北小屯村一带，为中国商代后期都城遗址，包括商代宗庙宫室遗址、王陵遗址和商城遗址等部分。这是中国历史上有文献可考、并为甲骨文和考古发掘所证实最早的古代都城遗址。2004年列入世界遗产名录的项目为"高句丽王城、王陵及贵族墓葬"，位于吉林省集安市，主要包括五女山城、国内城、丸都山城、12座王陵、26座贵族墓葬、好太王碑和将军坟1号陪冢。2012年中国申报的文化遗产项目"元上都遗址"也成功列入《世界遗产名录》。该遗址位于中国内蒙古自治区锡林郭勒盟正蓝旗和多伦县境内，曾作为元朝第一个都城和夏都。以上三个世界文化遗产均属于中国古代的都城遗址。

还有一些世界遗产属于古代都城建设留下的建筑遗存或者景观。比如1994年成为世界文化遗产的"孔庙、孔府及孔林"，位于山东曲阜，这里原来是鲁国的都城。1994年申遗成功的"河北承德避暑山庄及周围寺庙"，为清代皇帝夏天避暑和处理政务的场所，成为中国现存占地最大的古代帝王宫苑遗址。2001年成为世界文化遗产的云冈石窟，是北魏定都大同市的艺术杰作。2011年成功入选世界文化景观遗产的"杭州西湖文化景观"则与南宋都城临安密不可分。[①]

二、中国古代都城变迁的规律

一个王朝或国家的都城一般都是其统治范围的政治中心和文化中心，有时候可以与其经济中心和军事中心分离开来，但一定是其经济管理中心和军事指挥中心。都城集政治统治、文化礼仪、经济管理、军事指挥于一体，决定着一个国家的兴衰成败，地位极其重要。其物质与精神文化也是最强大的，具有深远的历史影响。

西安、北京、洛阳、南京和开封这"五大古都"的选址与建设更具有现代意义，它们是中国多民族统一王朝——夏商周秦汉隋唐宋元明清以至民国、中华人民共和国的首都。

就中国来说，目前学术界基本认定属于夏代晚期的都城遗址是洛阳的偃师二里头，

---

① 以上中国世界文化遗产信息主要来源于中国世界遗产网，http://www.whcn.org.

商代都城遗址是商代早期的郑州商城、偃师商城与商代晚期的安阳殷墟。公元前11世纪，周武王定都镐京，至公元前770年周平王东迁洛邑，近300年间，镐京一直是西周王朝政治与文化的中心。西周镐京是西安作为中国首都城市的开始。西周末年，周幽王无道，招致西夷犬戎的入侵，镐京被攻陷，平王东迁西周时期的陪都洛邑（洛阳）建立了东周。

咸阳自秦孝公迁都至秦朝亡，为秦都凡历9君145年。秦始皇以咸阳为指挥中心，扫灭六国，统一天下，使之成为我国第一个大一统帝国秦王朝的都城，并在这里制定了一整套完备的中央集权制度，影响深远。西汉定都长安，实际上是继承秦咸阳渭河南岸的宫殿。

西汉灭亡后，刘秀重建帝国，定都洛阳，史称东汉。魏晋与北朝政权多以长安、洛阳、邺都为首都，南朝多以建康（南京）为都。隋文帝于开皇二年（582年）正式颁诏，创建大兴城。隋末李渊在太原起兵，首先直取都城大兴，定都于此，并更名为长安城。现在一般统称为隋唐长安城。

五代时期，除后唐外，后梁、后晋、后汉、后周先后定都于开封。公元960年，后周殿前都点检赵匡胤在开封城北40里的陈桥驿发动"陈桥兵变"，建立宋朝，仍定都开封。北宋历经9帝168年，在开封建都史上最为灿烂辉煌。

辽于会同元年（938年）起在北京地区建立了陪都，号南京幽都府。金贞元元年（1153年），金朝皇帝海陵王完颜亮正式建都于北京，称为中都。元世祖至元四年（1267年）忽必烈决定迁都位于的中都（今北京），并开始营建新都城，在今北京定都，名为元大都。

明太祖洪武元年（1368年）称帝，诏以金陵为南京；洪武十一年（1378年）定为京师。明成祖永乐元年（1403年），把北平作为北京。永乐十九年（1421年）新都告成，正式迁都北京："（永乐）十九年正月，改北京为京师。"迁都后实行两京制，南京为留都，仍为两京之一。清代以北京为首都。

上述中国古都变迁的规律可以概括如下：周秦汉隋唐时代，以洛阳与长安的东西二京制为主，沿黄河－渭河的东西向线为中华政治主轴，长安为都时代国家相对更加强盛。元明清民国至今，以南京与北京的南北二京制为主，沿大运河的南北向轴线为中华政治的主轴，北京为都时代不仅时间相对较长，而且国家相对更加强盛。[①]

中国地处亚洲大陆的东端，东边是浩瀚的太平洋，西端是辽阔的亚洲大陆。两条由帕米尔高原分别向东南和东北延伸的巨大山系，构成了封闭中国的骨架，造成古代中国与外部世界交流的困难。中国地域自成一个地理单元，其与外界的交通，陆路通

---

① 朱士光主编：《中国八大古都》，人民出版社，2007年；李令福：《古都西安：秦都咸阳》，西安出版社，2010年。

道主要有绿洲与草原两条,可以通向印度、中亚、中近东和欧洲。也有海路,经南海到南洋群岛、印度、阿拉伯、非洲和欧洲。后来成为绿洲、草原与海上"丝绸之路"。(图1)

中国早期文明从黄河流域率先发达起来,形成了以函谷关为界的关东与关西的区域差异;唐宋时代,中国的经济中心逐渐向东南转移。这是决定中国政治轴线由东西变为南北的经济基础。

中国大陆内部形成三大自然地理类型区:东部季风气候区、西北

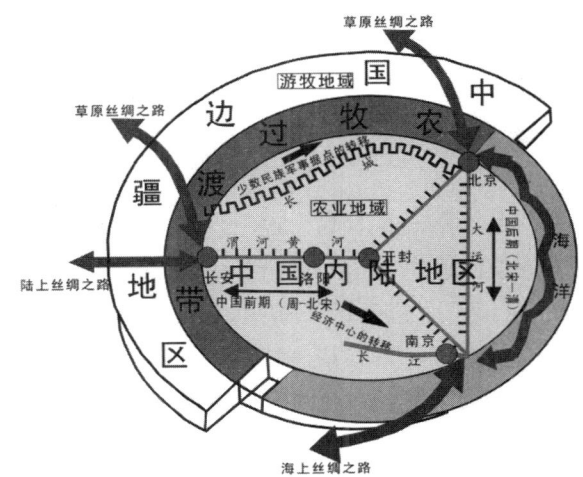

图1 中国古都变迁的规律及其影响线路

内陆干旱区与青藏高寒区。农业、牧业、狩猎等都能因地制宜地得到发展,井然并存,竞相争胜,给中国各族人民祖先的经济发展与经济交流带来了有利的条件,也带来了各地区各民族经济生活与社会发展的差异性与不平衡性。中国内地是农本主义,南稻北麦,为农耕文化特征,基本是定居与素食民族;中国西北边疆地区为草原绿洲植被,发展起来了游牧经济,逐水草而居,形成了肉食为主的骑马民族。

内地汉族农耕文化与西北边疆骑马民族游牧文化的差异构成了中华内部并立互补的主旋律,而其统一与对立的焦点地区在历史上也有变化,早期秦汉隋唐时代的主角主要是匈奴与突厥,交流的主要区域在西北;宋元明清变成了蒙古、契丹与女真,交流的主要地区在北方与白山黑水的东北,向东方有一定的转移。中国传统时代的游牧文化生生不息,还不断向内地进入,成为中华文化常新的外部推动力。这是决定中国政治轴线由东西变为南北的军事原因。

整体而言,中国传统时代都城的最佳选择有两个,前半期是长安,后半期为北京。洛阳在东西二京时代作为东京,其都城地位比较重要,同时它夏代时有二里头遗址、西周为陪都、东周是王城,所以综合考虑其作为中国古代的都城也可以与北京、西安一并作为第一等级。①

这也就是第一节中只有北京、西安与洛阳这三个城市的世界遗产最多的原因。从历史发展来看,古都的变迁代表着中国政治中心的转移,长城是中原汉族农耕文明与西北边疆游牧文明的界线,大运河则是政治中心与经济中心区域的连线,陆上与海上丝绸之路代表着中国对外的经济文化交流。作为中国古代连接都城的两条路线今天成

---

① 李令福:《古都西安城市布局及其地理基础》,人民出版社,2009年。

为申报世界遗产的载体，也有一定的历史基础，而长城则成为中国第一批世界遗产。

三、中国古都遗产的保护：以隋唐二京遗址为例

随着时间的推移，世界的许多文化遗产会被损坏或者改变原状，因此应该采取措施对其进行保护，方法主要是保存、复原、改造或者重建等。根据《世界文化遗产保护管理办法》要求，遗产保护要遵循原真性和完整性。《威尼斯宪章》与《奈良真实性文件》都对遗产的原真性和完整性做了定义。其实中国在1961年3月发布的《关于发布文物保护管理暂行调理的通知》，第十一条就有规定："（古建筑）在进行维修、保养的时候必须严格遵守恢复原状或者保存现状的原则"，即通常所说的"整旧如旧"原则，这也是符合原真性原则的。20世纪70年代西安市修复小雁塔的时候也是按这个原则进行的。（图2）

小雁塔始建于公元707年，已经历1300多年的风雨，因多次地震，塔顶坠毁，塔

图2　小雁塔现状

身出现裂缝。1965年在古建专家梁思成"整旧如旧"原则的指导下，对小雁塔进行了整修。其主要内容包括：弥补裂缝，加固塔角、塔檐、塔基、塔顶（塌毁部分），修复了上塔木梯砖登道、层板，顶部设置了排雨水孔道，安装了防雷设备等。维修之后的小雁塔稳定坚固而唐风依旧，被誉为中国砖石古塔维修的范例。2014年，小雁塔成为世界文化遗产。

当然，小雁塔的修复比较成功，但也仅仅是单体建筑的保护。21世纪初，西安市大明宫国家遗址公园的建设则成为中国大遗址保护与展示方面的一次大规模探索。大明宫是唐朝后期的宫殿，作为丝绸之路的东方起点，在中国历史上地位极其重要。2007年10月，西安市政府研究通过了《大明宫遗址区保护改造实施方案》，标志着大明宫遗址区保护项目全面启动，2010年10月1日遗址公园正式向公众开放。

大明宫遗址核心区为大明宫国家遗址公园，占地3.7平方公里。为建设址区移民10万余人，基本防止了自然和人为的破坏；而且利用原貌展示、覆盖展示、地面标识、场馆展示、复原展示、模型展示等不同种类的保护工程方法，集考古、科研、科普和旅游多种功能于一体。在遗址点分布较少的遗址公园外围区域，相应地建设成免费开放的城市公园，创造充满文化与绿色活力的公共生活，带来周边土地的开发和升值。① 大明宫国家遗址公园实施了一大批遗址保护项目和环境整治项目，提高了遗址保护水平，改善了遗址保护环境和城市面貌，为全国的大遗址保护树立了典范。（图3）

图3 大明宫国家遗址公园

2012—2013年，为配合大运河申遗现场考察和验收工作，结合考古和文物保护工作，洛阳市文物局重点考古与建设了含嘉仓160号仓窖和回洛仓遗址公园。

---

① 西安曲江大明宫遗址保护区保护改造办公室编：《大明宫国家遗址公园·规划篇：国家重点大遗址保护示范项目规划方案精选》，人民出版社，2009年。张沛、宋薇、张中华：《考古遗址公园标识系统规划设计研究——以大明宫国家遗址公园为例》，载《城乡治理与规划改革——2014中国城市规划年会论文集》（08城市文化），2014年。

为给大运河申遗提供保护展示的实物资料，经国家文物局批准，从 2011 年下半年开始，洛阳考古队对含嘉仓 160 号仓窖、回洛仓遗址及周边区域漕运水系等进行了较大规模的考古勘探、发掘和保护展示工作。5 年间共发掘总面积约 7000 平方米，发掘清理出完整的仓窖 6 座，仓城内主要道路 2 条，仓城外漕运渠道 1 处，管理区灰坑等遗迹。

2013 年对含嘉仓 160 号仓窖本体进行了现场加固保护，重新修建了占地约 700 平方米含嘉仓 160 号仓窖遗址保护展示陈列馆（图 4），实施原址保护并对外开放。含嘉仓 160 仓窖遗址位于仓城中部，是含嘉仓迄今发现的最完整、储量最大的仓窖遗存。1972 年经发掘清理，仓窖口呈圆形，直径 11.1 米，窖总深 6.2 米。窖内堆积着大半窖的碳化谷物，按 160 号仓窖内出土的谷物量推算，当年储藏时的体量约有 25 万公斤。1988 年，含嘉仓遗址作为隋唐洛阳城遗址的重要组成部分，被国务院公布为全国重点文物保护单位。

图 4　含嘉仓 160 号仓窖遗址保护陈列馆

占地 120 亩的回洛仓一期遗址公园也已经建成，在回洛仓遗址西北部修建保护展示陈列馆（图 5），对其中 4 座仓窖修建了保护展示大厅（图 6），实施本体保护和展示，并对已探明的 100 多座仓窖、道路遗址进行植被标识、绿化（图 7），原址展示著名的隋代粮仓，其壮观的规模使人为之震撼。根据钻探调查和考古发掘，回洛仓城呈长方形，东西长 1140 米，南北宽 355 米。仓城墙宽 3 米。分为中部的管理区、东西两侧的仓窖区、道路和漕渠等部分。仓窖成组分布，排列规整有序，东西成排，南北成列。目前考古

图5 回洛仓保护展示陈列馆

图7 回洛仓窖口植被标识

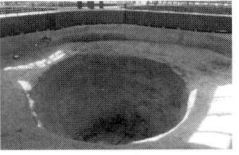

图6 陈列厅内的四个仓窖（展示不同的形态）

勘探发现已确定的仓窖数量达到220多座。根据仓窖分布规律推算，整个仓城仓窖的数量为700座左右。这是目前中国发现的隋代保存最完好、规模最大的国家粮仓遗址。[①]

2014年6月，作为大运河漕运的实物见证，含嘉仓160号仓窖遗址和回洛仓遗址作为洛阳段大运河的典型遗产被列入中国大运河（洛阳段）世界文化遗产的重要遗产点。

隋唐洛阳城定鼎门遗址是中国隋唐时期东都洛阳城的城门和街区遗址。遗址位于今河南省洛阳市城市新区洛龙区，面积91.30公顷，主要遗存包括定鼎门门址、城墙遗址、天街遗址、里坊遗址、水系遗址等。

遗址发现于20世纪50年代，大规模的考古发掘分两个阶段实施，分别为1997—1999年和2006—2008年，发掘报告已经发表。2014年以来，为配合定鼎门两坊一街的保护展示工程，洛阳市文物考古研究院再次对宁人坊东半部及定鼎门大街进行考古勘探和发掘，基本搞清了宁人坊东坊门、明教坊西坊门、定鼎门大街的形制和规模，为遗产的保护展示工程设计提供了第一手考古资料。

定鼎门遗址（图8）包括室内博

图8 定鼎门遗址博物馆

---

① 中国遗产研究院：《洛阳市含嘉仓回洛仓遗址保护展示工程方案设计》，2012年7月。

物馆和室外里坊区天街两部分，其中博物馆区占地约180亩，分地下一层和地上两层。地下一层主要是定鼎门遗址，由门道、墩台、隔墙、飞廊、阙台、涵道、马道等遗存组成。定鼎门共有东、中、西三个门道，东西门道保存较好，中部门道破坏较为严重。三个门道均采用梁架结构。在保护地下遗址的前提下，采用钢架结构，在遗址上面基本复原了一个定鼎门城门，作为遗址的保护罩。地下一层的遗址展示区包括城墙、阙台和定鼎门门道等遗存。二层城楼为隋唐洛阳城的沙盘展示区，有一个1∶800比例尺的沙盘，系统展示了隋唐洛阳城的概貌和布局，辅以其他展板，尽可能还原了隋唐洛阳城和定鼎门当时的繁华盛况。（图9）

图9　定鼎门大街遗址发掘现场

图10　展陈提升

2015年以来，对地下一层原有展览进行了部分提升，以遗址本体为主，营造遗址氛围，通俗易懂地阐释定鼎门遗址的内涵与价值。2017年4月一期布展完成。[①]

除定鼎门遗址本身的展示，定鼎门北侧的宁人坊、明教坊和天街也列入定鼎门遗址展示的一部分。（图10）2015年3月，《隋唐洛阳城遗址明教坊宁人坊（含天街南段）保护展示工程立项报告》获得国家文物局批复，现在定鼎门遗址两坊一街保护展示工程已经编制完成。

2017年5月，河南省委书记谢伏瞻、省长陈润儿在洛阳调研时，提出要对47平方公里的隋唐洛阳城遗址实施整体保护，规划建设国家历史文化公园，省委、省政府专门设立大遗址保护展示专项资金，重点支持隋唐洛阳遗址的保护和利用。国家文物局刘玉珠局长表示将进一步加大对隋唐洛阳城遗址保护的支持力度。

洛阳国家历史文化公园（图11）这个新的规划在编制并评审修订中，基本原则：坚持保护第一，将天堂明堂、应天门、定鼎门、天街等应保必保的文物遗址保护好，最大限度还原历史风貌。基于"公园"的理念，合理利用，适度开发，避免功能单一，形成纯展示性质的景区。按照"宜留则留、宜搬则搬、就近就便"原则，从"以人为本"

---

① 洛阳市文物局：《世界文化遗产定鼎门遗址保护状况报告》。

理念着眼,发掘"唯一性",在文化内涵、展示方式、融合发展上形成自身特色。将遗址保护利用、居民生活改善、文旅产业发展、城市提质升级等统筹考虑、有机融合。①

洛阳市的文化遗产保护已经开始探讨整个城市的统一规划与科学保护了。

东亚历史文化相近,传统建筑以土木结构为主,在世界遗产的保护上有更多的一致性。希望中韩日三国学者与城市建设者们多交流,保护好属于人类共同的遗产,为世界作出贡献。

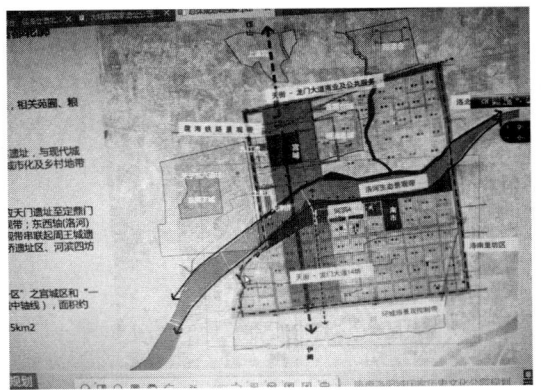

图11　洛阳国家历史文化公园规划图

China's World Heritage and Its Relationship with Ancient Capitals

Li Lingfu

(Northwest Institute of Historical Environment and Socio-Economic development, Shaanxi Normal University, Xi'an, shaanxi, 710119)

Abstract: Up till 2017, China's World Heritages reached 52, of which the Cultural Heritage and Cultural Landscape Heritage are closely related to ancient capital, which is justified by the fact that in the three first-class ancient capitals Beijing, Xi'an and Luoyang, World Cultural Heritages are densely located. The distribution of world cultural heritages is in accordance with rules of historical changes of China's ancient capitals. By examining the restoration of the Smaller Wild Goose Pagoda and the construction of Daming Palace National Heritage Park in Xi'an, and the construction of Huiluo Cang National Heritage Park and Luoyang National Historical-cultural Park and the preservation of Dingding Gate, this study intends to discuss the measures of the protection of China's world heritage and its latest progress.

Key words: world heritage; ancient capital Xi'an; ancient capital Luoyang

---

① 东南大学城市规划研究院:《洛阳国家历史文化公园规划》。

从大古都之说看洛阳在中国古都中的地位

毛 曦

（天津师范大学历史文化学院，天津，300387）

[摘 要] 洛阳作为都城，建都次数较多，建都历年长久。即使不再作为都城的时期，洛阳在人们思想中依然占据重要地位，不时有人提出迁都洛阳的主张。历史上通常将洛阳列为仅次于长安的重要都城之一，可见对于洛阳古都地位的认同。20世纪80年代以前的中国五大古都、六大古都和四大古都之说，古都洛阳的大古都排序通常位居西安之后，排位第二。也有人认为洛阳的建都历年超过了西安，位处首席。20世纪80年代以来，在六大古都、七大古都和八大古都之说中，洛阳位居第三，隶属大古都的第一层级，可谓中国三大古都之一。长久以来的大古都之说虽然各有差异，但对于洛阳大古都地位的重视和认可却近乎一致。

[关键词] 洛阳　建都历年　大古都　认同

[中图分类号] K928　　　[文献标识码] A

[作者简介] 毛曦（1966—　　），男，陕西泾阳人。天津师范大学历史文化学院教授，博士生导师，主要研究方向为中国城市史、历史地理学及史学理论与史学史。

与世界其他国家相比，中国历史上的都城数量尤为众多，可谓独一无二。据史念海先生所做的统计和朱士光先生所做的补充，中国古都多达220多处；即使按照史先生提出的狭义古都来说，也有65处之多。[①] 若就地位而言，不同古都存在一定差异，其中一些地位显著的高等级古都，被人们誉为中国的大古都。洛阳是一处极其重要和特别的古都，在中国都城史上具有极高的地位。关于洛阳的古都地位，学界已从洛阳都城史的角度进行了较为充分的讨论。[②] 若从长期以来形成的各种中国大古都之说加以考察，可以看到学界对于洛阳古都地位的充分认同，也可从中窥见洛阳在中国古都中

---

① 史念海：《中国古都和文化》，中华书局，1998年，第178页；朱士光主编：《中国八大古都·序言》，人民出版社，2007年。
② 专门论述洛阳古都地位的论文有：蒋若是：《洛阳在中国古都中的历史地位》，载《中国古都研究》第4辑，浙江人民出版社1989年，第181—197页；豫乔：《正确看待洛阳在中国古都中的地位》，载《河南大学学报》1993年第4期，第38—43页；刘庆柱：《洛阳在中国古代都城发展史上的地位》，《"洛阳学国际学术研讨会"在古都洛阳召开》，光明网2017—09—27，http://edu.gmw.cn/2017-09/27/content_26359236.htm；等等。

的特殊地位。

一、建都思想中的洛阳认同

洛阳城市史可分为都城时期和非都城时期。洛阳作为中国历史上曾经的都城，建都历年较为长久，建都政权数量较多。史念海先生指出洛阳建都历年有885年，先后建都的有14个政权，即东周都雒邑515年、秦末河南王申阳都雒邑1年、东汉都雒阳167年、曹魏都洛阳46年、西晋都洛阳47年、北魏都洛阳42年、隋朝都洛阳15年、隋末魏公李密都洛口1年和都金墉城1年、隋末郑国公王世充都洛阳2年、唐朝都洛阳26年、后梁都洛阳5年、后唐都洛阳14年、后晋都洛阳3年。[①] 关于建都洛阳的政权数量和历年数目，因统计标准的不同而有所差异。如若将西周时期王城和成周城[②]的时间计算在内，也将1932年国民政府迁都洛阳1年计算其中，洛阳的建都历年已超过千年。当然，如果将今洛阳市行政辖区范围内的偃师市二里头夏代都城和偃师市商代都城也计算在内，洛阳的建都历史就更为长久了。[③]

在中国古代，洛阳建都的区位优势及都城地位多为人们所认可，即使不以洛阳作为国都的时期，依然有人建议建都于此。西汉建都长安时期，时人经学家翼奉曾上书汉元帝迁都洛阳。"臣闻昔者盘庚改邑以兴殷道，圣人美之。窃闻汉德隆盛，在于孝文皇帝躬行节俭，外省徭役。其时未有甘泉、建章及上林中诸离宫馆也。未央宫又无高门、武台、麒麟、凤凰、白虎、玉堂、金华之殿，独有前殿、曲台、渐台、宣室、温室、承明耳。孝文欲作一台，度用百金，重民之财，废而不为，其积土基，至今犹存，又下遗诏，不起山坟。故其时天下大和，百姓洽足，德流后嗣。""天道有常，王道亡常，亡常者所以应有常也。必有非常之主，然后能立非常之功。臣愿陛下徙都于成周，左据成皋，右阻黾池，前乡崧高，后介大河，建荥阳，扶河东，南北千里以为关，而入敖仓；地方百里者八九，足以自娱；东厌诸侯之权，西远羌胡之难，陛下共已亡为，按成周之居，兼盘庚之德，万岁之后，长为高宗。汉家郊兆寝庙祭祀之礼多不应古，臣奉诚难宣居而改作，故愿陛下迁都正本。众制皆定，亡复缮治宫馆不急之费，岁可余一年之畜。"[④] 西汉后期，宫廷侈靡之风盛行，社会矛盾渐趋激化，朝政弊端日渐突出，翼奉建议"按成周之居，兼盘庚之德"，迁都洛阳，重振朝纲。翼奉迁都洛阳是基于西汉政权长久稳固的考虑，同时可以看出他对于洛阳建都优势和都城地位的肯定。

---

① 史念海：《中国古都和文化》，中华书局，1998年，第137—138页。
② 史善刚、董延寿：《周公营建洛邑相关问题考释》，载《光明日报》2013年6月1日第11版。
③ 由于考古确定的偃师二里头夏代都城和偃师商代都城的持续时间为大约年代，将其建都时间计算在内的古都洛阳的建都历年也应为大约历年。
④ 〔汉〕班固：《汉书》卷七十五《眭两夏侯京翼李传第四十五》，中华书局，1962年，第3175—3176页。

北宋以来，虽洛阳不再作为国都，但建都洛阳的提议却不时涌现。北宋开宝九年（976年），太祖赵匡胤准备迁都洛阳，李怀忠提出洛阳粮食无法满足都城所需，太祖采纳意见，以汴梁为都。① 宋太祖欲建都洛阳，可见昔日的洛阳古都在其心目中的地位。明初朱元璋与群臣讨论建都问题时，仍有人提出建都洛阳的主张。② 虽时过境迁，洛阳已不适宜建都，但从中可见时人对于洛阳古都地位的认同。而明代中期的陈建认为洛阳仍是当时最适宜建都的地方，"建都，一形势险固，二运漕便利，三居中而应四方。长安虽形胜，而漕运艰难；汴梁居四方之中，而平夷无险，四面受敌；洛阳三善咸备，故宋范仲淹欲营都，而惮兴作，识者恨焉。国初，命懿文太子历都邑，亦以洛阳为上。幽燕形势，自昔称雄，会通漕运，今日颇便，建都宜矣。然北太近胡，南太远越。北距塞不二百里，无藩篱之固，而天子自为守；南距珠厓大诏，始万里而遥"③。通过比较，陈建提出洛阳在建都条件方面可谓"三善咸备"，是最佳场所。在陈建看来，洛阳的建都优势突出，古都地位重要。民国时期，关于战后建都问题曾展开了较为充分的讨论，提出了战后国都的不同地点，其中就有倡议抗战结束后应以洛阳作为国都的意见。如葛绥成于1943年发表了《建都之我见》一文，阐述了战后应当建都洛阳，以期带动中国北方与西北新的发展的主张。④ 由此可见对于洛阳区位优势和古都地位的认同。

二、中国古代"大古都"学说中的洛阳地位

中国古都众多，然而不同古都的地位有所不同。历史上，对于其前时代不同都城地位的综合研判，从中筛选出一些最为重要的都城，形成一定的观点，也就是形成了古代的"大古都"学说。这种历史认识活动，是百余年来渐次形成并延续至今的各种中国大古都学说的前奏。从历史上对于前代都城地位的评估中，不难看出时人对于洛阳古都地位的认同。

宋代郑樵在《通志》卷四十一《都邑略·都邑序》中写道："自成周以来，河南之都，惟长安与洛阳，或逾河而居邺者，非长久计也。自汉、晋以来，江南之都，惟有建业，或据上流而居江陵、武昌者，亦非长久计也。是故定都之君，惟此三都是定，议都之臣，亦惟此三都是议。"⑤ 在郑樵看来，历史上最重要的都城有三个，即长安、洛阳和建业。

---

① 王永太：《宋初迁都洛阳的考辨及其意义》，载《中国史研究》2005年第2期，第93—99页。
② 〔清〕陈鹤：《明纪》卷三《太祖纪三》，清同治十年江苏书局刻本，《四库未收书辑刊》第6辑第6册，北京出版社，1999年，第47—48页。
③ 〔明〕陈建撰，高汝栻订：《皇明通纪法传全录》卷十九《英宗睿皇帝纪》，明崇祯九年刻本，《续修四库全书》第三百五十七册，上海古籍出版社，1995年，第315—316页。
④ 葛绥成：《建都之我见》，见独立出版社资料室编：《建都问题论集》，独立出版社，1944年，第175—182页；原载《东南日报》1943年11月23、24日。
⑤ 〔宋〕郑樵撰，王树民点校：《通志》，中华书局，1995年，第561页。

明初商议建都之事，"帝（朱元璋）召诸老臣问建都事。或言关中险固；或言洛阳天下中，汴梁为宋旧京；或又言北平故元宫室，就之可省民力。帝曰：'所言皆善，惟时有不同耳。长安洛阳汴梁，实周汉唐宋故都，但平定之初，民未更息，若建都于彼，供给力役，悉资江南，重劳其民；若就北平宫室，亦不无更作；建业长江天堑，龙盘虎踞，足以建国；临濠前江后淮，有险可峙，有水可漕，朕欲建为中都，何如？'皆曰：'善。'"①从这些议论可以看出，在明初人们看来，历史上最为重要的都城有长安、洛阳、汴梁、北平和建业五大都城。明朝中期，陈建提出："古今天下大都会有四：曰长安，曰洛阳，曰汴，曰燕。""四者固皆建都之地。"②他认为明代以前，中国最重要的都城有四座：长安、洛阳、汴（今开封）和燕（今北京）。

康有为1898年在《请设新京折》（《戊戌奏稿》之一）中写道："自秦、汉一统以来，凡二千年，则有长安、汴洛、燕京三大都，帝者迭处之，金陵、武昌、临安，则为南渡所都，而燕京最久矣。"③这里的"汴洛"包括了洛阳和汴梁，因此，康有为这里所说秦汉以来的中国"三大都"也可以表述为长安、洛阳、汴梁、燕京"四大都"，而这"四大都"与明代陈建提出的长安、洛阳、汴和燕为古今天下的四大都会的看法是一致的。

从前述对于中国历史上不同古都地位的综合评判来看，无论是郑樵的历史上的三都，还是明初概括出的历史上的五大都城，以及陈建提出的古今天下四大都会，乃至康有为提出的"四大都"，这些关于中国历史上最重要都城的不同提法中均包含了古都洛阳，且洛阳在其中位处前列，仅在长安之后，由此可见人们对于洛阳在中国古都中重要地位的认同。

三、20世纪80年代前中国大古都之说中的洛阳地位

1902年以来至20世纪80年代以前，先后形成了中国五大古都、六大古都和四大古都之说，从中可以看到人们对于洛阳大古都地位的认可。

梁启超的"中国五大都"之说不仅是当代中国五大古都之说的源头，也是中国大古都之说的滥觞。梁启超在《中国地理大势论》中将长安、洛阳、汴京、燕京、金陵确定为五大都，并对其建都历年进行统计：长安970年，洛阳845年，汴京205年，

---

① 〔清〕陈鹤：《明纪》卷第三《太祖纪三》，清同治十年江苏书局刻本，《四库未收书辑刊》第6辑第6册，北京出版社，1999年，第47—48页。
② 〔明〕陈建撰，高汝栻订：《皇明通纪法传全录》卷十九《英宗睿皇帝纪》，明崇祯九年刻本，《续修四库全书》第三百五十七册，上海古籍出版社，1995年，第315页。
③ 康有为撰，姜义华、张荣华编校：《康有为全集》第四卷，中国人民大学出版社，2007年，第442—443页。

燕京718年，金陵366年。① 刘麟生在《中国沿革地理浅说》中提出"中国五大名都"之说，认为从建都次数来看，五大名都从多到少依次为南京9次，长安8次，洛阳8次，北平6次，开封5次，从建都历年来看，分别为长安974年，洛阳888年，北平884年，南京396年，开封195年。② 从已掌握的材料来看，最迟至1935年出现了"五大古都"的确切用法。邹新垓在《战后国都位置问题》一文中写道："以西安、洛阳、开封、北平、南京等地，建都最为悠久，故有我国五大古都之称。"③ 王恢在《中国历史地理》上册对中国五大古都的建都次数和历年进行统计，认为西安为13朝古都，历时1068年；洛阳为9朝古都，历时831年；开封为6朝古都，历时215年；北平为5朝古都，历时689年；南京为9朝古都，历时400年。五大古都中"统一年代长，则为西安与洛阳，国势强，则为西安与北平"④。

中国六大古都之说最早始于张其昀的有关表述。张其昀在《中国地理大纲》一书中提出中国有"历史上之六大都会"与"经济上之六大都会"，"历史上之六大都会"即指长安、洛阳、开封、南京、杭州、北平，其建都历年为：长安970年，洛阳840余年，开封200年，南京360余年，杭州140余年，北平700余年。⑤ 朱偰在《金陵古迹图考》一书中认为中国最为重要的古都有6座，即长安、洛阳、金陵、北京、汴京、临安。⑥ 李健人在《洛阳古今谈》一书中采纳了张其昀"历史上之六大都会"的说法，其中写道："都于洛阳者凡十朝，曰周、汉、魏、晋、元魏、隋、唐、五代梁、唐、晋，其名洛阳为都者，尤不只此十朝也，计其年约九百二十四，将近千年。""以历史上六大都会长安、洛阳、北平、开封、南京、杭州比较言之，长安历周、秦、前汉、西魏、北周、隋、唐七朝建都，为时九百余年，亦不为不久矣，然较之洛阳犹有逊色。……余若南京为都四〇九年，开封一九五年，杭州一五三年，北平之六〇〇年，其所经朝代、所历年月，更不足以与洛阳并称也。"⑦ 最晚至1936年，已出现了"中国六大古都"的明确表述。如周仁术在《中国地理讲话》一书中指出："南京为我国六大古都（长安，洛阳，开封，杭州，北平，南京）之一，是孙吴，东晋，宋，齐，梁，陈，南唐，朱明八代的帝都，共历三百六十余年。民国元年，临时政府成立，十六年国民政府奠都，都以南京为全

---

① 梁启超：《中国地理大势论》，见张品兴主编：《梁启超全集》第4卷，北京出版社，1999年，第929页。
② 刘麟生编：《中国沿革地理浅说》，商务印书馆，1931年，第9—22页。
③ 邹新垓：《战后国都位置问题》，载《地学集刊》1944年第2卷第1期，第1—13页。
④ 王恢：《中国历史地理》上册，台湾学生书局，1976年，第11—98页。
⑤ 张其昀：《中国地理大纲》，商务印书馆，1930年，第47—50页。
⑥ 朱偰：《金陵古迹图考·自序》，商务印书馆，1934年。
⑦ 李健人：《洛阳古今谈》，史学研究社，1936年，第5—6页。

国政治重心。"①

中国四大古都之说与民国时期的迁都历史密切相关，出现于1932年以后。1928年国民政府以南京为首都，时人亦称新都；而北平不再作为国都，于是北平被人们改称故都。"二十一年（1932年）一月二十八日日本又寇上海，淞沪之战机开，南京首都感受强敌威胁，国民政府乃决计迁都洛阳。于三月迁洛，四月召集国难会议于洛都，决议长期抵抗等案。五月，上海停战协定签字。十一月国民政府复宣言自洛阳迁回首都。"②1932年4月国民政府通过了《确定行都和陪都地点案》，决定以洛阳为行都，以长安为陪都，并定名为西京。这样，到1932年便有了行都洛阳和陪都西京，加之此前的首都南京和故都北平，便有了民国时期的四都之名。1932年以后，"四都"为人们经常提及并不时见诸报刊文章。1936年，倪锡瑛在《西京》一书中指出："在中国历史上，有四个著名的古都：便是长安、洛阳、北平、南京。"③"历史上的四大都城，在现代可以这样写法：1.首都——南京；2.故都——北平；3.陪都——西京；4.行都——洛阳。"④

在20世纪80年代以前先后出现的五大古都、六大古都和四大古都之说中，古都洛阳位居重要位置。虽然因统计标准不同，人们对于不同古都的建都政权次数和建都历年的计算因人而异。但无论就洛阳建都历年的长久，抑或综合因素的考虑，在三种大古都说法中，洛阳通常居于次席，仅在长安之后。更有时人李健人提出洛阳建都历年超过长安，长安"较之洛阳犹有逊色"。从这些中国大古都之说中，我们看到了人们对于洛阳大古都地位的重视和认同，这既有对洛阳都城历史的发现，也有对洛阳在中国古都中特殊地位的评判。

四、20世纪80年代以来中国大古都之说中的洛阳地位

20世纪80年代以来，中国大古都问题逐渐受到学界和社会的关注，一方面是新的大古都之说的涌现，另一方面则是旧有的大古都之说的延续。从诸多大古都问题的论述中，可以窥见洛阳大古都地位在人们思想认识中的些许变化。

五大古都之说自提出以来，一直得到部分学者的认同。如刘鸿喜认为："在过去三千多年来，我国历代首都乃以长安、洛阳、开封、南京、北京五地为最主要，就时间的长短上言，以长安居首，合计已达千年；开封最短，只有202年。依次为洛阳（797年）、

---

① 周仁术：《中国地理讲话》，中央军校特别训练班教务组，1936年，第70页。
② 李健人：《洛阳古今谈》，史学研究社，1936年，第234页。
③ 倪锡瑛：《西京》（都市地理小丛书），中华书局，1936年，第2页。
④ 倪锡瑛：《西京》（都市地理小丛书），中华书局，1936年，第4页。

北京（713年）及南京（359年）居中。"① 与五大古都说相比，六大古都之说曾一度具有广泛影响。1983年4月，陈桥驿主编的《中国六大古都》一书出版发行。陈先生在该书序言中写道："在历史时期的所有王朝首都之中，特别著名的是北京、西安、洛阳、开封、南京、杭州六处，这就是我国的六大古都。"② 此书的内容安排同样遵循了北京、西安、洛阳、开封、南京、杭州的先后顺序。可以看到，与其前的六大古都的排序有所不同，北京升至首位，洛阳从次席降至第三位。

1982年，谭其骧发表了《中国历史上的七大首都》的文章，较为系统地阐述了中国七大古都的思想。③ 后在1988年8月召开的中国古都学会第六次年会上，将通行的中国六大古都的提法改为中国七大古都，即在原六大古都的基础上增列了古都安阳。1991年，陈桥驿主编的《中国七大古都》一书由中国青年出版社出版。④ 该书的内容安排依次为北京、西安、安阳、洛阳、开封、南京、杭州7座古都。而谭先生在为该书所作的序文中强调："这七大古都在历史上的重要性又有差别，西安、北京、洛阳应列第一等，南京、开封属于第二等，安阳、杭州属于第三等。"⑤ 西安、洛阳和北京属于"连续几个王朝长期作为统一政权"的古都，开封和南京属于"作为统一政权首都时间较短"的古都，安阳和杭州则属于"仅作过较大的地区政权"的古都。⑥ 也就是说，谭先生以为中国七大古都依次为：西安、北京、洛阳、南京、开封、安阳、杭州。按照谭先生的观点，洛阳与西安和北京一起，构成了中国大古都的第一层级，在七大古都当中，古都洛阳地位重要，排序第三。

中国八大古都之说是在七大古都的基础上，将郑州列入大古都当中而构成。"八大古都"从提出到确认经历了10余年的时间，⑦ 体现出考古成果对于中国古都研究的意义。2007年2月，朱士光主编的《中国八大古都》一书由人民出版社出版，该书的内容安排依照北京、西安、郑州、洛阳、安阳、开封、南京、杭州的顺序。关于八大古都的古都排序，可以在谭先生将七大古都分为三个层级的基础上，确定郑州应处的具体位置。李令福认为在中国八大古都之中，西安、北京和洛阳属于第一层级，南京

---

① 刘鸿喜：《我国五大古都形成的时空分析及其评价（摘要）》，载《人文地理》1990年第3期，第14—19页。
② 陈桥驿主编：《中国六大古都·序言》，中国青年出版社，1983年。
③ 谭其骧：《中国历史上的七大首都（上）》，载《历史教学问题》1982年第1期，第5—9页；谭其骧：《中国历史上的七大首都（中）》，载《历史教学问题》1982年第3期，第5—7页。
④ 陈桥驿主编：《中国都城辞典》，江西教育出版社，1999年，第2页。
⑤ 陈桥驿主编：《中国七大古都·序》，中国青年出版社，1991年。
⑥ 谭其骧：《中国历史上的七大首都（上）》，载《历史教学问题》1982年第1期，第5—9页。
⑦ 王星光、马伟华：《从二里岗遗址到第八大古都——郑州成为中国第八大古都的发展历程》，载《档案管理》2006年第1期，第80—81页。

和开封属于第二层级，杭州、安阳和郑州属于第三层级。① 据此，八大古都的古都排序可依次为：西安、北京、洛阳、南京、开封、杭州、安阳和郑州。在八大古都之说中，洛阳的位置相对稳定，继续保持排名第三。

20世纪80年代以来，中国七大古都、八大古都之说相继涌现，在中国六大古都、七大古都和八大古都之说中，古都洛阳依旧地位重要，排序位居第三，在中国大古都的层级中，属于第一等级的大古都。就中国第一层级的三座大古都而言，实际上也构成了中国三大古都之说，谭先生的大古都层级说可视为三大古都说的学术源头。尹钧科于1992年发表的《略论北京、长安、洛阳三大古都之异同》一文指出："在我国众多的古都之中，最重要的是北京、长安与洛阳。周秦以来的三千余年间，除北宋都开封、南宋都杭州之外，其他重要封建王朝的首都，皆为这三大古都之一。"② 从洛阳在诸多中国大古都之说中的排名来看，洛阳的大古都地位已获得了人们充分的肯定和认同。

此外，20世纪八九十年代提出了四种不同的中国十大古都之说，所包含的古都城市也不尽相同。1985年吕佛庭提出南京、北京、杭州、洛阳、开封、长安、成都、重庆、武汉和兰州构成了中国十大名都；1990年刘志宽等提出西安、洛阳、开封、南京、杭州、成都、苏州、扬州、太原和北京为中国十大古都；1992年李国成认为中国十大名都包括北京、南京、西安、杭州、洛阳、开封、银川、咸阳、成都和安阳；1992年赵永复提出中国十大古都有北京、西安、洛阳、南京、开封、杭州、安阳、江陵、沈阳和大同。③ 四种十大古都之说共包括城市19个：西安、北京、洛阳、南京、开封、杭州、安阳、成都、苏州、扬州、太原、江陵、沈阳、大同、银川、咸阳、重庆、武汉、兰州。但无一例外的是，即使洛阳在其中排序位置不同，却都将古都洛阳包含其中。虽然十大古都的认同度相对有限，但不难看出人们对于古都洛阳重要地位的普遍认同。

综上所见，在中国历史上，洛阳建都次数较多，建都历年极为长久。即使洛阳不再作为都城的历史时期，洛阳依然在人们的心目中占据着极为重要的地位，不时有人提出迁都洛阳的主张。人们在总结中国历史上的建都情形时，通常是将洛阳列为最重要的都城之一，充分认识到洛阳建都的区位优势和洛阳古都的特殊地位。自1902年中国大古都之说提出以来，先后涌现出多种大古都之说。20世纪80年代以前的中国五大古都、六大古都和四大古都之说中，古都洛阳在大古都中的排序位置靠前，通常位居

---

① 李令福：《郑州列入"中国八大古都"的原因、过程及启示》，见《中国古都研究》2014年第1辑，三秦出版社，2014年，第143—152页。
② 尹钧科：《略论北京、长安、洛阳三大古都之异同》，见北京市社会科学院历史所编：《北京与中外古都对比研究》，燕山出版社，1992年，第198—211页。
③ 吕佛庭《中国十大名都》，行政院文化建设委员会，1985年；刘志宽等主编《十大古都商业史略》，中国财政经济出版社，1990年；李国成：《中国古代十大名都》，载《中学地理报》1992年3月11日；赵永复：《十大古都》，上海古籍出版社，1992年。

西安古都之后，排位第二。也有人认为洛阳的建都历年超过了西安，位处首席。20 世纪 80 年代以来，在六大古都、七大古都和八大古都之说中，洛阳位居第三，同时属于第一等级的大古都。事实上，洛阳也成为中国三大古都之一。从各种大古都之说中可以看到，人们对于洛阳大古都地位的充分重视和普遍认同。中国大古都之说虽然众多，但关于洛阳的大古都地位却并不存在多少争议。

此外，也应看到，随着学界对于洛阳古都研究的不断深入，关于洛阳在中国古都中的地位的认识也可能会随之发生变化，人们对于洛阳大古都地位的认同将会更加全面和科学。

On Luoyang's Position in Ancient Capitals of China from the Perspective of Historic Capitals

Mao Xi

(College of History and Culture, Tianjin Normal University, Tianjin, 300387)

Abstract: As a famous ancient city, Luoyang has been the capital city in many dynasties in China's history, and the history of being the capital lasted for hundreds of years. Because of its historical influence, it was once proposed to move the capital city to Luoyang from another city when Luoyang was not the capital. Usually, Luoyang is considered to be one of the most important capital cities, second only to Chang'an, which shows people's recognition of the status of Luoyang as a historic capital city. Before the 1980s, Luoyang ranked second in various lists of the most important ancient capitals though some people thought Luoyang should lead the list because it has longer years of being the capital than Xi'an. Since the 1980s, Luoyang has been holding the third place in the list of Six Ancient Capitals, Seven Ancient Capitals and Eight Ancient Capitals, belonging to the first-class historic capitals as well as one of the three most important Historic Capitals. Although the theories and standards of the Historic Capitals are constantly changing for a long time, Luoyang has always been valued and accepted as an important historic capital.

Key words: Luoyang; years of being the capital; historic capital; recognition

西汉离宫别馆祠祀功能考述①

梁 陈

（陕西师范大学西北历史环境与经济社会发展研究院，陕西西安，710119）

[摘　要] 西汉时期，离宫别馆众多，其功能亦多样，其中有二十余所离宫别馆具有祠祀功能。从地理分布上看，具有祠祀功能的离宫别馆主要分布在上林苑、甘泉宫两大中心，雍城、华山、燕齐滨海等地零星分布。祠祀功能主要表现在国家祭祀用的斋宫以及帝王求仙通神之所两个方面。其分布格局受当时国家祭祀中心以及帝王求仙活动与巡幸路线等影响。同时，离宫别馆的祠祀功能在地理分布及祠祀对象上与西汉国家祭祀格局以及民间传说有密切的关系。

[关键词] 西汉　离宫别馆　祠祀　功能　祠祀对象

[中图分类号] K928　　　　[文献标识码] A

[作者简介] 梁陈（1992—　　），男，河南郸城人。陕西师范大学西北历史环境与经济社会发展研究院硕士研究生，主要研究方向为历史城市地理与文化名城保护。

　　离宫别馆是皇帝正宫以外的临时宫室，唐代颜师古注"离宫"之意为："离宫，别处之宫，非天子所常居也。"②"别馆"，《辞源》援引《史记·李斯传》"治离宫别馆，周徧天下"句为例，释其意为别墅。③张国硕先生指出："所谓离宫别馆，是指古代帝王在都城主体宫殿之外建立的临时性宫室。离、别皆为分离、分开之意。谓之离宫，言与都城主体建筑分离。"④

西汉时期，离宫别馆众多，班固《西都赋》言：关中地区"前乘秦岭，后越九嵕，东薄河华，西涉岐雍，宫馆所历百有余区"⑤，《三辅黄图》载："汉畿内千里，并京兆治之。内外宫馆一百四十五所"⑥，可谓是"离宫别馆弥山跨谷，高廊四注，重坐曲阁，华榱璧珰，辇道相属"⑦。这些离宫别馆功能多样，是帝王巡幸驻跸、游玩狩猎休

---

① 基金项目：陕西师范大学中央高校基本科研业务费专项资金项目"西汉离宫地域分布及其功能研究"（项目编号：2017CSY045）阶段性成果。
② 《汉书·食货志》唐颜师古注　"（赵）过试以离宫卒田其宫壖地"之句。
③ 何九盈、王宁、董琨：《辞源》（第三版），商务印书馆，2015年，第470页。
④ 张国硕：《夏商时代都城制度研究》，河南人民出版社，2001年，第89页。
⑤ 〔梁〕萧统编，〔唐〕李善注：《文选》，上海古籍出版社，1986年，第22页。
⑥ 何清谷：《三辅黄图校释》，中华书局，2005年，第123页。
⑦ 〔梁〕萧统编，〔唐〕李善注：《文选》，上海古籍出版社，1986年，第367页。

息、贬黜嫔妃、种植奇花异木、饲养珍奇异兽之所等，同时也具有祠祀功能，是信仰空间的重要组成部分。以往学者对西汉离宫别馆的研究，大多从位置考证出发，[①] 很少涉及其功能研究，而对西汉祠祀方面的研究，大多是从国家祭祀、民间信仰角度出发，[②] 在祭祀场所方面很少涉及离宫别馆。本文利用历史文献资料、考古资料等，探讨西汉具有祠祀功能的离宫别馆的名称、分布、祠祀对象以及与国家祭祀、民间传说之间的关系等。

一、西汉具有祠祀功能的离宫别馆

《说文》曰："祠，春祭曰祠"[③]，《公羊传·桓公八年》曰："春曰祠，夏曰礿，秋曰尝，冬曰蒸"[④]，在秦汉以前，祠是春祭的专名。"祀"则是指祭祀神灵或者是祭祀的神庙，《左传·襄公九年》曰："祀盘庚于西门之外"[⑤]，《礼记·檀公》曰："过墓则式，过祀则下"[⑥]。至秦汉时期，"祠"与"祀"常连言，二者字义相同，已经成为祭祀的通称，《史记》载："毋禁取妇嫁女祠祀饮酒食肉者。自当给丧事服临者，皆无践。"[⑦] 在出土的西汉封泥中，有"齐祠祀印"[⑧]。

西汉时期，祠祀种类众多，据王柏中研究主要有"郊祀、封禅与明堂祭祀、六宗之祭、日月星辰之祭、雩祭、社稷祭祀、山川祭祀、五祀、宗庙与陵寝祭祀、祭老子、祭孔子、祭高禖等"[⑨]，在祭祀场所上有明堂、畤、祠、庙、坛等建筑。同时，西汉离宫别馆也具有一定的祠祀功能。遍查历史文献，有文献可考的西汉离宫别馆中，具有祠祀功能的有二十多所，从其位置分布来看，主要分布在以下几个中心。

---

① 对西汉离宫别馆进行位置考证的文章较多，代表性的有：何清谷：《关中秦十宫觅踪》，载《陕西师大学报》（哲学社会科学版）1988年第2期，第65—73页；徐卫民：《西汉上林苑宫殿台观考》，载《文博》1991年第4期，第34—41页；孙铁山：《西汉黄山宫考》，载《文博》1999年第1期，第34—38页；程义、王亚涛：《秦汉萯阳宫地望考》，载《咸阳师范学院学报》2006年第1期，第6—8页；王李娜：《长杨—五柞宫考辨》，载《考古与文物》2007年第1期，第67—68页；等等。

② 西汉祠祀方面的研究成果十分丰富，陈戍国《秦汉礼制研究》,湖南教育出版社,1993年；王柏中：《神灵世界：秩序的构建与仪式的象征——两汉国家祭祀制度研究》，民族出版社，2005年；田天：《秦汉国家祭祀史稿》，生活·读书·新知三联书店，2015年；何文凤：《汉代祠庙功能探索——从升仙的角度来分析》，载《世界宗教研究》2012年第5期，第70—75页；等等，对汉代国家祭祀制度及信仰作了深入的研究。

③〔东汉〕许慎：《说文解字》，中华书局，1963年，第8页。

④ 王维堤、唐书文：《春秋公羊传译注》，上海古籍出版社，1997年，第70页。

⑤ 杨伯峻：《春秋左传注》，中华书局，1981年，第963页。

⑥〔汉〕郑玄注，〔唐〕孔颖达疏：《礼记正义》，北京大学出版社，1999年，第300页。

⑦〔西汉〕司马迁：《史记》，中华书局，1975年，第434页。

⑧ 周晓陆主编：《二十世纪出土玺印集成》，中华书局，2010年，第501页。

⑨ 王柏中《神灵世界秩序的构建与仪式的象征——两汉国家祭祀制度研究》,民族出版社,2005年,第36—39页。

（一）以上林苑为中心的离宫别馆

西汉上林苑"东到霸水，东南到蓝田县，南到终南山，西到户县、周至，上迤淳化县"①。当时有"离宫别馆三十六所"②。西汉上林苑作为皇家园林，"具备游憩、居住、朝会、娱乐、游猎、通神、求仙、军训、生产等多项功能"③。上林苑中具有祠祀功能的离宫别馆有鼎湖宫、太乙宫、飞廉观、蹏氏观、桂馆、仙人观、临仙观等。

鼎湖宫，在今蓝田县焦岱镇，其范围西起张村，东到焦岱河，南到焦岱中学，北至羊峪河口。"昔皇帝采首山铜以铸鼎，鼎成，有龙下，迎帝而去。小臣攀龙髯而上者七十二人。汉武帝于此建宫。"④此处曾发现大量汉代遗物，《秦汉瓦当文字》载有"鼎胡延寿宫"以及"鼎胡延保宫"⑤的文字。《贞松堂集古遗文》载有蓝田"鼎胡宫行镫"⑥的文字。

太乙宫，位于今西安东南约50里的太乙宫镇，终南山脚下。据《陕西通志》记载："太乙宫，在西安城南五十里太乙谷中，汉元封初，南山谷间运起融结，阴翳成象，武帝于此建宫。"⑦《陕西通志》引《雍大记》："太乙山，在西安府西南八十里长安县界太乙谷中。有太乙元君湫池。汉武帝元封二年祀太乙于此建太乙宫。"⑧

飞廉馆，在上林苑中，《汉书·武帝记》载："元封二年（前109年），武帝东巡还，作甘泉通天台，长安飞廉馆。"⑨关于飞廉，应劭注："飞廉，神禽能致风气者也。"晋灼注："身似鹿，头如爵，有角而蛇尾，文如豹文。"⑩武帝命人用铜铸飞廉置于观上，因而称之为飞廉馆。

蹏氏观，在上林苑中，汉武帝为求神君所建，《史记·秦武本纪》载："是时上求神君，舍之上林蹏氏观。"⑪

桂馆，在上林苑中，公孙卿对汉武帝言："仙人可见，上往常遽，以故不见。今陛下可为馆，如缑氏城，置脯枣，神人宜可致。且仙人好楼居。于是上令长安则作飞廉、桂馆……。使（公孙）卿持节设具而候神人。"⑫

---

① 徐卫民：《西汉上林苑宫殿台观考》，载《文博》1991年第4期，第34页。
② 〔梁〕萧统编，〔唐〕李善注：《文选》，上海古籍出版社，1986年，第10页。
③ 周维权：《中国古典园林史》，清华大学出版社，2008年，第82页。
④ 何清谷：《三辅黄图校释》，中华书局，2005年，第214页。
⑤ 〔清〕程敦：《秦汉瓦当文字》，国家图书馆出版社，2013年。
⑥ 罗振玉：《贞松堂集古遗文》（下册），北京图书馆出版社，2003年，第195页。
⑦ 〔清〕刘於义：《陕西通志》，清文渊阁四库全书版，卷七十二"宫阙"。
⑧ 〔清〕刘於义：《陕西通志》，清文渊阁四库全书版，卷八"山川一"。
⑨ 〔东汉〕班固：《汉书》，中华书局，1975年，第193页。
⑩ 〔东汉〕班固：《汉书》，中华书局，1975年，第193页。
⑪ 〔西汉〕司马迁：《史记》，中华书局，1975年，第452页。
⑫ 〔东汉〕班固：《汉书》，中华书局，1962年，第1241—1242页。

临仙观、仙人观、望仙宫，《长安志》卷四引《汉宫殿名》："长安有临仙观"，引《关中记》："仙人观，在长安城外。"① 望仙宫，《水经注》："漏水又北历苇圃西，亦谓之仙泽，又北经望仙宫。"②

（二）以甘泉宫为中心的离宫别馆

甘泉宫位于今陕西省淳化县西北。"西汉甘泉宫承秦宫而兴，至武帝元鼎五年（前112年）立泰畤后臻于大盛。此时的甘泉宫，集祭天之坛，通神之所，御胡边地，施政之殿几重身份于一身。"③ 以甘泉宫为中心的具有祠祀功能的离宫、别馆有寿宫、北宫、竹宫、望仙宫、明光宫、益延寿馆、仙人观等。

寿宫、北宫，元狩五年（前108年），武帝大病，病愈后在甘泉宫增置寿宫、北宫。武帝病，"游水发根言上郡有巫，病而鬼神下之。上召置祠之甘泉。及病，使人问神君。神君言曰：'天子无忧病。病少愈，强与我会甘泉。'于是病愈，遂起，幸甘泉，病良已。大赦，置寿宫神君"④。之后为祭祀寿宫神君，武帝"又置寿宫、北宫，张羽旗，设供具，以礼神君"⑤。据《三辅黄图》载："神君来，则肃然风生，帷帐皆动。"⑥

竹宫，为甘泉专供皇帝祭祀之宫。《三辅黄图》载："武帝时祭泰乙（亦作太一），上通天台，舞八岁童女三百人，祠祀招仙人。祭泰乙，云令人升通天台，以候天神，天神既下祭所，若大流星，乃举烽火就竹宫望拜。"⑦ 关于竹宫方位，《汉旧仪》："竹宫去坛三里"⑧，坛指祠坛，即圜丘。

益延寿馆，"方士公孙卿言：'仙人可见，上往常遽，以故不见。今陛下可为馆，如缑氏城，置脯枣，神人宜可致。且仙人好楼居。'于是上令长安则作飞廉、桂馆，甘泉则作益寿、延寿馆"⑨。按《十七史商榷》卷十三载："《汉书·郊祀志》误衍一'寿'字耳，师古云二馆非也。""益寿、延寿馆"当为"益延寿馆"⑩。据《括地志》载："益延寿馆在雍州云阳县西北八十一里，通天台西八十步。"⑪《史记·索引》引《汉武故事》云："作延寿馆，高三十丈"。据姚生民先生通过对宫观遗迹、遗物的考查，结合相关历史文献记载考证，认为"益延寿馆"应为"益延寿宫"， 益寿、延寿宫和

---

① 〔宋〕宋敏求撰，阎琦、李福标、姚敏杰校点：《长安志》，三秦出版社，2013年，第85、87页。
② 〔北魏〕郦道元著，陈桥驿校证：《水经注校证》，中华书局，2007年，第448页。
③ 田天：《秦汉国家祭祀史稿》，生活·读书·新知三联书店，2016年，第177页。
④ 〔西汉〕司马迁：《史记》，中华书局，1975年，第1388页。
⑤ 〔西汉〕司马迁：《史记》，中华书局，1975年，第1388页。
⑥ 何清谷：《三辅黄图校释》，中华书局，2005年，第183页。
⑦ 何清谷：《三辅黄图校释》，中华书局，2005年，第285页。
⑧ 何清谷：《三辅黄图校释》，中华书局，2005年，第206页。
⑨ 〔东汉〕班固：《汉书》，中华书局，1975年，第1241—1242页。
⑩ 〔清〕王鸣盛撰，黄曙辉点校：《十七史商榷》，上海古籍出版社，2016年，第144页。
⑪ 〔唐〕李泰等著，贺次君辑校：《括地志辑校》，中华书局，1980年，第17页。

延寿馆均是在历史文献记载中产生的讹误。其位置在今陕西省淳化县甘泉宫遗址。①

望仙宫，《汉武别国洞冥记》卷二载："元封三年大秦献牛善走多力，使辇铜石以起望仙宫，迹在石上皆如花形，饴以木兰之叶，使方国贡此叶，牛不甚食，食一叶则累月不饥。"②

仙人观，除甘泉宫宫殿内部求仙建筑外，以甘泉宫为核心的甘泉苑中亦建有求仙建筑。据《三辅黄图》载："甘泉苑，武帝置。缘山谷行，至云阳三百八十一里，西入扶风，凡周回五百四十里。苑中起宫殿台阁百余所，有仙人观。"③

（三）其他诸离宫别馆

除上林苑、甘泉宫之外，西汉具有祠祀功能的离宫别馆还有雍城蕲年宫、华阴集灵宫、首山宫、成山宫、成山观、泰山宫、交门宫等。

雍城蕲年宫，又名祈年宫，取向天祈求丰年之义，《史记·秦始皇本纪》《集解》曰："蕲年宫在雍。"《三辅黄图》引《庙记》曰："蕲年宫在城外。"考古工作者在今凤翔县长青乡孙家南头，发现一处约2万平方米的秦汉建筑遗址，经鉴定为秦汉时期的蕲年宫。据考古调查，此宫可能始建于秦惠公（惠公于公元前399年至前307年在位）时期。④

华阴集灵宫，汉武帝元封元年（前110年）为修泰山封禅之礼，在华山立集灵宫（在今华阴市西南五方乡王到村一带）。《水经注·渭水》记载："渭水又东，敷水注之。水南出石山之敷谷。北迳告平城东。敷水又北迳集灵宫西，而北流注于渭。"⑤汉武帝"修封禅之礼，思登遐之道，巡省五岳，梗祀丰备。故立其宫下，宫曰集灵宫，殿曰存仙殿，门曰望仙门"⑥。关于集灵宫及其周围诸宫观，《三辅黄图》记载："集灵宫、集仙宫、存仙殿、存神殿、望仙台、望仙观，具在华阴县界，皆武帝宫观名也。"⑦

首山宫，位于今山西永济西蒲州。"武帝元封元年封禅后，梦高祖坐明堂朝群臣，于是祀高祖于明堂以配天，还作首山宫以为高灵馆。"⑧

成山宫，位于右扶风陈仓县（今陕西眉县第五村），考古发掘出土有"成山"文字瓦当，据推测成山宫为秦汉皇帝祭日所用⑨。成山观，位于东莱郡不夜县（今山东

---

① 姚生民：《益延寿宫考略》，载《咸阳师范学院学报》2012年第3期，第21页。
② 〔汉〕郭宪撰，王根林校点：《汉武别国洞冥记》，上海古籍出版社编：《汉魏六朝笔记小说》，上海古籍出版社，1999年，第128页。
③ 何清谷：《三辅黄图校释》，中华书局，2005年，第239页。
④ 何清谷：《关中秦十宫觅踪》，载《陕西师大学报》（哲学社会科学版）1988年第2期，第72页。
⑤ 〔北魏〕郦道元著，陈桥驿校证：《水经注校证》，中华书局，2007年，第465页。
⑥ 〔宋〕洪适：《隶释》卷二《西岳华山庙碑》，中华书局，1986年，第25页。
⑦ 何清谷：《三辅黄图校释》，中华书局，2005年，第201页。
⑧ 何清谷：《三辅黄图校释》，中华书局，2005年，第218页。
⑨ 赵丛苍、刘怀君：《陕西眉县成山宫遗址的调查》，载《考古》1998年第6期，第85页。

荣成北），祭日。"成山观，成山在东莱不夜县，于其上筑宫阙以为观。"①

泰山宫，史书无载，1961年西安高窑出土的上林铜器中，有甘露三年（前59年）造的泰山宫鼎②，可能是汉武帝封禅泰山所建，因地而名。据黄展岳先生推断，"泰山宫可能为西汉皇帝驻跸以及祀神之离宫"③。

交门宫，太始四年（前93年），汉武帝"复至泰山修封。东幸琅琊，礼日成山，登之罘，浮大海，用事八神延年。又祠神于交门宫，若有乡坐拜者云"④。

西汉离宫别馆的祠祀功能主要体现在两大方面，一是国家祭祀用的斋宫，二是帝王求仙通神之所。汉代规定："凡斋，天地七日，宗庙、山川五日，小祠三日"⑤，斋戒有专门的斋所，如西汉未央宫前殿之侧的宣室，皇帝"斋则居之"⑥。雍城蕲年宫以及甘泉竹宫即国家祭祀用的斋宫，《汉书》臣瓒注引《汉仪注》："郊泰畤，皇帝平旦出竹宫，东向揖日。"⑦除国家祭祀用的斋宫之外，其他大多为帝王求仙通神之所，帝王建离宫别馆以"馆御列仙"，进行日常的小祀活动，以祈求求仙通神。

二、影响祠祀功能离宫别馆分布的因素

从地理分布上来看，西汉具有祠祀功能的离宫别馆集中分布在西汉上林苑以及甘泉宫中，华山、雍城、燕齐滨海等地零星分布。其地理分布格局的一方面是沿袭汉代以前的格局，另一方面则与西汉时期的国家祭祀中心以及皇帝的日常活动空间及其巡幸路线相关。

（一）国家祭祀中心

汉武帝时期在沿袭秦代国家祭祀格局的同时，经过汉高帝、文帝至武帝时期的改革与发展，建立了新的国家祭祀体系，至武帝中后期形成了"泰畤—后土祠、雍、泰山三个祭祀中心"⑧。

雍城曾是秦国的国都，也是秦人的祭祀中心。《史记》卷二十八《封禅书》载："而雍有日、月、参、辰、南北斗、荧惑、太白、岁星、填星、辰星、二十八宿、风伯、雨师、四海、九臣、十四臣、诸布、诸严、诸逑之属，百有余庙。西亦有数十祠。"⑨秦王朝国祚短暂，汉兴，继续沿用秦代祭祀格局、框架与制度。作为祭祀中心的雍地，"有五畤，

---

① 何清谷：《三辅黄图校释》，中华书局，2005年，第335页。
② 何质夫：《西安三桥镇高窑村出土的西汉铜器群》，载《考古》1963年第2期，第65页。
③ 黄展岳：《西安三桥高窑村西汉铜器群铭文补释》，载《考古》1963年第4期，第199页。
④〔东汉〕班固：《汉书》，中华书局，1975年，第1247页。
⑤〔宋〕范晔：《后汉书》，中华书局，1973年，第3104页。
⑥〔东汉〕班固：《汉书》，中华书局，1975年，第1104页。
⑦〔东汉〕班固：《汉书》，中华书局，1975年，第185页。
⑧ 田天：《秦汉国家祭祀史稿》，生活·读书·新知三联书店，2015年，第208页。
⑨〔西汉〕司马迁：《史记》，中华书局，1975年，第1375页。

太昊、黄帝以下祠三百三所（王先谦《补注》：'此三百，疑二百之误。'）"①。蕲年宫是雍都的一处郊祀祈年的斋宫，秦汉帝王多在此祭五畤和先公。据《汉书》记载，西汉从高祖至成帝，皇帝去雍祭五畤者凡18次，亦多宿于蕲年宫。

甘泉宫，元狩三年（前120年），方士齐人少翁得武帝信用，谓武帝言："上即欲与神通，宫室被服不象神，神物不至"②，于是武帝"乃作画云气车，及各以胜日驾车辟恶鬼。又作甘泉宫，中为台室，画天、地、泰一诸鬼神，而置祭具以致天神"③。自此始，甘泉宫在武帝求仙祭祀中的地位逐渐突显。在此背景下，武帝时期在此修建了诸多以求仙为目的的建筑。据姚生民《甘泉宫志》统计，以甘泉宫为中心的建筑多达50余处④。武帝中后期，甘泉宫成为西汉国家祭祀的一大中心。

泰山作为五岳之一，是西汉时期山川祭祀的中心，《史记·封禅书》载："建汉家封禅，五年一修封。"⑤西汉时期以泰山封禅为中心，同时进行祠梁父、禅肃然山、禅石闾山的祭祀活动。汉武帝时，加强对泰山祭祀建筑的建设，元封四年（前107年）武帝于泰山建明堂，"祠太一、五帝于明堂上坐，令高皇帝祠坐对之。祠后土于下房，以二十太牢"⑥。泰山在汉武帝朝的国家祭祀中占据着很高的地位。

华山作为五岳之一，很早就受到先民的崇拜。《尚书·舜典》中载："望于山川，遍于群神……八月西巡守。至于西岳。如初。"⑦秦朝统一后，官府整理了山川祭祀秩序，"令祠官所常奉天地名山大川鬼神可得而序也"⑧。汉承秦制，至武帝时期继续对华山的祭祀。因其地近都城长安，汉武帝大力修建华山宫观，汉宣帝又确立了每年定期祭祀西岳华山的制度，华山祠庙的数量应随之增加。逐渐成为汉代山川祭祀的主要组成部分。

（二）帝王求仙活动

西汉具有祠祀功能的离宫别馆地理分布格局与西汉皇帝求仙活动密切相关。《吕氏春秋》有言："世之人主贵人，无贤不肖，莫不欲长生久视。"⑨西汉皇帝，大多热衷求仙，以追求长生不死，尤以汉武帝最为突出。汉武帝即位之初就"好长生之术，常祭名山大泽，以求神仙"⑩，汉成帝末年亦是"颇好鬼神，亦以无继嗣故，多上书言

---

① 〔东汉〕班固：《汉书》，中华书局，1975年，第1547页。
② 〔西汉〕司马迁：《史记》，中华书局，1975年，第458页。
③ 〔西汉〕司马迁：《史记》，中华书局，1975年，第458页。
④ 姚生民：《甘泉宫志》，三秦出版社，2003年，第88页。
⑤ 〔西汉〕司马迁：《史记》，中华书局，1975年，第1403页。
⑥ 〔西汉〕司马迁：《史记》，中华书局，1975年，第1401页。
⑦ 慕平译注：《尚书》，中华书局，2009年，第15—18页。
⑧ 〔西汉〕司马迁：《史记》，中华书局，1975年，第1371页。
⑨ 〔战国〕吕不韦著，王利器注疏：《吕氏春秋》，巴蜀书社，2002年，第91页。
⑩ 佚名撰，王根林校点：《汉武帝内传》，上海古籍出版社编：《汉魏六朝笔记小说大观》，上海古籍出版社，1999年，第140页。

祭祀方术者，皆得得招，祠祭上林苑中长安城旁，费用甚多"①。汉哀帝"博征方术士，京师诸县皆有侍祠使者，尽复前世所常兴神祠宫，凡七百余所，一岁三万七千祀云"②。

《宋书》言有："古者天子巡狩之礼，布在方策。至秦、汉巡幸，或以庆望气之祥，或以希神仙之应，烦扰之役，多非旧典。"③武帝时期求仙所用离宫别馆空间分布格局，大体上与当时的国家祭祀中心吻合，即武帝"个人求仙活动与国家祭祀相互交叠"④。罗永麟在其《中国仙话研究中》说到，汉武帝"祭山川、祠鬼神，举行封禅大典，都是在崇奉神仙思想下举行的宗教仪式。举行这种宗教仪式的目的，一方面是祈神保卫江山，一方面就是求不死之药"⑤。如以甘泉宫为中心的诸多求仙建筑，即围绕甘泉泰畤祭祀而构成的。汉武帝元鼎五年（前112年）"令祠官宽舒等具泰（太）一祠坛，坛放薄忌泰一坛，坛三垓。五帝坛环居其下，各如其方"⑥，并于同年冬至，"见太一如雍郊礼"，甘泉宫正式成为西汉国家祭祀中心之一，同时武帝也在此举行大规模的求仙祭祀活动。

燕齐滨海的求仙活动，可追溯至春秋战国时期的齐威王、齐宣王时代，至秦汉时期逐渐流行，并形成一股宗教浪潮。《史记·封禅书》："自齐威、宣之时，邹子之徒论著终始五德之运，及秦帝而齐人奏之，故始皇采用之。而宋毋忌、正伯侨、充尚、羡门高最后皆燕人，为方仙道，形解销化，依于鬼神之事。邹衍以阴阳主运显于诸侯，而燕齐海上之方士传其术不能通，然则怪迂阿谀苟合之徒自此兴，不可胜数也。"⑦秦汉时期，"随着方士文化的兴盛，燕齐滨海地带各类祠祀也有很大发展。齐地祠庙数量已相当可观，与关中平原同为两个密集分布区"⑧。武帝为了海上求仙与祭祀，在燕齐滨海地区广置神祠，见于文献记载的就有八神祠、交门宫、延年、万里沙、仙人祠、明堂等。

（三）帝王日常活动空间及巡幸路线

《汉书》载："（武帝）微行始出，北至池阳，西至黄山，南猎长杨，东游宜春。"⑨长安城作为武帝日常活动的主要区域，为了便于其日常的求仙活动，在上林苑之中修建诸多求仙建筑用以日常求仙活动。

西汉诸帝热衷巡幸，尤其是汉武帝。武帝在位期间，他的各类出游、巡行活动达

---

① 〔东汉〕班固：《汉书》，中华书局，1975年，第1260页。
② 〔东汉〕班固：《汉书》，中华书局，1975年，第1264页。
③ 〔梁〕沈约：《宋书》，中华书局，1974年，第379页。
④ 刘杰：《汉武帝求仙故事的演变及其文化分析》，载《天中学刊》2015年第6期，第17页。
⑤ 罗永麟：《中国仙话研究》，上海文艺出版社，1993年，第144页。
⑥ 〔东汉〕班固：《汉书》，中华书局，1975年，第1230页。
⑦ 〔西汉〕司马迁：《史记》，中华书局，1975年，第1368—1369页。
⑧ 周振鹤：《秦汉宗教地理概说》，载《中国文化研究辑刊》第3辑。
⑨ 〔东汉〕班固：《汉书》，中华书局，1975年，第2847页。

三十余次。在出行过程中展开求仙活动,终其一世,大规模的寻仙活动近十次之多。缑氏仙人祠、中岳太室祠、泰山、燕齐滨海地区是武帝进行求仙活动的主要区域。他东巡最重要的落脚点首先是华山以及缑氏城,进而进行中岳太室祠的祭祀,最后则是山东境内,在此进行泰山封禅、八主祠祭祀以及海上求仙活动。《史记·封禅书》:"上遂东巡海上,行礼祠八神。齐人之上疏言神怪奇方者以万数,然无验者。乃益发船,令言海中神山者数千人求蓬莱神人。"①太始四年(前93年),汉武帝"复至泰山修封。东幸琅琊,礼日成山,登之罘,浮大海,用事八神、延年。又祠神于交门宫,若有乡拜者云"②。位于琅琊的交门宫即是汉武帝求仙祭祀之离宫,用以祭祀蓬莱仙人。特选取汉武帝元封元年(前110年)、四年(前107年)、五年(前106年)巡幸路线③,与西汉具有祠祀功能的离宫别馆进行绘图示意(图1)。

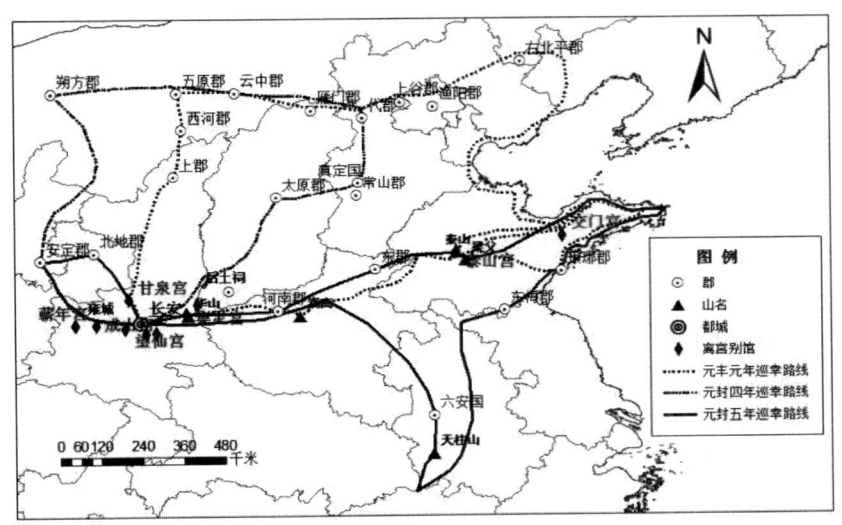

图1 西汉祠祀功能离宫别馆分布与汉武帝巡幸路线示意图④

---

① 〔西汉〕司马迁:《史记》,中华书局,1975年,第1397—1398页。
② 〔东汉〕班固:《汉书》,中华书局,1975年,第1247页。
③ 《汉书·武帝纪》载汉武帝巡幸路线:元丰元年(前110年):"行自云阳,北历上郡、西河、五原,出长城,北登单于台,至朔方,临北河。还,祠黄帝于桥山,乃归甘泉。春正月,行幸缑氏,至于中岳,亲登嵩高,行,遂东巡海上。夏四月癸卯,上还,登封泰山。行所巡至,博、奉高、蛇丘、历城、梁父(用事八神)。行自泰山,复东巡海上,至碣石。自辽西历北边九原,归于甘泉"。元封四年(前107):"冬十月,行幸雍,祠五畤。通回中道,遂北出萧关,历独鹿、鸣泽,自代而还,幸河东。三月,祠后土,幸中都宫"。元封五年(前106年):"冬,行南巡狩,至于盛唐,望祀虞舜于九嶷,登潜天柱山,自浔阳浮江。舳舻千里,薄枞阳而出。遂北至琅邪,并海,所过礼祠其名山大川。春三月,还至泰山,增封。还幸甘泉,郊泰畤"。
④ 注:底图选自"国家1∶400万基础数据",巡幸路线的绘制参考田天《秦汉国家祭祀史稿》180—181页"汉武帝巡幸路线示意图"及《汉书·武帝纪》汉武帝巡幸路线的记载。

三、离宫别馆祠祀与国家祭祀、民间传说的关系

西汉时期,离宫别馆的祠祀与国家祭祀以及民间传说、信仰之间有诸多关系,主要表现在地理空间布局以及祠祀对象上。从离宫别馆祠祀对象上来看,主要有太一神、黄帝、王乔、赤松子、神君、山川、日月、河流、汉高祖等。

(一)离宫别馆祠祀与国家祭祀的关系

离宫别馆祠祀与国家祭祀的关系主要表现在空间格局以及祠祀对象上。从地理空间布局上来看,具有祠祀功能的离宫别馆主要分布在国家祭祀中心地。从祭祀对象上来看,离宫别馆所祀神灵与国家祭祀神灵有部分一致。

祭祀对象上,国家祭祀的太一神,也是离宫别馆祠祀的对象。"太一"之名在先秦时期即已有之,太一神即是星名①,也有至上神或"道"的终极物的概念。自武帝初年,太一逐渐进入国家祭祀体系,元鼎五年,武帝在甘泉宫修建泰畤,专祀太一,太一祭祀从此成为西汉最高国家祭祀。②汉武帝元光二年(前133年),亳人谬忌奏祠太一,称"天神贵者太一,太一佐曰五帝。古者天子以春秋祭太一东南郊,用太牢,七日,为坛开八通之鬼道"③。武帝采纳了谬忌的奏请,令立太一祠于长安东南郊,祭祀三个最高的神:天一、地一、太一。汉武帝时期置寿宫、北宫以礼神君,《史记》载:"寿宫神君最贵者太一,其佐曰大禁、司命之属,皆从之。"④

山川、日月祭祀,《礼记·曲礼下》:"天子祭天地,祭四方,祭五祀,岁徧。"⑤对山川、日月神灵的祭祀在汉代祭祀中也占有较高的地位,右扶风陈仓的成山宫以及东莱的成山观即为汉代祭日的宫馆。齐地的八神祭祀,一方面与国家祭祀日月四时相关,另一方面则与方士求仙思想吻合。据《史记·封禅书》载:"八神:一曰天主,祠天齐。二曰地主,祠泰山梁父。三曰兵主,祠蚩尤。四曰阴主,祠三山。五曰阳主,祠之罘。六曰月主,祠之莱山。七曰日主,祠成山。八曰四时主,祠琅邪。"⑥八神祠祭祀对象蕴含了很强的"长生不死"的意向,八神被意为齐鲁地区的生命之神。"诸如日出日落、月亏月圆、阴阳消长、寒暑交替,以及春夏秋冬四时循还往返,大自然的这些'终而复始、死而复生'的现象都极易诱发远古人类长生不老的热望。"⑦

祭祀高祖,汉高祖刘邦作为西汉的开国皇帝,后世对其除宗庙之祭外,更有明堂

---

① 《史记·天官书》曰:"中宫天极星,其一明者,太一常居也",第1289页。
② 田天:《西汉太一祭祀研究》,载《史学月刊》2014年第4期,第39页。
③ 〔西汉〕司马迁:《史记》,中华书局,1975年,第1386页。
④ 〔西汉〕司马迁:《史记》,中华书局,1975年,第1388页。
⑤ 〔汉〕郑玄注,〔唐〕孔颖达疏:《礼记正义》,北京大学出版社,1999年,第153页。
⑥ 〔西汉〕司马迁:《史记》,中华书局,1975年,第1367页。
⑦ 李传江:《"八神"祭祀的国家宗教中心及民间承续》,载《东岳论丛》2014年第6期,第100页。

及建别馆以祭祀。《三辅黄图》曰："高祖庙，在长安西北故城中"①，"及孝惠五年，思高祖之悲乐沛，以沛宫为高祖原庙②"③。至武帝时期修封泰山明堂，"则祠太一、五帝于明堂上坐，令高祖皇帝祠坐对之"④。"武帝元封元年封禅后，梦高祖坐明堂朝群臣，于是祀高祖于明堂以配天，还作首山宫以为高灵馆"⑤，作首山宫以祀高祖皇帝。

（二）离宫别馆祠祀与民间传说的关系

"民间是产生'神祇灵异人物'故事的主要源泉"⑥。离宫别馆祠祀与民间传说的关系主要表现在所祭祀的神灵上。离宫别馆的祠祀对象大多来源于民间传说中的长生不死之人及民间祭祀对象。

黄帝，对黄帝的祠祀，主要是受秦汉方士、神仙思想以及黄帝不死升仙传说的影响。汉代皇室以及民间流传着黄帝乘龙升仙的传说，《汉书·地理志》载右扶风、并州等地有黄帝祠及黄帝子祠⑦。关于黄帝成仙的传说在先秦时期即已有记载，《左传·昭公十七年》："黄帝氏以云纪，故为云师而云名。"⑧黄帝是"五方正神"⑨的中央神⑩。汉武帝时期，方士李少君与武帝言："祠灶则致物，致物则丹砂化为黄金，黄金成以为饮食器则益寿，益寿而海中蓬莱仙者乃可见，见之以封禅则不死，黄帝是也。"⑪之后，方士公孙卿又引述方士申功所言："黄帝上骑，群臣后宫从上者七十余人，龙乃上去。余小臣不得上，乃悉持龙髯。故后世因名其处曰鼎湖，其弓曰乌号。"⑫受黄帝不死登仙传说的影响，汉武帝甚至发出"吾诚得如黄帝，吾视去妻子如脱屣耳"⑬的感慨。

王乔、赤松子，《三辅黄图校释》卷三引《华山记》曰："弘农邓绍，八月晓入华山，

---

① 何清谷：《三辅黄图校释》，中华书局，2005年，第304页。
② 《艺文类聚·居处部》引《汉旧仪》："高皇帝家在丰中阳里，为沛泗上亭长。及为天子，立沛庙，祠丰故宅。"（1142页）
③ 〔西汉〕司马迁：《史记》，中华书局，1975年，第393页。
④ 〔西汉〕司马迁：《史记》，中华书局，1975年，第1401页。
⑤ 何清谷：《三辅黄图校释》，中华书局，2005年，第218页。
⑥ 严耀中：《关于〈搜神记〉中佛教内容的质疑》，载《中华文史论丛》2009年第3期。
⑦ 《汉书·地理志》载右扶风、上郡等有黄帝祠、黄帝子祠、黄帝孙祠。
⑧ 杨伯峻：《春秋左传注》，中华书局，1981年，第1386页。
⑨ 五方之神，谓东方青帝灵威仰，南方赤帝赤熛怒，西方白帝白招拒，北方黑帝叶光纪，中央黄帝含枢纽。
⑩ 〔汉〕蔡邕：《独断·五方正神之别名》，载《汉魏丛书》（九），（明）申隆纂，上海涵芬楼出版，1925年影印本，第15页。
⑪ 〔西汉〕司马迁：《史记》，中华书局，1975年，第1385页。
⑫ 〔西汉〕司马迁：《史记》，中华书局，1975年，第1394页。
⑬ 〔西汉〕司马迁：《史记》，中华书局，1975年，第1394页。

见童子执五綵囊，盛柏叶露食之。武帝即其地造宫殿，岁时祈祷焉。"①东汉初桓谭《仙赋》云："见郊先置华阴集灵宫，宫在华山下，武帝所造，欲怀集仙者王乔、赤松子，故名殿为存仙，端门南向，署曰望仙门。"②由此可见，这些宫观的修建皆与汉武帝纪念传说中的神仙王乔、赤松子有关。

《淮南子·泰族》说："王乔、赤松，去尘埃之间，离群慝之纷，吸阴阳之和，食天地之精，呼而出故，吸而入新，躁虚轻举，乘云游雾，可谓养性矣。"③《列仙传》载："王子乔者，周灵王太子晋也。好吹笙作凤凰鸣。游伊、洛之间，道士浮邱公接以上嵩高山。三十余年后，求之于山上，见桓良，曰：'告我家，七月七日待我于缑氏山巅。'至时，果乘白鹤驻山头。望之不得到，举手谢时人，数日而去。亦立祠于缑氏山下，及嵩高首焉。"④王子乔于缑氏城升仙，后世先民修祠于缑氏山下，遂形成了这一传统。"赤松子者，神农时雨师也。服水玉以教神农，能入火自烧。往往至昆仑山上，常止西王母石室中，随风雨上下。炎帝少女随之，亦得仙，俱去。至高辛时，复为雨师。今之雨师本是焉。"⑤汉武帝时期，"上求神君，舍之上林中蹏氏观。神君者，长陵女子，以子死悲哀，故见神于先后宛若。宛若祠之其室，民多往祠。平原君往祠，其后子孙以尊显。及武帝即位，则厚礼置祠之内中，闻其言，不见其人云"⑥。《汉武故事》云："起柏梁台，高二十丈，悉以香柏，香闻数十里，以处神君，神君者，长陵女子也，死而有灵。霍去病微时，数自祷神君，及见其形，自修饰，欲与去病交接，去病不肯，神君亦惭。"⑦

黄帝、王乔、赤松子、神君皆为汉代民间流传的传说故事，这些故事都与升仙有关，"从普通百姓的角度讲，神通和有用是立祠的主要标准。如果某人具有神通，百姓就会崇信和祭拜他，就会为之立祠"⑧。帝王受民间传说的影响，把民间传说的升仙不死之人引进皇室，并于离宫别馆中加以祭拜，以求升仙、长生不死。

四、结语

西汉时期，具有祠祀功能的离宫别馆有二十余所。从地理分布格局上看，具有祠

---

① 何清谷：《三辅黄图校释》，中华书局，2005年，第201页。
② 〔唐〕欧阳询撰，汪绍楹校：《艺文类聚》，上海古籍出版社，2007年，第1388页。
③ 〔汉〕刘安撰，张双棣校释：《淮南子校释》，北京大学出版社，1997年，第2063页。
④ 〔西汉〕刘向撰，王叔岷校笺：《列仙传校笺》，中华书局，2007年，第65页。
⑤ 〔西汉〕刘向撰，王叔岷校笺：《列仙传校笺》，中华书局，2007年，第1页。
⑥ 〔西汉〕司马迁：《史记》，中华书局，1975年，第452—453页。
⑦ 佚名撰，王根林校点：《汉武故事》，上海古籍出版社编：《汉魏六朝笔记小说大观》，上海古籍出版社，1999年，第169页。
⑧ 何文凤：《汉代祠庙功能探索——从升仙的角度来分析》，载《世界宗教研究》，2012年第5期，第75页。

祀功能的离宫别馆主要分布在上林苑、甘泉宫两大中心，雍城、华山、燕齐滨海等地零星分布。这些离宫别馆祠祀功能主要表现在国家祭祀用的斋宫以及帝王求仙通神之所两个方面。其空间分布格局受当时国家祭祀中心以及帝王求仙活动与巡幸路线等的影响。同时，离宫别馆的祠祀功能在地理分布及祠祀对象上与西汉国家祭祀格局以及民间传说有密切的关系。理解西汉离宫别馆的祠祀功能，有利于更加清晰全面的认识西汉的离宫别馆文化及其与当时国家政治及民间传说、信仰之间的关系。

Study on the Function of the Resort Palaces as the Site of Sacrifice in the Western Han Dynasty

Liang Chen

(Northwest Institute of Historical Environment and Socio-Economic development, Shaanxi Normal University, Xi'an, shaanxi, 710119)

Abstract: During the Western Han Dynasty, there were many resort palaces that had various functions. Among them, there were more than 20 that have ever been used as sites of sacrifice. From the perspective of geographical distribution, the resort palaces functioning as sites of sacrifice were mainly distributed around two centers: ShanglinYuan and Ganquan Palace, scattering in Yongcheng, Huashan Mountain, and seaside places as Yan and Qi regions. The function as the site of sacrifice was mainly manifested in the two aspects: the hall of abstinence for national sacrificial ceremony and places for the emperors to pray to immortals and communicate with spirits. This distribution pattern was affected by several factors: the sacrificial center of the state, the emperors' immortal-pursuing activities and the route of their supervising tours. At the same time, the sacrificing function of the resort palaces was also closely related to the nation's sacrificial pattern and folklore of the Western Han Dynasty.

Key words: The Western Han Dynasty; resort palace; sacrifice; function; object of sacrificing

元中都：天历之变的舞台

袁梦阳

（陕西师范大学西北历史环境与经济社会发展研究院，陕西西安，710119）

[摘　要]　"天历之变"是元代中期帝位争夺的一个代表性事件。这一事件发生在元中都，也是经过慎重考虑的。元中都的独特的地理条件，使得其成为元文宗迎接元明宗的理想场所。而"天历之变"也成为历史上为数不多的发生在元中都的重大事件之一，在元中都的研究中应当占有重要地位。

[关键词]　天历之变　　元明宗　　元文宗　　元中都

[中图分类号]　K928　　　[文献标识码]　A

[作者简介]　袁梦阳（1993—　　），男，河北正定人。陕西师范大学历史环境与经济社会发展研究院在读硕士，主要研究方向为历史地理学。

元中都是元代的陪都之一，然而以此为舞台的历史事件寥寥无几，其中影响最大的当属元明宗、元文宗兄弟之间发生的"天历之变"。而"天历之变"在此发生，也是有其特定原因的。

一、元中都概况

元世祖忽必烈曾以旧金中都作为中都，至元九年（1272年）改中都为大都，即今北京。"大德十一年（1307年）甲午，建行宫于旺兀察都之地，立宫阙为中都。"① 次年七月"旺兀察都行宫成"②。这一年落成的新的元中都，位于今河北省张北县馒头营乡白城子村西南，245省道东北侧。其主要作用，是充当连接元大都与上都的驿站，是皇室仪仗队下榻的行宫。据《元史》记载，元代设有中都留守司和中都万亿司。

元中都分外城、皇城和宫城三个部分，各部分层层相套。外城南北长2310米，东西长2355米，距离宫城约850米，现多已毁；皇城南北长910米，东西长755米，除南侧距离宫城大约200米外，其余三面距宫城大约100米，现存有地基；宫城南北长610米，东西长555米，城墙保存完好。

---

① 〔明〕宋濂：《元史·本纪第二十一·武宗一》，中华书局，1976年，第327页。
② 〔明〕宋濂：《元史·本纪第二十一·武宗一》，中华书局，1976年，第343页。

在宫城的中心位置保存有正殿台基。宫城的南侧城墙东段和西侧城墙北段此前曾因修筑公路而各拆去约10米。现公路已改线，城内公路已被拆除。

二、天历之变

（一）天历之变前因

天历之变，发生在元明宗和元文宗兄弟之间，是元武宗与元仁宗兄弟之约的后遗症。由于蒙古族并不奉行嫡长子继承制，蒙元的汗位继承以及后来的皇位继承时常生变。元成宗铁穆耳的独生子太子德寿先于成宗夭亡，因此1307年成宗驾崩时，出现了安西王阿难答与怀宁王海山争位的流血政变。海山在政变中获胜，继位大统，即元武宗。政变发生时，海山并未到达大都，其皇位是由胞弟，即后来的元仁宗爱育黎拔力八达夺来的。由此也就有了"兄终弟及，叔侄相承"的约定。

但是1320年元仁宗驾崩前并未履约，而是指定其子硕德八剌继位，即元英宗。元武宗的两个儿子和世㻋（元明宗）与图帖睦尔（元文宗）则被分别流放。三年后，元英宗在1323年的南坡之变中遇弑身亡，这件事也可以看作是整个蒙古帝国由盛转衰的转折点。由于元英宗并无子嗣，其堂叔泰定帝也孙铁木儿入继大统。1328年，泰定帝英年早逝，此时出现了聚集在上都的拥立泰定帝幼子天顺帝阿速吉八的上都派，和聚集在大都的拥立武宗后代的大都派。两个派别之间爆发了争夺皇位的两都之战，最终天顺帝被杀，武宗一脉夺回皇位。

在两都之战爆发时，和世㻋身处漠北，交通不便，因此当时旅居建康（今南京）的图帖睦尔被大都派拥上了皇位，即元文宗。而图帖睦尔第一次登基时也发誓"朕以菲德，宜俟大兄，固让再三。亲戚、将相、百僚、耆老，以为神器不可以久虚，天下不可以无主，周王辽隔朔漠，民庶遑遑，已及三月，诚恳迫切。朕固从其请，谨俟大兄之至，以遂朕固让之心"①。其大意就是我迫不得已继位，等战争结束后皇位还应还给兄长。

1329年1月，图帖睦尔如约退位，遣使迎接和世㻋，和世㻋在漠北继位，即元明宗。

（二）天历之变经过

元明宗在漠北继位后，计划先前往上

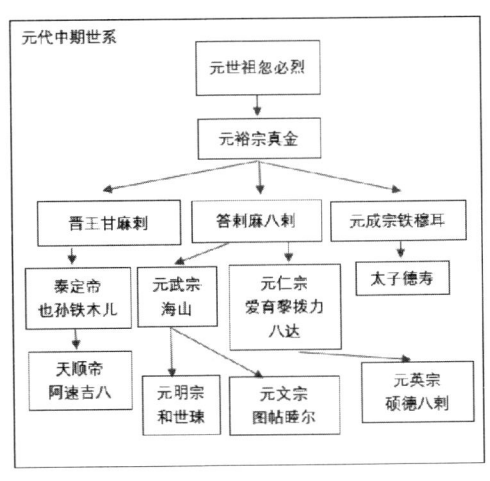

图1 元代中期世系图

---

① 〔明〕宋濂：《元史·本纪第三十二·文宗一》，中华书局，1976年，第483页。

都，并且在南下过程中进行了全面的人事安排。元文宗被立为皇储，并在大都设置了都督府，准备迎接兄长回京。明宗一路南下缓慢，此时双方的交流依靠信使。是年农历七月丁巳日，元文宗抵达上都。元明宗抵达中都的日期是八月乙酉日，此时距离文宗抵达上都过去二十八日。次日（丙戌日），文宗由上都抵达中都，兄弟相会，当晚大宴群臣。此后几日，正史无载。庚寅日，即明宗抵达中都的第六日，"帝暴崩"①，被直接葬于起辇谷。明宗继位后，始终没

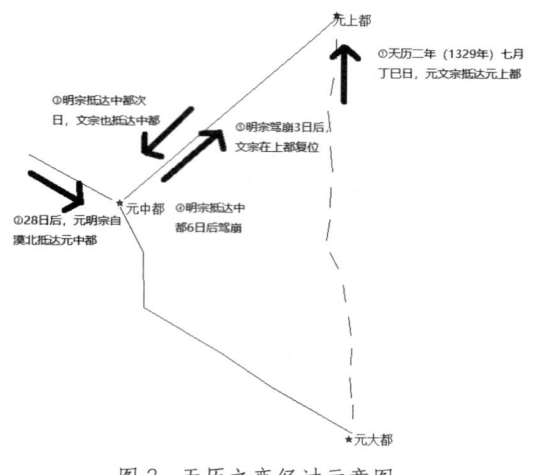

图 2　天历之变经过示意图

能到达上都和大都，就此突然离世，颇有蹊跷。而癸巳日，文宗就回到上都，此时距离明宗驾崩仅过去三日。己亥日，距离明宗驾崩仅九日，文宗复位。此为"天历之变"。

由于史书没有记载，后世对于明宗的死因也无法定论。谋杀的说法源自明宗之子元顺帝妥欢帖木儿："文宗稔恶不悛，当躬迓之际，乃与其臣月鲁不花、也里牙、明里董阿等谋为不轨，使我皇考饮恨上宾。"②虽然此说法只是一家之言，但是结合文宗前后的行动分析，相较于因病亡故而言，却也是一种比较合理的解释。

三、元中都对于天历之变的影响

（一）中都地理位置的特殊性

元中都位于坝上高原南缘，距张家口约 55 千米，距上都约 175 千米，距大都约 212 千米。由桑干河谷翻越山坡后是一望无际的平整的草原。城西有一处小型湖淖，西距安固里淖也仅有 18 千米，水源充足，可以举行大型活动。

即便元文宗并没有弑兄夺权的计划，由于皇位事关重大，数年不见的亲生兄弟也难免祸起萧墙。因此在何处迎接皇兄也是元文宗必须谨慎考量的。大都人烟密集，市井繁华，而且还处在汉地，明宗的正统地位不可撼动。上都则有大量蒙古贵族，明宗的支持者也不在少数。如果元明宗到了上都或者大都，那么一切大局就尽在明宗手里了，文宗只能任人调遣。因此，迎接的场所必须在半路上。而最理想的场所，就是处在上都到大都驿路的拐角处，并且拥有大型宫殿的中都。此地也是明宗南归的岔路口，无论到上都还是大都，这里都是必经之路。因此，如果文宗还想对自己的未来握有主动权，

---

① 〔明〕宋濂：《元史·本纪第三十一·明宗》，中华书局，1976 年，第 477 页。
② 〔明〕宋濂：《元史·本纪第四十·顺帝三》，中华书局，1976 年，第 586 页。

势必要在中都与皇兄见面。

中都周边地区在元代属于游牧区,当时属于兴和路。据谭其骧先生主编的《中国历史地图集》第七卷估测,兴和路的面积大约是3万平方千米。而据《元史·地理志》记载,至元七年(1270年),兴和路的人口为39495人,由此估算,当时该地区附近的人口密度约为每平方千米1.3人。即便到了天历年间,该地区的人口也应达不到每平方千米2人,人烟极其稀少。如果元文宗有夺权的计划,与上都或大都相比,中都附近荒无人烟,不易走漏风声。

并且中都城外是茫茫草原,视线良好,便于城内的人掌握周边局势。一旦城内局势生变,草原地带土地平坦,没有障碍物,也便于撤离。因此中都是迎接明宗归来的理想场所。

根据《元史》记载,文宗从抵达上都做准备到抵达中都觐见明宗,前后一共是29天。从明宗驾崩到文宗回到上都只过了3天,期间文宗还曾"入临哭尽哀",这三百多里的路程快马加鞭可能两日即可抵达。由此推断,文宗有20多天的时间可以在上都为各种事项进行准备,而非明宗抵达中都后再匆忙迎接,或是临时决定在中都面见。之所以在上都进行准备,是因为上都距离中都较近,并且不用经过汉地,可以减小动静。并且上都到中都一路坦途,来去便捷,后援可以迅速抵达以备不测;由大都出发则要翻山越岭,并且总体而言是上坡,后援的速度难以保障。因此在上都做准备,在中都接风洗尘也应当是经过谨慎选择的。

(二)中都的城市结构

中都的城市结构与汉地城市有明显不同。其最大的特点是城内有大面积无建筑物的空白地带。不仅外城城圈和皇城城圈,就连宫城城圈也有大面积空白地带。此前有学者分析,结合外城城墙和皇城城墙遗址来看,仁宗继位后便停工的中都,外面的两圈城墙很可能还没有完工。而宫城内的空地,应当是受蒙古族的生活习惯影响,一来可以跑马,二来可以搭建蒙古包。天历之变时,明宗在此大宴群臣,很可能就是使用的这些空地。由于有大面积的宴会场所,可以借宴会处理很多事宜,中都很适合作为迎接明宗的场所。

此外大殿所处的高台台基,残高还有5米,与宫城城墙的残高基本持平。大殿周边视野开阔,环绕一周整个宫城内基本可以一览无余,便于殿上之人把握城内局势。而与大都的大殿偏南,上都的大殿偏东南相比,中都的大殿在整个中都的正中心,受外界的打扰可能也会小一些,便于兄弟之间的交流。这也使得中都成为兄弟会面的理想场所。

(三)中都的性质

元武宗兴修中都时,宫廷政变刚刚结束,因此营建中都很有可能是为了方便两都之间的往来,加强上都与大都的相互控制。两都之间有一条更短的南北向直线的东线通道，然而该通道一路翻山越岭，主要在蜿蜒的燕山山谷中行进，不利于大规模骑兵的行进，因此有必要开辟一条适合马背民族的较为平坦的新道路。而中都就处在这条道路的拐角处，作为皇帝中途休息的行宫。

然而武宗朝天灾不断，仁宗继位后认为中都工程劳民伤财，于是中都就停工了，并未发展成大都或上都那样的都会。从考古发掘的情况来看，整个中都的建筑物都偏少，一方面可能是当地居民主要是蒙古族，以蒙古包代替房屋；另一方面可能是中都营建半途而废，本身就没有多少居民。闲杂人等少了，作为重要的政治会晤场所就更可靠，这也是中都作为兄弟会面地点的有利条件。

而从《元史》的记载来看，自从落成之后，对于中都的记载就不多，说明中都在天历之前只是单纯的休息场所。而天历之变过后，可能由于这一事件的不良影响，中都渐渐被荒废。由此看来，选择中都，很有可能是因为它功能单一，便于废弃，有利于消除某些事件的影响。

四、结语

综上所述，元文宗选择在中都迎接兄长元明宗，是经过谨慎考虑的。具体而言，可能有以下考虑：（1）出于政治原因考虑，在元明宗抵达上都或大都前，元文宗有必要见到兄长；（2）中都是漠北通向上都和大都的岔路口；（3）中都周边人烟稀少；（4）中都周边的草原视野良好；（5）中都周边的草原地势平坦，便于骑马行动；（6）中都有大面积空白地带，可以举办大型宴会；（7）中都的形制使得大殿成为兄弟交流的理想场所；（8）中都城内居民少，有利于政治会晤；（9）中都功能单一，便于事后废弃。

由此，中都成为元明宗、元文宗兄弟久别重逢的宴会会场，并进而成为天历之变这一悲剧上演的舞台。

The Central Capital of the Yuan Dynasty: Stage of Tianli Incident

Yuan Mengyang

(Northwest Institute of Historical Environment and Socio-Economic development, Shaanxi Normal University, Xi'an, shaanxi, 710119)

Abstract: Tianli Incident was a remarkable event in the process of fighting for the throne in the mid-Yuan Dynasty. This incident took place in the Central Capital for various reasons. The unique geographical position of the Central Capital functioned as an ideal place for Emperor Wenzong to meet Emperor Mingzong. As one of the few important incidents taking place in the Central Capital, Tianli Incident has a very important significance.

Key words: Tianli Incident; Emperor Mingzong; Emperor Wenzong; the Central Capital of the Yuan Dynasty

明末北京城煤炭储备问题探析

黄嘉福

（陕西师范大学西北历史环境与经济社会发展研究院，陕西西安，710119）

[摘　要] 明末北京城外部战争迭起，城内煤炭储备不足，引起阵阵恐慌。在煤炭生产机制中，民窑占据优势地位，小批量生产销售是引起明末北京城煤炭储备缺乏或不足的弊端逐渐暴露的根本原因。为了巩固民心、保卫皇都，崇祯年间，朝廷曾组织内外官员大量收买煤炭，过程曲折，结果差强人意。

[关键词] 明末　北京城　煤炭储备

[中图分类号] K928　　　[文献标识码] A

[作者简介] 黄嘉福（1993—　　），男，广西灵山人。陕西师范大学西北历史环境与经济社会发展研究院硕士研究生，主要研究方向为中国史、历史地理学。

有明一代，煤炭是北京城民众公私日用的重要组成部分。对煤炭系列问题的探讨，有益于对明代北京城燃料供应系统的理解。从20世纪90年代开始，围绕明代北京城的煤炭供应问题，学者们曾陆续进行过深入的研究。[①]

其中，龚胜生认为，（1）明代北京城燃料结构中煤炭的比重当在30%以下；（2）明代北京城燃料供销系统由官方、平民两个子系统组成，前者从生产到消费都有专门的管理机构，后者主要受市场价值规律支配；（3）明初北京城的煤炭产地主要在宛平西山，明中叶以后产地范围有所扩大；（4）明代北京城煤炭运输的主要方式为陆路运输，其动力为人力和畜力，以畜力为主。[②] 龚胜生综合利用实录、档案、奏疏、方志等资料所得出的上述结论，值得学界参考借鉴。

---

① 在20世纪90年代以前，固然也有关于明代北京城煤炭供应问题的研究，但是研究结论零散，因而仅将研究成果列出，以供读者参考。主要成果有：邓拓：《从万历到乾隆：关于中国资本主义萌芽时期的一个论证》，载《历史研究》1956年第10期；汤明檖、李龙潜、张维熊：《对邓拓同志〈从万历到乾隆〉一文商榷和补充——并试论处理和运用实地调查材料的方法》，载《历史研究》1958年第1期；许涤新、吴承明主编：《中国资本主义的萌芽》，人民出版社，1985年；《中国古代煤炭开发史》，煤炭工业出版社，1986年。

② 龚胜生：《元明清时期北京城燃料供销系统研究》，载《中国历史地理论丛》1995年第1辑。

邱仲麟认为，（1）明代正统以后，与柴炭相比较，煤炭真正取得了北京城居民燃料的主要地位；（2）明代政府对京师附近开采煤矿活动的反复严禁，折射出明中叶以后北京西山采煤的盛况；（3）明代西山的煤窑，大部分均系民窑，也有不少是功臣及皇亲的产业；（4）煤炭之所以被北京居民大量使用，可能在于它的价格较低。但是这种物品的价格并不十分稳定，常受诸如雨雪等气候因素的影响，但更主要的是受到战乱的影响。[1]基于丰富的史料，邱仲麟的论述使得学界对明代北京城煤炭供销问题有了更进一步的认识。

高寿仙认为，到万历年间，在生产、生活所用燃料方面，煤炭的比重很可能都已超过柴炭。晚明时期，煤炭在北京城成为决定性的燃料。[2]孙冬虎认为，明代北京城的煤炭开采、消费、交易的水准明显上升，用煤炭取代柴炭作为燃料的要求越来越高。为维护京城的风水以及京城西北的军事防御，明朝统治者虽有时颁布一些禁止开采煤炭的诏令，但并不妨碍煤炭在北京城能源构成中的重要地位。[3]高寿仙与孙冬虎的上述观点为学界提供了一种关于明代柴炭与煤炭在北京城燃料供求系统中所占比重变化的新的认识。

综上所述，以煤炭的生产、流通、分配三个方面为研究内容，学界已作了相当出彩的讨论，所形成的结论也足以为学界所接受。笔者旨在充分借鉴前人研究成果的基础上，通过综合考察若干历史文献，对从天启皇帝到崇祯皇帝统治期间，北京城煤炭出现长时间的总体储备不足局面的原因作进一步的探讨，并对崇祯三年的煤炭收买事件作简要分析，以祈正于方家。

一、战争、恐慌与煤炭储备

天启元年（1621年）春，明朝边外辽东地区军事形势严峻。在辽阳、沈阳二地，因努尔哈赤所统率的后金劲旅攻势颇猛，明军节节败退。[4]在战事吃紧、军队粮饷不继时，明熹宗恩准从国库拨出五十万两白银散给军队，并试图激励将士勇敢作战，力挽狂澜。[5]然而，对于早已捉襟见肘的军队来说，区区五十万两白银，无异于杯水车薪。反观京城之内，一股消极懈怠的氛围弥漫开来。不久，便引起了廷臣邹元标的注意。上自公侯驸马伯，下至士缙、军卫、诸生、素封之家，无不存在一种"柔靡之气"，

---

[1] 邱仲麟：《人口增长、森林砍伐与明代北京生活燃料的转变》，载《"中央研究院"历史语言研究所集刊》2001年3月第74本第1份。

[2] 高寿仙：《明代北京燃料的使用与采供》，载《故宫博物院院刊》2006年第1期。

[3] 孙冬虎：《元明清北京的能源供应及其生态效应》，载《中国历史地理论丛》2007年第1辑。

[4] 本节除了特别标注之处，关于战争的内容，主要参考阎崇年《清朝开国史》（全2册），中华书局，2014年5月。

[5] 〔明〕王在晋：《三朝辽事实录》卷三，天启辛酉年，明崇祯刻本。

这在邹元标看来，实在有些不可理喻。因此，是年四月，邹元标上奏，题为《乞严明振作以救临危疏》。在这份奏疏中，除了对这种态度与表现严词控诉，邹元标还努力倡议京城内的官民万众一心，以保护亲友，保卫都城。①总而言之，在后金对京师的威胁渐趋严重的时候，邹元标的这一举动无疑是理智的，也是值得肯定的。

在此之后，随着后金日益逼近京师，徐光启建议增建防御设施，以便调整军事部署。对此，邹元标不以为然。纵使这些防御设施顺利建成，其防御效果如何，仍难预料。权且撇开防御效果不论，每建设一处防御设施，都将对财政与民生造成雪上加霜的困境。于是，在此基础上，邹元标对徐光启的建议进行了更加富于冲击力量的质疑。此前不久，后金军队在十天之内陆续攻下辽阳和沈阳，使京师上下一片惶恐不安。在邹元标看来，当下之急莫过于为可能存在的"兵临池下"的问题做好准备，其中最为紧要的即在于京师的煤炭储备。因而邹元标主张从官府挪借数万资金，购买可用一个月的煤炭集中储备，日后将这些煤炭卖出时，把所得的银两还给官府。这样的做法，目的不在使官府大量赢利，而是使得京城中的民众有煤可用，足以营生，不至于惶恐度日。②综合上述两则记录来看，邹元标的关注点始终落在如何维护北京城内民众的生活秩序上面。但是在具体问题上，前者主要反映出邹元标对战时北京城内消极懈怠的氛围的严肃批评，后者主要体现了他对煤炭储备问题的具有预见性的主张。

然而，造成北京城内民众心神不宁的因素，并不完全只有邹元标所观察到的煤炭问题，还有负面的言论。诚如王在晋所言：

> 京师为四方之极，九庙在焉，皇居奠焉。……藉使人心不变，经费不匮，圣明在上，国事犹可支撑。何事都中流言满播，一闻辽报，群情诪张。士为四民之首，而会试举人潜移出城，预图避乱，此必有奸究入城簧鼓听闻，捏造谣言，以思惑众。③

这是王在晋所陈奏折的一部分。面对后金劲旅的冲击，明军作战接连失利，渐趋力不从心，军中甚至出现了兵员逃散求生的现象，军事形势越来越对京师不利。令王在晋最为担心的，其实已经不是如何将逃散的士兵捕获处罚的问题了，而是如何防止这些士兵将前线明军败退的信息（不论是事实，还是谣言）带到京师，致使京师"群情诪张"。很快，熹宗准奏，且颁布了严防谣言传播的命令：第一，令山海关、蓟州等处的将士严把关门，对入关之人严格检查。第二，令五城厂卫等昼夜巡查，务必捉拿奸细。第三，令城中民众不得点放火炮，以免滋生事端。第四，令所有外来的和在京的商人铺面照旧交易，不得关闭，亦不得出城归乡。第五，令在京官吏不得遣送家

---

① 〔明〕邹元标：《邹忠介公奏疏》卷三，《乞严明振作以救临危疏》，明崇祯十四年林铨刻本。
② 〔明〕邹元标：《邹忠介公奏疏》卷三，《都门势孤敬陈一得疏》，明崇祯十四年林铨刻本。
③ 〔明〕王在晋：《三朝辽事实录》卷七，天启壬戌年，明崇祯刻本。

属离京,赴京参加会试的举人也不得私自出城归家,违者重处。这五条命令是否在当时起到了良好的作用,尚未见诸文献记载。

天启二年(1622年)一月,后金攻下辽西重镇——广宁,京师内的不安情绪再次涌现。二月,邹元标递上《大敌在门宜先安戢疏》。此时邹元标的这份奏疏,与去年四月所上的那份有一个颇为相似的地方,即视京师内的士人为应当率先立为标杆的对象。唯有士人从容镇定,才足以使民众心安,进而商贾经营如常。战争状态下,京城的物资供应也是一个不能不加以重视的问题,即使是民众日常所用的米、煤、菜蔬,也既要保证供应稳定,又要保持物价平衡。① 政府对物价采取强行干预的手段,在某种意义上可以实现安定民心的目的。一言以蔽之,从邹元标的奏疏内容来看,士、民、商三者中,士为稳定大局的前提,民则充当纽带作用,民与商之间具有相互反馈的作用。

与此同时,不难看出,在这份奏疏中,邹元标强调民众日用物品价格需要严格控制时,还特别强调了收买并储存大量煤炭的重要性。这也是他第二次向朝廷提出这样的建议。关于煤、米、菜蔬的问题,再往后似乎已经找不到相应的完整的资料了,因而不知物价控制的效果如何,亦不知煤炭储备的多寡。

崇祯二年(1629年)冬,京师为后金所围,俨如瓮中之鳖。十二月,崇祯皇帝惑于间言,将守城大将袁崇焕打入牢狱。听到袁崇焕被捕入狱的消息后,守城将士一片惶恐不安。② 北京城久围不下后,皇太极率军东撤。次年十一月,山东道监察御史沈珣奏了《房势已迫,京守宜严,伏祈皇上加意亟图,无贻后悔》一事,既对边疆的战事作了简要的分析,又对北京城的防御建言献策。火器、军器、硝黄等物品,京城内素来多有收贮。与此相较时,粮米、煤炭、油蜡、柴草、竹木等类则显得十分缺乏,故不得不临时大量储备,尤其是当战事稍宁的大好时机来临之时,更需如此。③ 很显然,从天启初年(1621年)邹元标提及煤炭储备的事情,到崇祯三年(1630年),将近十年之久,煤炭储备的问题都没有得到一劳永逸的解决,而是反反复复,因而这一问题会在文献中一而再、再而三地出现。

二、何以明末官员反复提及煤炭储备的问题

从上节分析可知,无论文臣武将,皆于明末反复奏告煤炭储备的问题。那么,何以反复出现这种现象呢?邱仲麟经研究表明,战争是导致北京城煤炭供应紧张的主要原因,是有一定道理的。但是,揆诸历史文献后,笔者认为,战争只是一种比较易于捕捉到的显性的似乎也是直接的因素,确实与煤炭的供应紧张密不可分,但是煤炭供应紧张这种表象背后还存在一个重要的问题,即煤炭储备。因此,对煤炭储备问题的

---

① 〔明〕邹元标:《邹忠介公奏疏》卷四,《大敌在门宜先安戢疏》,明崇祯十四年林铨刻本。
② 阎崇年:《清朝开国史》(下卷),中华书局,2014年,第92页。
③ 〔明〕程开祜:《筹辽硕画》卷十七,庚午年,民国国立北平图书馆善本丛书景明万历本。

重视与研究便有所必要。有明一代，北京城"煤炭素无预积"，可理解为缺乏煤炭储备，或储备稀少到几乎可以忽略不计。之所以煤炭储备缺乏或储备不足，是因为煤炭生产体制本身存在诸多弊端。

明代北京城的燃料供应结构，所要考虑的主要是柴炭①和煤炭，这已经成了以往研究者的共同认识。虽然到目前为止，研究成果颇为显著，但是不得不承认，仍有许多问题需要继续探讨。这些问题，因为不在本文的探讨范围之内，需要另外为文讨论，所以此处暂不展开。笔者拟以现有成果为参考，综合比较明代柴炭与煤炭两者间生产机制的差异，并从差异中分析何以出现明末北京城煤炭储备不足的问题。

（一）生产机制运作时间的部分重叠

在正式讨论柴炭与煤炭两种运行机制本身的差异之前，有必要说明一个问题，即机制运行的时间问题。而机制运行的时间，可以柴炭与煤炭在北京城的燃料供应结构中所占的比重为参照。在现有的研究成果中，龚胜生认为终明之世煤炭所占比重至多大概只有30%，②邱仲麟认为明正统以后煤炭比重已经取得压倒性的胜利，③高寿仙则将压倒性的胜利的截点定在万历年间④。三者皆能自圆其说，且有一定的可参考性。之所以引出这三种关于时间界定的研究结论，是因为可以此作为柴炭与煤炭生产机制的运行基本上都存在时间方面的重叠，而不是非此即彼的时间关系——这一观点成立的支持条件。依据现有的文献资料分析得知，柴炭的生产机制似乎早于煤炭而存在。至于两者生产机制运行时间重叠部分的长度，尚待考论。因为运行时间存在重叠，所以柴炭与煤炭的生产机制具有一定的可比性。

（二）生产机制的比较

1. 生产范围比较

明代北京城的柴炭供应主要有两个重要的来源，一为军方采烧，一为民方采烧。

---

① 柴炭方面的研究成果可参考：张岗：《明代易州柴炭山场及其对山林的破坏》，载《河北学刊》1985年第3期；龚胜生《元明清时期北京城燃料供销系统研究》，载《中国历史地理论丛》1995年第1辑；严兰绅主编，张岗著：《河北通史》（明朝卷），河北人民出版社，2000年，第71—73页；邱仲麟：《人口增长、森林砍伐与明代北京生活燃料的转变》，载《"中央研究院"历史语言研究所集刊》，2003年3月第74本第1份；高寿仙：《明代北京燃料的使用与采供》，载《故宫博物院院刊》2006年第1期；孙冬虎《元明清北京的能源供应及其生态效应》，载《中国历史地理论丛》2007年第1辑；田培栋《明政府对太行山与燕山林木的砍伐——明代北京的燃料供应问题》，载《北京联合大学学报》（人文社会科学版）2012年10月第3期；孙泽晨《明代易州山厂略论》，载《巢湖学院学报》2016年第18卷第4期。

② 龚胜生：《元明清时期北京城燃料供销系统研究》，载《中国历史地理论丛》1995年第1辑。

③ 邱仲麟：《人口增长、森林砍伐与明代北京生活燃料的转变》，载《"中央研究院"历史语言研究所集刊》2003年3月第74本第1份。

④ 高寿仙《明代北京燃料的使用与采供》，载《故宫博物院院刊》2006年第1期。

前者主要是由后军都督府统率的在京的18卫所和在外的68卫所，以卫所所在地为柴炭的采烧地点，因而整体上采烧柴炭的范围应该包括今北京、天津、山西、河北及辽宁西部部分地区。①民方采烧与军方采烧的最大不同就在于民方采烧方面建立起一个庞大的跨地区的合作的机构，即易州山厂。易州山厂柴炭采烧的范围见诸《大明会典》：

> 国初供应柴炭，悉于沿江芦洲，并龙江瓦屑二场取用。及永乐间，定都北京，则于白羊口、黄花镇、红螺山等处采办。宣德四年，始设易州山厂，专官管理。景泰间，移于平山。又移于满城。天顺初，仍移于易州。其派办运纳，各有定例。②

宣德以后，易州山厂搬移了数次，但无论怎样移动，范围都没有超出北直隶保定府和真定府。山厂厂房一般于"便于采打木植之地设置……地荒又徙他处"③，因此，可以认为民方采烧柴炭的地域范围主要在北直隶保定府和真定府辖区之内。当然，无可否认，在实行召商买办柴炭之后，柴炭采烧的范围又向外有所扩张，依据如下：

> （嘉靖）元年正月，保定巡抚周季凤言缘边隘口山木先朝皆有厉禁，近被奸民盗采为薪炭以觅利，宜申明旧约，犯者如法勿贷。会工部侍郎沈冬魁以易州山厂采买薪炭商人道经紫荆关出入，今阻守隘口不便输纳。季凤复奏，谓山厂薪炭虽称出自广昌、蔚州、灵丘等处，其实奸商不利远涉，至紫荆关、倒马关取以供命，皆禁山也。今方欲禁之以资障蔽，又纵其斩伐，则法难行矣。宜令易州山厂凡召买薪炭，发银给文，遣官赍赴大同府收买。④

在这则争论中，为了保护风水与军事屏障，周季凤主张易州山厂所需的柴炭由指定人员携带银两前往山西大同府购买，其实也就是往大同府下辖的广昌县、蔚州、灵丘县等处购买。广昌县、蔚州、灵丘县等处便是柴炭采烧范围有所扩张的部分。综上所述，明代北京城所消费的柴炭的采烧范围主要为今北京、天津、山西、河北、辽宁等省市的局部或大部分辖区，呈现的大体上是一种面状的分布。

北京城所需煤炭的生产范围见于《清续文献通考》：乾隆五十二年（1787年），孟生蕙奏告"京城外西山、北山一带，开采煤窑及凿取石块，自元、明迄今，取之无尽，用之不竭"⑤。虽为清人所述，但因时间跨度为自元明至清，故而可资参考。此外，据

---

① 田培栋：《明政府对太行山与燕山林木的砍伐——明代北京的燃料供应问题》，载《北京联合大学学报》（人文社会科学版）2012年第3期。
② 〔明〕申时行：《大明会典》卷二〇五《工部》二十五《柴炭》，明万历内府刻本。
③ 〔明〕冯惟敏等纂修：《保定府志》卷八五《仓厂志·工部山厂》，明隆庆五年刻，万历三十五年增修本。
④ 〔明〕徐日久：《五边典则》卷二，旧钞本。
⑤ 〔清〕刘锦藻：《清续文献通考》卷四十三《征榷考》十五，民国景十通本。

《明一统志》记载："煤炭、石炭，俗呼水和炭，俱宛平房山二县出。"①宛平及房山二县可作为一种补充。总之，煤炭的生产范围主要有北京城外的西山、北山一带，以及宛平县和房山县，更多地体现在点和带，而非在面上。

2. 经营性质比较

（1）柴炭

柴炭采烧的经营性质，以军方采烧来看，属于公；以民方采烧来看，还需要因实际情况区别对待。张岗认为，易州山厂的经营形式，以成化时期为分水岭。成化以前，佥派民夫，民夫直接承担差役；成化以后，民夫出银代役，政府召商买办。②易州山厂的运营前期，主要由户部官员掌管山厂大小事务，集中"八府五州数十县"③的人力物力到北直隶保定府和真定府采烧柴炭，最后将采烧好的柴炭统一运往京师交纳。从这一阶段来看，也属于公。后期，随着大商人的介入，在一定程度上使得这种原本为公的经营性质加入了有限的私有成分。之所以称为有限的私有成分，是因为商人采烧柴炭的活动确实具有一定自主性，但是最终需要与官方对接，才可实现柴炭的交易。④需要进一步说明的是，商人需要经过官方的挑选才能进入官方划定的地域生产柴炭，且只能采伐官方指定的树种，否则将被视为非法：

> 前项勘定山场定立界址，即设立窑座，每年照例明开呈部，印给批文，责令铺商窑户在界址内采办青信白枣等甲木烧造大炭，依期解纳。其余杂木根株，不许乱行砍伐，自取罪谴。⑤

综上所述，无论是军方采烧，还是民方采烧，柴炭生产经营活动基本性质为公。以易州山厂的运营程序为例，生产方面，由官方组织劳动力到指定地点，依据朝廷原定的柴炭种类及数量进行生产，⑥这种生产活动可以视为一种官方主导下的徭役。流通方面，由进驻山厂的户部官员统一运至京师，贮存于惜薪司所掌管的南厂、北厂等处。分配方面，易州山厂采烧的柴炭，皆"供惜薪司等衙门岁例之用"⑦，似乎与北京城内

---

① 〔明〕李贤：《明一统志》卷一《顺天府》，清文渊阁四库全书本。显然，读者可能会认为，这则资料显示的是宛平和房山两县都产煤，却没有说明所产之煤就是供应给北京城的，因而这则资料的引用是不能支持笔者的观点的。的确，这样单条资料的引用是很容易令读者误解的。但是，可以用来支撑这则资料以及笔者观点的资料将在下文中陆续引用到，此处为了避免给读者以一种一则资料反复出现的不良印象，故暂且不引，特此说明。

② 张岗：《明代易州柴炭山场及其对山林的破坏》，载《河北学刊》1985年第3期。

③ 〔明〕黄训：《名臣经济录》卷五十二《工部·易州山厂志》，清文渊阁四库全书本。

④ 〔明〕葛昕：《集玉山房稿》卷一《请减岁增红萝大炭疏》，清文渊阁四库全书补配清文津阁四库全书本。

⑤ 〔明〕葛昕：《集玉山房稿》卷一《请更大炭山场疏》，清文渊阁四库全书补配清文津阁四库全书本。

⑥ 〔明〕申时行：《大明会典》卷二〇五《工部》二十五《柴炭》，明万历内府刻本。

⑦ 《孝宗敬皇帝实录》卷二百一十三，弘治十七年六月二十四日。

平民的柴炭消费无涉。

（2）煤炭

与柴炭相较，煤炭的经营性质似乎不能以绝对的公或者绝对的私来判断，这是因为煤炭生产的主体不是单一的。

其一，官府。据《群玉山房疏草》所记：

> 马鞍山黄树园止有新开水井窑一座，出煤窑二座外，该监原派民窑宛平县上窑九十七座，中窑一百二十六座，下窑八十八座，水淹石夹并水井俱不出煤者七十七座。房山县上窑二十三座，中窑一十七座，下窑一十二座。……官窑仅仅三座，其余尽属民窑，已彰明较着矣。①

一般而言，由宛平县及房山的煤窑性质及其数量关系可知，官窑只在其中占有很小的比重。推而广之，大概也是如此。官窑是由官府经营的煤窑，其生产出来的煤炭主要是为了供应宫廷日用，而非营利。万历年间，神宗曾下令"官窑煤炸照旧内监开取供用"②，所反映的便是官窑、官煤、官用的问题。如若为了营利，在这样的官民煤窑的比例与结构中，官窑的竞争力恐怕很难高估。除了以生产的煤炭供应京师，官窑还有承担缴纳煤税的义务。例如，同为万历年间，为了大量积聚税收，内监王朝在北京城外西山等产煤之处"指民窑为官窑，假漏税为骗税"③，引起了产煤民众的强烈不满，最终神宗迫于压力，将王朝撤回，又恩准"余民窑税课悉照矿务尽行停免，以昭朝廷优恤根本地方德意"④。

在正式的官窑之外，还有一些类似于官窑的煤炭生产形式，最主要的则是具有一定官方背景或者一定财势的人所经营的煤窑。这些人往往集财势于一身，为煤窑的经营提供了某些便利。但是，这样的煤炭经营人群，对民窑的经营会产生些许不利的影响，如抢占吞并民窑。因而，朝廷不得不以法律的形式来试图遏制这股力量的发展势头。《大明会典》中明确规定：

> 弘治十三年，议准西山一带密迩京师，地方内外官豪势要之家，私自开窑卖煤、凿山卖石、立厂烧灰者，问罪枷号一个月，发边卫充军。⑤

由此可知，朝廷对这些私开煤窑、卖煤获利、开凿山石、烧制石灰的人的处罚力度由此可见一斑。

---

① 〔明〕许弘纲：《群玉山房疏草》卷下《谏止煤税第三疏》，清康熙百城楼刻本。
② 〔明〕周永春：《丝纶录》卷二，万历三十三年十二月初七日，明刻本。
③ 〔明〕吴亮：《万历疏钞》卷二十《阉宦类·直陈煤窑始终情节关系百万生灵疏》，明万历三十七年刻本。
④ 〔明〕周永春：《丝纶录》卷二，万历三十三年十二月初七日，明刻本。
⑤ 〔明〕申时行：《大明会典》卷九十《礼部》四十八《陵坟等祀》，明万历内府刻本。

其二，小民。上文讨论官窑时所引的文献中，可看出民窑数量不少，较之官窑则为众。此外，民窑的生存状况在有明一代是上自朝廷，下至地方，都曾密切关注的问题。之所以可以获得这样的关注，主要是因为民窑对于北京城的燃料供应至关重要。

> 煤地属原佃山坡，……西山之饿莩取之为一世生涯。……头顶灯盏，裸股出足，引手张臂，入于至险之地，气障山崩，皆所不免以生死，不免之贫身。故令窑闭，若无生计，乱亦死，不乱亦死。做煤之人，其甘之驮煤贩子不惮跋涉冒寒暑，觅数文钱糊口，兼供父母妻子衣食。……运煤之夫，其甘之京师万灶五突分烟，寠人日买煤数斤待以举火，一日不火则不食，一日不食则饥，岂肯莱芜生尘，撤屋而炊，不待变自外来？①

这则资料一来能够反映出民窑生产出来的煤炭之于北京城燃料供应的重要性，二来能够折射出民窑经营自身的脆弱性，包括生产人员的生命保障、煤炭运输过程的安全保障、煤炭经营所得的利润保障等方面的不足。

其三，商人。这里所指的商人，固然也有与官府有一定关联的大商人，但从数量上来看，更多的是资本一般且经营活动相对自由的小商人。明代文士李开先的文集中曾收有《煤客刘祥墓志铭》一篇，对刘祥生平及其煤炭的经营活动作了生动的描述：

> （燕市煤客刘祥）日以贸煤为业，每遇雨雪连绵，西山煤不能来，则以一本而获数倍之利。其与士夫或白送，或受半直，因煤出其门下如窑户然。予因饯客避雨于其家，后遂往来数次，非利其煤也。……煤客虽好客，然面颜魆黑，积煤常满院落，其席榻屡拂，犹自点染人衣。及出酒食则甚丰洁，以其妻刘氏之贤耳。邻里每挟其同姓为婚，将闻之于官，即以煤求免，随邻里之强弱而为煤之多寡。……茔在西山之下煤窑之旁筌已三世矣。②

刘祥的院落常常堆满待售的煤炭，可知他确实是煤炭商人。但从引文的最后一句看来，刘祥家院落中的煤炭并非购于生产煤炭之人，而是从自家的煤窑中生产出来的。当然，无可否认，当时也存在一些没有煤窑而直接从产煤户购买煤炭，再将煤炭转运到北京城售卖的商人，如上文所引的"运煤之夫"，又如：

> 羽书告急，京师戒严……暂撤九门煤米诸税，使商贾鳞集，物价自平。③

这是一则由顺天府府尹刘宗周所上的奏折，题为《请发帑大赉疏》。时值崇祯二年（1629年）十一月，后金日渐逼近，京师危在旦夕。刘宗周主张暂时撤下京城九门的税收关卡，使商贾载运大量煤米等物资前来，进而解京城内物资供应困难的燃眉之急。

---

① 〔明〕吴亮：《万历疏钞》卷二十《阉宦类·直陈煤窑始终情节关系百万生灵疏》，明万历三十七年刻本。
② 〔明〕李开先：《李中麓闲居集》文卷七《煤客刘祥墓志铭》，明刻本。
③ 〔明〕刘宗周：《刘蕺山先生奏疏》奏疏二《请发帑大赉疏》，清刘蕺山先生集本。

这则资料也可以在一定程度上反映出以转运煤炭为赢利方式的小商人为数不少。

上文已提及，在官方的主导之下，柴炭供应的数量基本稳定，以易州山厂为例，张岗认为，易州山厂的柴炭有数种，皆依据固定的岁办（或称额办）与临时的派办（或称坐办）的数额向京师输送。事实上，每年输送的数量远远大于岁办和派办的总和。①相比之下，煤炭的供应就显得大有不同。常平之世，户部尚书梁俭庵：

> 终日约厉所属，坐部治事不得私有出入。即郊庙大祀与岁节朝贺不废退。食之室于几榻，恒置四书律例，有间即讽诵之以为常。凡所用煤炭米蔬，率于廛市以日取给，颇浮其直，乃其夫人曰："非计也。"②

这则人物小志出现在《芝园集》的"稽旧林"这一子目当中，反映的是嘉靖时期梁俭庵的为官历程及其嘉言善行。《芝园集》的作者是与梁俭庵同为朝中要员的张时彻，与梁俭庵有所知交，故这则人物志里的内容基本可信。通观《芝园集》所记述的内容包括诗词作品、家谱、碑文、墓志、随笔、人物志，这些内容所呈现的基本特点在于优美、细腻、启发人心，不一而足。因此，在这则人物志中，梁俭庵日常所用的煤炭米蔬都买自市场，且每次购买量仅恰好足够一天所需，不多不少。这在作者看来，作为官员，不囤积日常生活物品，取给有道，是值得赞扬的。但是，这样值得赞扬的表现也似乎可以从侧面反映出一个问题，即北京城内的煤炭米蔬等物品的供应量并不宽裕。

若常平之世的例子还不足以说明北京城煤炭供应量的多寡问题，那么还可以从下面的非常之世的例子中来窥见一二：

> 守城全赖居民，居民全赖兵食，须先料民、料兵、料食。凡城中居民及城外避兵之民，每人每日计米半升，煤炭五觔或柴五觔，计口计食须有三月之备，不自备其谁顾之？宁夏之围饿死尽多，可问也。惟日求升合，城闭绝粮之人，我既赖其守城，必须代之备食，不然彼先饥饿，岂能敌贼？故一府无一万草，三万粮，二十万煤炭，百五十眼井；大州县无五千草，一万五千粮，十万煤炭，七十眼井；小州县无二千草，一万粮，五万煤炭，五十眼井，皆苟且之政，待命于天，幸免于敌者也。③

此材料见诸崇祯时期的军事大员茅元仪所撰的《武备志》。④《武备志》是对历代

---

① 张岗：《明代易州柴炭山场及其对山林的破坏》，载《河北学刊》1985年第3期。
② 〔明〕张时彻：《芝园集》外集卷二十二《稽旧林》明嘉靖刻本。
③ 〔明〕茅元仪：《武备志》卷一百一十一《军资乘守》二《需备·料粮食》，明天启刻本。
④ 《武备志》的相关研究可参考：许保林：《〈武备志〉初探》，载《军事历史研究》1988年第1期；赵娜：《茅元仪〈武备志〉与戚继光著述关系考》，载《河南师范大学学报》（哲学社会科学版）2012第39卷第3期；李响《茅元仪〈武备志〉研究综述》，载《黑龙江史志》2014第15期。

著名军事思想著作的集成之物，但不完全仅仅停留在汇集已有著作的简单操作上，还融入了茅元仪本人的许多军事思想，此处所引的便是其一。根据此则材料可知，明代末年北京城缺少煤炭储备，这与本文第一节中邹元标的认识基本一致。与邹元标相似，茅元仪也几乎没有探讨过为何偌大的北京城缺乏煤炭这一至关重要的战略物资的问题。因此，可以认为，茅元仪所主张的"每人每日计米半升，煤炭五觔或柴五觔，计口计食须有三月之备"乃至下面所列举的府州县于备战期间所需的粮草、煤炭、水井的数量问题基本上只是一种理想状态下的认识，但是按照每人每日所需的物资来计算整个守城期间（三个月）所需要的物资总量的做法，可以为原先承平时期（即使是短暂的）北京城内的煤炭供应之多寡的问题的解决提供有意义的参考。

综上所述，煤炭生产方面，主体为小规模、小批量经营的民窑，具有较多的自主性，但也有一定的脆弱性。流通方面，主要由资金一般、为数较多的小商人从产地向北京城运输供应。分配方面，煤炭不独为官方所用，也为北京城内占多数的平民所购买使用。由于煤炭供应以小批量为主，且具有不稳定性的特征，因而导致了从天启到崇祯时期北京城煤炭储备缺乏或不足的问题的暴露。

三、应对措施

天启年间，余懋衡曾上书议请重兵防守蓟州，以蓟州作为京师的重要屏障。同时，也建议加强对京师的防御建设，其中有一条即预备煤炭：

> 贼若深入内地，城门暂行谨闭，城内丁口不下千万，米薪若无接应，众志未免动摇，深属可虑。顺天府应密晓在京土著之家及侨居之众，不论贵贱贫富，预蓄五十日煤以备不时之需，其逐日所用煤逐日收买为便。①

在这条建议中，关于煤炭的问题可以分作两方面，一方面预先储备五十日的煤炭，以备不时之需；另一方面，逐日购买当天所需的煤炭起火造饭、取暖等。联系上文来看，余懋衡与茅元仪的主张中有一点截然不同，即前者主张民众自主筹备，后者主张官方统一筹备。事实上，各自的主张各有不足。且论自主筹备，外敌日益接近京师之时，"平昔卖煤之人皆以畏避沿途杀掠，不敢驮载而来，城中无从买煤烧用，几生抢夺"②。在需求不变或者增加的前提下，煤炭供应数量的减少会引起销售价格的抬高。如此，京中普通百姓何以买煤？再论官方筹备，"京城居民所仰赖以生者不过煤米二事，然米之乏也，官府犹得以仓廪赈之。若煤有缺乏，则官府虽欲措给，力无所施"③。使官方力不从心的主因，在于京师人口繁多，颇难求全。然而，无论是城内生民，还是

---

① 〔明〕陈子龙：《明经世文编》卷四百七十二《余太宰奏疏·防守蓟镇京师疏》，明崇祯平露堂刻本。
② 〔明〕景文：《战守全书》卷十一《守部·广储蓄》，明崇祯刻本。
③ 〔明〕徐阶：《世经堂集》卷七《条陈门禁》，明万历间徐氏刻本。

城外大军，都离不开作为重要燃料的煤炭。煤炭的至关重要，催生了崇祯三年（1630年）的煤炭收买事件。

崇祯二年（1629年）十一月初十日，廷臣上书，题为《议收煤炭以资防守疏》，疏中议请熹宗恩准，动用官银及太仓银收买煤炭。收买的主线有两条：第一条，从顺天府筹银三千五百两，均分为七份发给宛平县、大兴县及五城兵马司分头收买，最后将收买到的煤炭囤积于两县及五城公署，以待售卖于民。第二条，从太仓支出银两，委派部臣"平价"收买煤炭，囤积于内城九门和外城七门，以待各军取用。次日，熹宗对此建议大加赞赏，遂下令如奏施行。①

十六日，再有《酌议城守给饷事宜疏》，着重商议镇守北京城的各军所需煤炭的收买问题。原先朝廷拨给各军每人煤炭银五厘，以便军方收买煤炭。但是，在此之后，朝廷不再为军方包办，而是让各军自行外出收买。而朝廷统一收买的煤炭，只能在最为紧急的关头才与军民共同分享。如若各军无法自行收买，则允许各军与宛平县、大兴县及五城兵马司一同收买，一同分配。②从这一调整可知，宫廷日用的煤炭似乎已经到了山穷水尽的地步了，中央不仅不能与各军共享收买到的煤炭，而且还试图推卸为各军收买煤炭的责任。而这份责任，原先本是由中央主动承当的。

二十四日，再上《酌议城守军丁本色行粮疏》，讨论的核心问题仍在煤炭。这份奏疏反映了三个问题。首先，朝廷既已加增各军煤炭银，便不再拨发煤炭给各军。各军所需煤炭，无论如何，都只能自行处理了。然而，随着后金势力的推进，各军收买甚少，形势不可谓不严峻。其次，原先命令顺天府筹备的三千五百两，最终只有一千四百两，均分七处，则每处只有二百两。这说明顺天府筹银环节出了问题，而后续的环节也将可能出现相应的问题。最后，责令火军专为"守垛领米之军"收买柴薪，各军不得参与收买与分配的过程。③

次年正月二十三日，廷臣上奏道：煤炭为军民赖以生火的物品。战争时期，素封之家如有一定的积蓄，基本不会出现匮乏的状况。但是，时常罄尽的小民则朝不保夕。朝廷令顺天府筹资收买煤炭的事情，随着后金攻势的不断加强、不断调整，加之煤炭贩运商人四处躲避兵燹，无心生意，故所能收买到的煤炭极少。于是，北京城内的煤炭价格大为提高，且居高不下。基于此，廷臣建议：顺天府无论怎样都要组织二县五城收买与白银三千五百两等价的煤炭。此外，再从朝廷拨出三千五百两给顺天府，以同样的七等分发给二县五城，收买同样多的煤炭囤积各自的公署，以备急需。等烽烟

---

① 〔明〕毕自严：《度支奏议》堂稿卷八《议收煤炭以资防守疏》，明崇祯刻本。
② 〔明〕毕自严：《度支奏议》堂稿卷八《酌议城守给饷事宜疏》，明崇祯刻本。
③ 〔明〕毕自严：《度支奏议》堂稿卷九《酌议城守军丁本色行粮疏》，明崇祯刻本。

渐渐宁息，煤炭价格下降，再将这些煤炭折算作为官员的俸禄。① 无疑，这一规划的出发点是很好的，只是此时已经到了崇祯三年，明朝除了要应对后金，还要分散兵力去应对其他的军事问题，形势不容乐观。战争宁息，大概只是一种设想罢了。即使有，也是暂时的。

在上文所述的规划里，柴炭可由煤炭替代，且收买柴炭劳民伤财，因而建议取消。第三天，这一奏疏得到崇祯皇帝的批准，且写道："煤宜预积，依议饬行。官积有限，还着晓谕民间各自多备。有能慕义捐资广贮平卖免致腾价者，准与叙奖。"② 朝廷收买煤炭的效果不甚理想，故而将平息煤炭价格高涨势头的希望寄于民间。实际效果如何，尚未可知，但从下面一则文献来看，皇帝乃至朝廷上下对于民间的期望并没有得到太多积极的反馈，因而最终还是由官方来负责收买、蓄积煤炭。

三月，烽火暂息。朝廷下旨，命令惠安伯张庆臻携带银两前往西山采收煤炭。张庆臻到达西山后，一面召集流亡之人生产煤炭，一面组织家丁守卫煤炭入京的道路，以便来往通畅。这一举措确实收到了良好的效果，煤炭源源不断地从西山涌入北京城。在此之前，城内"计斤鬻煤，自缙绅以及细民，皆皇皇于炊桂之不能经日也"③。煤炭储备不足程度颇为严重。此次采收煤炭，张庆臻功不可没，也得到了皇帝的奖赏。进而，廷臣指出：

> 秋冬之交需煤更亟，蓄艾宜蚤。该部先经发银一万两行顺天府收贮，曾否报完。未完者宜亟为催完，已完者宜亟为续买。多措数万金钱，差官贵至卢沟桥与顺天府四出广收，以不忘旨蓄御冬之意。太仓有余米而廛有余煤，军民宿饱，气自百倍，都城百万众皆维垣矣。④

从早先的三千五百两，到一万两，再到数万的煤炭收买所需的资金变化来看，北京城已是饱受煤炭之饥，故趁此有利时机，力图多备煤炭，以安定民心，一致对敌。需要说明的是，上述的三千五百两和一万两并不是互不相干的两项数字，这一万两是由两次三千五百两以及后来续拨的三千两叠加而成的。截至五月初一，据顺天府尹刘宗周上报，⑤ 二县五城"各用煤价不等，共买过煤四百五十四万七千五百五十六斤八两，收贮各处寺院"⑥。详细数额如下（表1）：

---

① 〔明〕毕自严：《度支奏议》堂稿卷十一《覆兵科题请买煤疏》，明崇祯刻本。
② 〔明〕毕自严：《度支奏议》堂稿卷十一《覆兵科题请买煤疏》，明崇祯刻本。
③ 〔明〕王家彦：《王忠端公文集》卷四《买煤以固原本疏》，清顺治十六年刻本。
④ 〔明〕王家彦：《王忠端公文集》卷四《买煤以固原本疏》，清顺治十六年刻本。
⑤ 顺天府尹的上报内容来自二县五城官员的煤炭收买报告。
⑥ 〔明〕毕自严：《度支奏议》福建司卷三《题报二县五城原领银两并收买煤数疏》，明崇祯刻本。

表1 崇祯三年二县五城收买煤炭数额统计表[①]

收煤炭者	原领银数（两）	收买煤数（斤）	贮煤地方
大兴县	2000	917283	县厫及十方院、地藏庵等处
宛平县	2000	940192	县卯厅及崇国寺、景命殿等处
中城	1200	507000	龙福、法华、普恩三寺
东城	1200	507000	延福宫火净庵、真武庙、观音庵、金太监寺、宝庆寺等处
南城	1300	660414	龙王、关王、玄帝、火神各庙及保安寺等处
西城	1200	556667.5	朝天宫城隍庙、能仁寺、观音寺、土地庙等处
北城	1100	459000	佑圣寺、开元寺、十方院、万善庵、法通寺、寿明寺、琉璃寺、宏德庵、延寿庵等处
总计	10000	4547556.5	

在上表二县五城收买煤炭数一列中，除去南城、西城、宛平县分别多买的约51330斤、49660斤、22900斤，大兴县、宛平县、中城、东城、南城、西城、北城每两白银所购买的煤炭数量分别约为458.64斤、458.65斤、422.5斤、422.5斤、468.53斤、422.51斤、417.27斤，平均值约为436.64斤，有一定的差别。

而后不久，崇祯皇帝多次颁旨，命顺天府尹并惠安伯张庆臻等人查验煤炭质量。查验结果似乎超出了皇帝的意料：五城及大宛二县煤炸，每以十分为率，煤块约有四成或四成半，煤末约有六成或五成半，亦块末相等，块内又有上、中、下三等，末中有碎石，每煤百斤或二三斤，或三四斤。[②]

六月十四日，圣旨下发，一面命顺天府尹"责令五城两县各照数赔补"[③]，一面对负责收买煤炭的主要官员依据煤炭的数量和质量进行相应的奖惩。（表2）

表2 奖惩简表[④]

等次	主要官员	奖惩情况	备注
一等	副兵马孙景融、张养和、秦光照	特加奖励	收买得法，煤质最上
二等	副兵马高其志、刘向东、杨文焕、丁大魁、朱其庄	姑从免议	煤体稍有夹杂，而其佳者居多
三等	副兵马汪道恕、连登瀛、沈士份、张胤振、路遵义	姑从免议	目力或有不及，煤品亦自平常
四等	副兵马孙钰、赵价、张元据，知县杨朴	罚俸三月	屑既多，碎石不少
五等	副兵马毛呈蔚、胡时文、孟琦	罚俸半年	混淆赝石，怠玩公务

至此，崇祯三年的煤炭收买事件基本落下帷幕。

---

① 资料来源：〔明〕毕自严：《度支奏议》福建司卷三《题报二县五城原领银两并收买煤数疏》，明崇祯刻本。
② 〔明〕毕自严：《度支奏议》福建司卷三《分别买煤各官功罪疏》，明崇祯刻本。
③ 〔明〕毕自严：《度支奏议》福建司卷三《分别买煤各官功罪疏》，明崇祯刻本。
④ 资料来源：〔明〕毕自严：《度支奏议》福建司卷三《分别买煤各官功罪疏》，明崇祯刻本。

四、总结

从天启到崇祯，既是北京城受到后金劲旅反复冲击的时期，又是城内煤炭供应问题十分突出的时期。煤炭供应背后的问题为北京城煤炭储备的缺乏或不足。后金军事阵营的推移，促使北京城内外民众接连而起的心理恐慌。这种一波未平一波又起式的恐慌，也在数量众多且资本薄弱的小煤炭商人中间蔓延开来。尤其是在熹宗朱由校、思宗朱由检坐拥九五之尊时期，这些小商人时常会因战争动乱而停止生意，各自逃生，所造成的后果不仅仅是北京城煤炭储备缺乏或不足的弊端日渐暴露，还有城内民众的恐慌。

明代北京城素来缺乏大量的煤炭储备。煤炭储备的缺乏是由供应机制本身的诸多弊端而带来的。与柴炭供应机制相比较，煤炭生产机制具有明显的脆弱性。这种脆弱性主要表现为：生产结构中占据绝对优势的民窑产量一般，且不稳定，有时还会受到官豪群体的挑战；煤炭生产人员的生命安全得不到很好的保障；由煤炭产地到北京城的途中，贩运煤炭的小商人易于受到盘剥、强夺乃至丧命的危险。在分配方面，煤炭面向北京城内的官民售卖。因供应量有限，官民所能购买使用的煤炭也相对有限。一言以蔽之，以上各点共同作用，促使明末北京城煤炭储备缺乏或不足的局面形成。

为了解决明代末期北京城的煤炭储备不足问题，朝廷主要采取了官方收买的方式。崇祯三年的煤炭收买事件便是一个突出的例子。在内忧外患的形势下，朝廷不得不放弃寄托希望于民间的想法，部署顺天府的大兴县、宛平县以及中城、东城、南城、西城、北城分头收买煤炭。从顺天府尹刘宗周的奏报来看，确实通过这种方式收买到了不少煤炭。然而，因为煤炭质量参差不齐，所以负责收买的官吏受到了相应的奖惩。

A Study of the Coal Reserves of Beijing in the Late Ming Dynasty

Huang Jiafu

(Northwest Institute of Historical Environment and Socio-economic Development, Shaanxi Normal University, Xi'an, Shaanxi, 710119)

Abstract: In the late Ming Dynasty, public panic derived from frequent wars outside Beijing and the lack of coal reserves inside. In the Capital coal production mechanism, common people's small coal kilns predominated and made limited productions and sales, which being the root cause for the coal reserves shortage in Beijing City. In order to stabilize the masses and protect the capital city, the government of Emperor Chongzhen organized a large number of officials to purchase coal. However, the process was full of twists and turns, and the result was barely satisfactory.

Key words: The late Ming Dynasty; Beijing City; coal reserves

明代北京周边的水土流失

王广腾

（陕西师范大学西北历史环境与经济社会发展研究院，陕西西安，710119）

[摘 要] 明清时期北京周边地区军事、农业活动频繁，人们的采木、挖煤、烧荒、屯田等活动对生态环境造成了一定破坏，从而引起水土流失等现象，加剧了明代北京周边地区水灾的发生。本文结合《明实录》等史料，整理北京地区水灾等灾害的相关记录，指出灾害背后水土流失的影响，并简要分析造成水土流失的人为原因。

[关键词] 水土流失 易州山场 烧荒 水灾

[中图分类号] K928　　　　　[文献标识码] A

[作者简介] 王广腾（1994—　　　），男，北京市顺义区人。陕西师范大学西北环境与经济社会发展研究院研究生，历史学硕士，主要研究方向为中国古都学。

中国在明清之际经历小冰期，气温骤降，灾害频生，晚明局势因此更加动荡不安。本文选取晚明这一时间点，正是气候变化剧烈、灾害频发、政局变化的交叉点，北京地区作为首善之区，关于灾害的相关文献记录比较丰富。元代之后华北地区的森林资源破坏严重，人为破坏应是导致晚明灾害频生的重要原因之一。"华北地区的山区森林遭受了严重破坏，大青山、贺兰山、鄂尔多斯高原、燕山、太行山、吕梁山等等山区的森林都已经受到彻底破坏。黄土高原的祁连山、六盘山、陇东森林草原地区已经变成了荒山秃岭。秦岭森林破坏严重，黄土高原的关山、黄龙山、桥山原始森林已经消失。"[1] 北京建都八百余年，历史时期它受到的自然灾害是极影响政局的，研究北京的灾害史，对我们保护历史名城以及当代的经济建设有重要启示。本文选取明朝作为研究重点是因为明朝水灾比元清更严重，而且因为明朝的文献资料比较丰富。

一、北京的自然地理环境与历史沿革

北京位于北温带，属于季风气候区，雨热同期，夏季多暴雨。东临渤海，北靠辽东半岛，下临山东半岛。与天津、河北联系紧密。西山与军都山环绕北京西北，地势西北高东南低。今日之北京地区在明清大多属顺天府。北宋范镇的《幽州赋》对北京

---

[1] 王建文：《中国北方地区森林草原变迁和生态灾害的历史研究》，北京林业大学2006年博士论文。

的地理形势进行盛赞："虎踞龙盘，形势雄伟。以今考之，是邦之地，左环沧海，右拥太行，北枕居庸，南襟河济，形胜甲于天下，诚天府之国也。"

禹贡九州，北京地区属幽州，西周武王封召公于燕，春秋战国时期为燕国领土。秦兼并天下，在北京地区设上谷郡，两汉时在北京地区置广阳国、上谷郡、涿郡等。西晋幽州治所在范阳，辖范阳国、燕国、北平、上谷等郡，北魏幽州治所是蓟城，隋代为涿郡，唐朝时为幽州范阳郡，辽代为燕京析津府，金代为中都大兴府，元为大都路，明清为顺天府。

本文探讨的北京地区是明代之北京，包括历史上属于顺天府的大部分郊区县，包括今天北京和河北省的郊区县如顺义、昌平、房山、通州、武清、固安等。

二、北京地区灾害研究史

自然灾害对人类社会和生态环境破坏巨大，水、旱、蝗、地震、寒潮等灾害不仅对人身财产安全造成巨大损失，并且还会对以农业为基础的古代社会产生极恶劣的影响，造成政局动荡、经济衰退等严重后果。学术界对灾害问题的研究由来已久，《北京历史自然灾害研究》是很有影响的一部著作，尹钧科、于德源、吴文涛等几位前辈收集整理北京历史自然灾害资料，为研究北京历史自然灾害创造了极为有利的条件，他们研究西汉至清末北京的自然灾害，制定出元明清三代北京地区《自然灾害总表》，他们指出："通过此表一定程度上可以看出明清两代北京地区各种自然灾害多发期和少发期及其相关性。"[①] 制定历史灾害评估标准，针对前人着重研究灾害本身，较少关注政府灾后措施的情况，他们设专节分别介绍了不同时期的防灾赈灾措施，是研究北京历史灾害的经典著作。于德源先生的《北京灾害史》[②]一书重点记述了北京地区曾经发生过的影响重大的灾难，分析其产生的原因，探索灾害发生的规律，对研究北京灾害有重要参考作用。

关于研究北京灾害的其他著作，何孝容的《明代北京地区自然灾害》[③]强调灾害发生与北京地区长期不合理开发、自然环境恶化有一定关系，是本文研究的重要参考。陈颖、赵景波的《北京地区明代、清代干旱灾害与气候事件研究》利用数学统计方法中的参数区间估计研究明清时期该地区旱灾的差异和气候的不同。他们指出："北京地区明代旱灾发生频繁和旱灾等级高的原因是当时气候变干和干旱气候事件频繁出现引起的，指示明代是气候较为干旱的时期。"[④] 还有相关研究人员把重点放在社会应对

---

① 尹钧科、于德源、吴文涛等：《北京历史自然灾害研究》，中国环境科学出版社，1997年。
② 于德源：《北京灾害史》，北京日报出版社，2016年。
③ 何孝容：《明代北京地区自然灾害》，载《西南师范大学学报》（人文社会科学版）2006年第6期。
④ 陈颖、赵景波：《北京地区明代、清代干旱灾害与气候事件研究》，载《干旱区资源与环境》2011年第9期。

上，顾艳丽指出："研究顺天府水、旱灾害概况，精神攘灾和物质救灾等三方面的内容，旨在较真实地展现非常态状况下信仰所发挥的功能，呈现国家和民间在顺天府这一特殊地区灾害救济中的不同作用，这其中国家在场且发挥主导作用，是明代顺天府地区灾后救济的重要特征。"[①]

前人对北京灾害的研究多集中在发生灾害的破坏程度、发生的自然原因、爆发的时间以及官府和民间的应对上。本文拟从北京周边水土流失的角度切入，着重分析造成明代北京周边水土流失的人为原因。

三、造成北京周边水土流失的人为原因

笔者认为造成水灾频发主要是由于华北平原、长城沿线的水土流失造成的。众所周知，植被具有巩固土壤和涵养水源的功能，如果植被破坏殆尽，夏季暴雨多发，冲刷地表土壤，会造成水土流失。同时，大面积的植被破坏会导致气候改变，加剧洪水泛滥，引发多重灾害交替发生的恶性循环。明代初期实行移民政策，山西等地向华北地区大量移民，加之明成祖迁都北京后，北京地区人口逐渐增加，政治经济活动对于北方森林植被破坏加重。从宏观角度观察，造成植被破坏主要是由北方地区冬季获取燃料、长城沿线的军事和农业活动等。相关数据显示，在明清小冰期，华北的冬天比以往干燥寒冷，加之明代初期华北地区人口迁入，冬天对煤炭和薪柴需求大大增加。明代北方军屯活动以及烧荒对北京周边的植被造成了严重破坏，尤其是九边中靠近北京的宣府镇和蓟州镇。

明代植被覆盖变化较大，明前期北京西山还是一副森林葱郁、树木茂盛的景象，明人记载"磅礴数千里，林麓苍黝，溪涧镂错，其中物产甚饶"[②]。成化（1465—1487年）以前太行、燕山等山脉森林资源丰富，"自偏头、雁门、紫荆、历居庸、潮河川、喜峰口，直至山海关一带，延袤数千余里，山势高险，林木茂密，人马不通"[③]。燕山山区更是草木茂盛，植被葱郁。北京北部的延庆县、怀柔区红螺山等地曾经有数百里的松木林，密云区和承德兴隆县由于松柏茂密，元明两朝曾在此设伐木官进行采伐。而在北京周边设立各种官方采木的山场之后（最为著名的是易州山场），森林资源加速消失，明代中期以后竟出现"以薪炭之故，凿缮之困，伐木取材，折枝晨薪，烷柴焉炭，致使木植日稀，蹊径日通，除隘日夷"[④]的场景。

造成明代北京周边地区水土流失的第一要素是挖煤和采薪等活动。北京周边的燕

---

① 顾艳丽：《明代顺天府的水旱灾害与社会应对》，华东师范大学2010年硕士论文。
② 〔明〕张凤鸣：《西迁注》，转引自〔清〕于敏中等编纂：《日下旧闻考》，北京古籍出版社，1983年。
③ 〔明〕马文升：《为禁伐边山林木以资保障事疏》，转引自刘洪升：《明清滥伐森林对海河流域生态环境的影响》，载《河北学刊》2005年第5期。
④ 〔清〕顾炎武撰，黄坤等校点：《天下郡国利病书（一）》，上海古籍出版社，2012年，第45页。

山和太行山自古便是森林葱郁之地，唐代以后逐渐开发这里的山林，但是明代初期森林资源仍较为丰富。以北京西山为例，明代初期还是"林麓苍黝，溪涧屡错，内中物产甚饶"的场景，距离北京西100多公里的蔚州地区也显得"高山峻岭，蹊路狭隘，林木茂盛"，然而自明成祖定都北京后，先后移民达130万人[①]。加上小冰期时期冬季更加寒冷干燥，北京及周边地区官民对燃料需求激增，虽然在元代北京就有了烧煤的记录，龚胜生的研究中提到"北京城附郭宛平县西45里大峪山有黑煤窑30余所"[②]，但是和煤炭比起来还是比例很低，植被性燃料相比化石燃料更容易获取，也更便宜。据龚胜生的研究，明代北京城燃料结构中煤炭大概在30%以下。随着北京人口增长，木柴需求量也随之增多，"成化十二年（1476年）工部尚书刘昭言光禄寺旧历每年柴炭1313万斤惜薪司每年2400多万斤……正德五年（1510年）每年增薪碳1406万斤"[③]。专供城内薪柴的易州山场"举八府五州数十县之财力囤聚于兹，而岁贡犹或不足，民之膏脂日已告竭，在易尤甚"[④]。可见明代北京城薪炭需求越来越大，必然导致附近山林的破坏。

专门供应柴炭的机构是山场，明代在北京周边设置山场专供惜薪司和光禄寺薪柴，较大的山场如易州山场、蓟州柴炭山场以及蔚州山场等（均分布在北京周边）。以易州山场为例，易州山场是宣德五年立，最初设在易州，由于大量开采，后迁移至平山、灵寿等地，最后又迁回易州，山场设置的地方"收用已久，材木既尽"[⑤]。山场转移之处如蔚州山区，已不复百余年前森林茂盛的景象，长期的伐木取材，折枝为薪，烧柴为炭，到了明后期已经是"木植日稀，蹊径日通"[⑥]的情形了。

除了薪柴，北京城内的权贵取暖也采用煤炭，虽然比例不是很大，但是总量仍然很可观，开矿挖煤同样对山体造成破坏，造成地表土壤与植被流失，废气废渣等有害物质随着雨水渗入地下，影响植被生长，山体缺少保持水土的功能，在雨季时候容易形成泥石流等灾害。开采煤矿会对周边的山体造成破坏，以北京西山为例，从元代开始，北京就有用煤取暖的记录。明代初期，由于西山靠近皇陵，因此禁止樵采和开矿。明仁宗即位后"命工部弛西山樵采之禁"，但是之后由于开采过度，甚至有"拔本而取者"，明仁宗再下禁令。然而西山乡民以此为生计者不少，北京城内对此需求量也很大，煤炭行业利润又很高，因此城内的权贵以煤牟利，更促进了煤炭行业发展。正统年间（1436—1449年），太师张辅"纵家奴即其地辟煤窑，督查院请罪辅，上特宥

---

① 赵九州：《古代华北燃料问题研究》，南开大学2012年博士论文。
② 龚胜生：《元明清时期北京城燃料的供销系统研究》，载《中国历史地理论丛》1995年第1辑。
③ 龚胜生：《元明清时期北京城燃料的供销系统研究》，载《中国历史地理论丛》1995年第1辑。
④ 〔明〕黄训编，于景祥、郭醒点校：《皇明名臣经济录》卷十八，辽海出版社，2009年，第1395页。
⑤ 严兰绅主编，张岗著：《河北通史：明朝卷》，河北人民出版社，2000年，第72页。
⑥ 〔清〕顾炎武撰，黄坤等校点：《天下郡国利病书（一）》，上海古籍出版社，2012年，第45页。

之"①，皇帝对此处罚不利，其他权贵纷纷效仿。如翊国公郭勋、惠安伯张庆臻、阳武侯薛濂等高官外戚纷纷染指北京周边煤山。煤炭的过度开发，在破坏地表植被的同时，也会造成地下水位下降，同时开矿造成的废渣废气也会导致更多植被死亡。

除此之外，炼铁也要烧炭做燃料，铁厂多设在森林资源丰富地区，明代后期对炼铁所需的烧炭需求量越来越大，史料记载："下达给山厂的烧炭指标，每年都在增长，天顺八年(1464年)为430余万斤，成化元年至三年(1465—1467年)相继增至650、1180、1740余万斤，以后各年又陆续有所调整。"②竺可桢的研究表明明代的冬天比以往更加寒冷，"特别以公元1650–1700年最冷"③，寒冷推动了煤炭和薪柴产业的发展，但是无论是开煤矿还是入山采薪，过度的开采都会对北京周边生态造成破坏，导致水土流失加剧，在雨季易成涝灾。

引起北京周边水土流失的第二要素是长城沿线军事活动。以烧荒为例，明代为了防范漠北蒙古的入侵，在长城沿线修建了大批军事重镇，范围东起辽东，西至嘉峪关，这些军事重镇合称九边，其中靠近北京周边的是宣府镇和蓟州镇。明代对北方的防御手段除了军事打击、修筑工事外还有一项是烧荒。烧荒是一项有组织的军事行动，是在秋冬之际纵火烧干燥的草地等，目的就是防止敌人安营扎寨以及消除障碍以扩大明军视野，同时还有坚壁清野的作用，所谓"枯根朽草纵火焚，来春虏骑饥无食"④。在某种程度上烧荒确实对边防有积极作用，时人评价"御虏莫善于烧荒"⑤。但这种行动只是治标不治本，该来的蒙骑还是躲不开的，北元自始至终都是明代的重大边患，明人方逢时为此发出感慨"汉家御虏无奇策，岁岁烧荒出塞北"⑥。

虽然烧荒在当时来说确实起到了一定的防御作用，但是同时也造成了严重的生态破坏。大面积的烧荒必然会使草场退化，长城沿线生态更加脆弱。明代九边烧荒基本是在长城以北一二百里，距离北京一二百公里的宣府镇和蓟州镇，这会使北京附近山丘生物、气象、土壤发生变化。被烧过之后的草场再生期延长，地表土壤长期失去保护。当雨季来临时地表土被冲刷，造成严重水土流失，同时地表也会沙漠化，生成更多的沙源，加剧北京沙尘天气的肆虐。

事实上，除了烧荒，明代北部边疆的军事活动还有屯田、挖沙等。尤其是屯田，屯田虽然使军粮充实，但是也用尽地力，开垦大量荒地、草场导致土地沙漠化，甚至到了"流沙淹没长城"的地步，在一定程度上影响着北方的生态环境。各种军事、农

---

① 《明英宗实录》卷四百四十七，万历三十六年六年家属甲戌条，中研院史语所，1962年，第8474—8475页。
② 孙东虎：《元明清北京的能源供应及其生态效应》，载《中国历史地理论丛》2007年第1辑。
③ 竺可桢：《中国近五千年来的气候变迁》，载《考古学报》1972年第12期。
④ 〔明〕陈第著，郭庭平点校：《一斋诗文集》，福建教育出版社，2012年，第24页。
⑤ 〔明〕王士骐：《皇明御倭录》卷三，明万历刻本，第33页。
⑥ 《明诗纪事戊签》卷二十一，清陈氏听诗斋刻本，第1090页。

业活动破坏植被，加上干燥寒冷的气候使植被再生期延长，导致本来就比较脆弱的生态雪上加霜。

综上所述，在明清小冰期影响下的人类活动导致了北京周边的环境变迁。在明成祖迁都北京后，北京人口骤增至百万，对燃料需求量也随之水涨船高，为了抵御寒冷的冬天，人们不得不加大对薪柴的樵采。权贵们追逐煤炭利益，对北京周边煤山进行过度开采，甚至不惜冒着"打破风水"的罪名，更加剧了对北京周边生态的破坏。同时长城沿线军事、农业活动也在一定程度上破坏着植被，如烧荒、扒沙、屯田等。长城以北的生态本来就比较脆弱，小冰期影响了植被的生长，人类的过度开发引发了严重的水土流失，而生态的破坏必然在灾害上有所体现，明代北京地区水灾和风沙灾害是最明显的例证。

四、由水土流失引发的自然灾害

水灾和风沙天气是一定程度上自然对人类不合理开发的反映，严重的灾害给人类社会带来极大的破坏。明代北京地区的风沙天气和水灾十分严重，对人们的经济生活造成极大的不便。

关于北京周边水灾，学者多研究灾害与政治动荡的关系，或研究明代灾害背后的官方应变措施。如台湾学者邱仲麟的《燕地雨无正——明代北京城的雨灾与官方的善后措施》[①]、顾艳丽的《明代顺天府的水旱灾害与社会应对》[②]等，多是侧重水灾发生之后与社会发生关系的角度。笔者认为，明代水灾胜于前朝（实际上也胜于清朝），虽然夏季暴雨是主要自然原因，但是与华北地区不合理开发，导致植被资源锐减也有关，植被的破坏使得地表洪水流速增加，水土流失严重，北京的地形西高东低，东边较平坦，排水不易，形成水灾。

由于背靠内蒙古高原，面向华北平原，左望渤海，右瞻黄土高原，地势西北高东南低，"永定、潮白、温榆、拒马诸河自西北汇注东南，北京地区位于温带半湿润季风气候区冬季寒冷干燥，夏季炎热多雨。如上的地理位置、山川形势及气候特点是自古以来北京地区就多自然灾害的地理条件。"[③]这般的地形地势是水土流失的自然因素，也是夏季洪水不易排出的原因，夏季暴雨冲刷地表，洪水裹挟土石破坏民居，长久不退也破坏了农田，不仅对当时的农业造成严重后果，同时也降低了土壤肥力，后患无穷。明代北京地区发生灾害种类较多，有水灾、旱灾、雹灾、风灾、雪灾、寒灾等，以水旱灾为主。以水灾为例，据统计"在明朝276年中，北京地区发生水灾的年份为116年，约占明朝总年数的42%，平均2.5年一次水灾"[④]。史料中记载京师以及顺天府的水灾

---

① 邱仲麟：《燕地雨无正——明代北京城的雨灾与官方的善后措施》，载《明清论丛》2014年第1期。
② 顾艳丽：《明代顺天府的水旱灾害与社会应对》，华东师范大学2010年硕士论文。
③ 尹钧科、于德源、吴文涛等：《北京历史自然灾害研究》，中国环境科学出版社，1997年。
④ 尹钧科、于德源、吴文涛等：《北京历史自然灾害研究》，中国环境科学出版社，1997年。

信息很多，如：

洪武十一年"顺义大水，蠲田租，北平府大水，坏城垣"①。

隆庆六年"通州运河水溢，害稼，通州民饥"②。

景泰三年"京师雨雪连绵不已仓廪坍塌，伤稼，免顺天府秋粮籽粒七千四百八十余石"③。

成化十三年"顺天府霖雨连旬，坏民居室，水溢运河东西两岸。"④。

弘治二年"通州、顺义、宛平等淫雨为灾，京城内外房屋多有倾颓者，通州张家湾及卢沟桥一带被害尤甚。民饥，发粟平粜"⑤。

正德十二年"顺天府骤雨连旬，通州张家湾一带弥望皆水，冲坏粮船、漂流皇木无数。山水泛涨，民居倾坏，田禾淹没，所存无几。水灾异常，为数十年所未有者"⑥。

嘉靖二十五年"顺天府大雨，山水爆发，水深数尺，禾稼俱没，城垣民舍倾覆甚多，户部发银米赈恤灾民，免各地税粮有差。通州、宛平、大兴、武清等州县尤甚，沿河民居漂没甚众。民饥"⑦。

万历三十二年"通州淫雨五十余日，山水涌发，房舍尽倾，昌平州余水暴涨，冲塌皇陵桥栏坛垣等。京城坍坏房屋数多，压伤民众甚多。武清、文安等亦河决浸城"⑧。

崇祯五年"顺天府天雨连绵，下地多被淹没，民房多为坍圮，害稼。民不聊生，淫雨损山陵，顺天二十七县淫雨害稼"⑨。

可以看出明代北京地区发生的水灾不仅间隔短，而且灾害程度高，居民遭受严重的人身财产损失。水灾不仅对人身与财产安全造成直接损失，而且还会引发后续的灾害，除了瘟疫、虫害、泥石流、山体滑坡等，暴雨带来的强降水冲刷地表肥沃土壤，降低土壤肥力，影响粮食收获，严重的会引发饥荒，这对农业社会是致命的打击。在水灾面前，人力终究渺小，再加上政府救灾不力，农民"田地悉在水中，二麦无从布种，

---

① 杨得馨主编：《重印民国顺义县志》，北京图书馆出版社，1998年。
② 通州方志集成编委会：《通州方志集成》，第二册〔康熙〕通州志一，影印本，北京联合出版有限公司，2017年。
③ 通州方志集成编委会：《通州方志集成》，第二册〔康熙〕通州志一，影印本，北京联合出版有限公司，2017年。
④ 《明宪宗实录》卷167—168，台北中研院史语所，1962年。
⑤ 杨得馨主编：《重印民国顺义县志》，北京图书馆出版社，1998年。
⑥ 《明武宗实录》卷一百五十一、一百五十二，台北：中研院史语所，1962年。
⑦ 〔清〕周家楣，〔清〕缪荃孙等编纂：《光绪顺天府志》，北京古籍出版社，1987年。
⑧ 通州方志集成编委会：《通州方志集成》，第二册〔康熙〕通州志一，影印本，北京联合出版有限公司，2017年。
⑨ 〔清〕周家楣，〔清〕缪荃孙等编纂：《光绪顺天府志》，北京古籍出版社，1987年。

或卖儿鬻女，易米数斗，偷活一时，或抛弃家乡，就食四境，终为饿殍，流离困苦之状，所不忍闻"①。最终造成流民问题，造成社会动荡。

水土流失同样会加剧沙尘天气的肆虐，长期的不合理开发，使得河北北部和内蒙东南植被退化，加之明后期气候转干燥，降水稀少，造成土壤沙化，给沙尘天气提供了沙源，秋冬之际北京及周边地区饱受沙尘暴的肆虐。《明实录》中有关于沙尘天气的记录，比如：

"正统六年闰十一月甲戌，大风有声，扬沙蔽天。"

"天顺八年二月乙巳，晓刻风起西北有声，黄尘四塞。"

"嘉靖元年九月乙巳，是日五更大风扬尘，昼晦。"

"隆庆元年十二月丁酉，夜大风，黄尘四塞。"

"隆庆四十六年二月甲辰，大风黄尘四塞。"

可以看出明代北京风沙基本出现在冬春两季，虽然沙尘天气出现的主要原因是冬春季干燥多风，加之地表土壤疏松，但是加剧沙尘天气出现频率的人为原因也是不可忽视的。前文提到的明代北京周边的军事、农业活动影响深远，砍伐树木、放火烧荒等活动在气候湿润地区会造成水土流失，加剧水灾的后果，在较为干旱的地区则会加速土地沙漠化的进程，制造更多的沙源。由于缺少林木降低风速、巩固沙尘，侵袭北京城的沙尘会越来越多，越来越强。

森林是陆地上最大的生态系统，它可以涵养水源、保持水土、调节气候、维持生态平衡。草原具有保持水土，防风固沙，涵养水源等作用。过度开发植被资源，导致一系列后果，无疑是人类自食其果，应当加强生态意识，否则我们留给后代的也只能是秃山荒漠。

Water and soil erosion around Beijing during the Ming Dynasty

Wang Guangteng

(Northwest Institute of Historical Environment and Socio-Economic development, Shaanxi Normal University, Xi'an, shaanxi, 710119)

Abstract: There were frequent military and agricultural activities near Beijing during the Ming-Qing Dynasty. Activities as logging, coal-mining, grass-burning and troop stationing destroyed the ecological environment, causing water and soil erosion, which eventually worsened the flood near Beijing during the Ming Dynasty. By reviewing historical works as *Ming Shi Lu*, or the Memoir of the Ming Dynasty and combing relevant records of natural disasters especially flood near Beijing, this study pointed out the causes and consequences of water and soil erosion.

Key words: water and soil erosion; Yizhou mountain field; grass-burning; flood

---

① 《明经世文编》卷九十七，明崇祯平露堂刻本，第744页。

西周金文中的"五邑"考

邱海文

（陕西师范大学西北历史环境与经济社会发展研究院，陕西西安，710119）

[摘　要]　"五邑"是金文中经常出现的词汇，本文通过管理五邑的官员一般级别较高这一事实，以及走马这一王室侍从官在五邑中设置，并且从管理左右走马、五邑走马的师龢父管理周地的事务来看，五邑是王室属邑，其地位很高，极可能是五个都城。传统文献中记载有周、丰、镐、郑、毕，其中毕地不见有册命礼发生，也不见有大朝会发生，可能并不是五邑之一，而在金文中大量出现，并且许多册命发生在这里，这里推断应该是五邑之一。

[关键词]　五邑　走马　都城

[中图分类号]　K928　　　　[文献标识码]　A

[作者简介]　邱海文（1991—　　　），男，山西洪洞人。陕西师范大学西北历史环境与经济社会发展研究院博士研究生，主要研究方向为城市历史地理。

一、关于"五邑"的争论与探索

"五邑"是金文中经常出现的词。从字面意思来看，它指的是王畿之内的五个主要城邑。但究竟应该包括哪五个邑，金文中没有明确的记载。前人对"五邑"有过许多研究，对了解"五邑"的内涵有很大帮助。本文将在已有研究的基础上继续探讨这一问题，得出"五邑"是西周在关中地区的五个都城的结论，进而推断究竟是哪五个都城。

从金文记载来看，"五邑"是西周王朝极为重要的五个城邑，而文献记载中西周在西部王畿之内的都城也大致有五个，这就引出一个富有吸引力的问题：五邑究竟指的是哪五个邑，或者说它们是哪一类型的邑，是否就是文献中的五个都城？前人研究中涉及金文中"五邑"的有很多，先将各家主要观点介绍如下：

陈絜先生认为五邑应该为五个乡村小邑。他从甲骨文中的"十邑""廿邑""卅邑"等一系列"数字+邑"的记载入手，再根据甲骨文中的记载推断这些邑大都位于边鄙。并且根据记载中动辄数十个邑来证明这些邑不会很大。由此得出在记载中前有数字（数字不是一）的邑都是小规模的邑。进一步推断金文中的五邑指的是规模较小的邑。[①] 笔

---

① 陈絜：《周代农村基层聚落初探——以西周金文资料为中心的考察》，见朱凤瀚主编：《新出金文与西周历史》，上海古籍出版社，2011年，第106页。

者以为这种推论是有问题的，首先我们固然可以说邑前的数字较大的如"卅邑"等指的是规模较小的邑，但五邑则不同，在王畿之内完全可能出现五个大规模的邑，甚至可能是都城级别的邑。其次从有关五邑的各种册命铭文中可知，往往由王来亲自任命管理五邑某项事务的官员，可见其重要性不是五个普通的小邑能比拟的。根据学界对于册命制度的研究，一般认为赤市、玄衣等命服代表着受册命者的地位比较高[①]，而在下面列举的铭文中就出现这些命服，这意味着管理五邑的官员地位高。五邑应该是王畿之内非常重要的五个邑，绝不可能是五个基层小邑。

陈梦家先生认为五邑指西土五个城邑。这里的西土应该指的就是西周时期的关中地区。[②] 段绍嘉先生在《扶风齐家村出土西周青铜器简介》一文中则认为，柞钟铭文中的"五邑"实为"畿内五邑"[③]，这与陈梦家先生的观点类似。许倬云与林嘉文二先生认为"五邑"是《史记·周本纪》所记载的岐、程、丰、镐、西郑，及槐里中的五个城市"[④]。李峰先生认为由于上述列举的《史记》中的五个城市中程和槐里在金文中没有出现，所以应该将其排除，而应该包括金文中常提到的毕及郑。[⑤] 李峰的看法是正确的，因为金文比传世文献往往更可靠，所以应该以金文为准来探讨五邑。周宏伟认为五邑很可能指的是成周、宗周、镐京、郑[⑥]，笔者以为成周距离另外四邑过于遥远，似乎不太可能包括成周。各家看法虽不一，但大多认为五邑指的是西周王畿西部，即今关中地区的五个城邑。[⑦] 需要说明的是，《史记》中所说的西郑就是郑，[⑧] 所以如果五邑确实指关中地区的五个都城，是实际上就只剩下与毕究竟哪个是五邑之一了。

以上各家虽然都对五邑作出判断，但毕竟他们的著作并不是专门研究五邑而是顺带讨论，所以大部分是推测，没有展开论述。笔者以为，金文中并没有直接记载五邑指的是哪五个城邑，但我们首先可以了解五邑指的是哪一类的邑，是都城还是普通的邑，然后再具体探讨其具体所指。按照这个思路，笔者首先找到涉及五邑的几篇铭文，现罗列如下：

  1. 唯元年五月初吉甲寅，王才周，各康庙。即位，同仲佑师兑入门，立中廷，王呼内史尹册命师兑：胥师穌父，司左右走马、五邑走马，赐女乃祖市、五黄、赤舄。 《集成》4275

---

① 何树环：《西周锡命金文新研》，文津出版社，2007年。
② 陈梦家：《西周铜器断代》，中华书局，2004年，第241页。
③ 陕西省博物馆、陕西省文物管理委员会编：《扶风齐家村青铜器群》，文物出版社，1963年，第7页。
④ 原载许倬云与林嘉琳的英文著作 *Western Chou Civilization*，转引自《西周政体：中国早期的官僚制度和国家》。
⑤ 李峰：《西周政体：中国早期的官僚制度和国家》，三联书店，2008年，第167页。
⑥ 周宏伟：《西周都城诸问题试解》，载《中国历史地理论丛》2014年第1辑。
⑦ 虽然西周王畿包括今关中和洛阳周围地区，但由于洛阳地区王畿距西部过于遥远，并且涉及五邑的册命地都在今关中地区，有些青铜器如柞钟则在周原地区出土，从这些来看，"五邑"不会跨东西王畿，而应在王畿西部也就是今关中地区一带。
⑧ 这里探讨的郑只是作为西周都城的郑，而不涉及郑桓公受封的采邑郑。

2. 唯三年二月初吉丁亥，王才周，各大庙，即立，邊伯佑師兌入门，立中廷，王乎内史尹册令師兌，余既令女胥師龢父，司左右走馬，今余唯申就乃令，令女兼司走馬。　《集成》4319

3. 唯王三年四月初吉甲寅，仲太師右柞，柞賜市、朱黃、銮，司五邑佃人事。《集成》135

4. 唯卅年四月初吉甲戌，王在周新宫，格于太室。密叔入右虎即位。王呼内史曰：册命虎。曰乃祖考事先王，司虎臣。今命汝曰：更厥祖考，胥師戏，司走馬御人眔五邑走馬御人。　《近出》491

5. 唯二年正月初吉，王在周昭宫，丁亥王格于宣榭，毛伯入门立中庭，佑祝。王呼内史册命，王曰：昔先王即命汝作邑，兼五邑祝。《集成》4297

6. 唯二月初吉，王在師司马宫太室，即位，井伯入右救立中庭北向，内史尹册賜救玄衣黹纯、旂四日，用大备于五邑守堰。　《集成》4243

从上面铭文可知，周王对五邑的册命包含多个方面。从上述1、2来看，周王首先任命師兌辅助師龢父管理左右走馬和五邑走馬。两年后，周王再次任命師兌让他全面管理走馬，这无疑是接替了師龢父的职位。而铭文4中周王任命虎辅助師戏管理走馬御人和五邑走馬御人，与師兌第一次受命的情况类似。分析这些铭文我们可以得出这样的信息：走馬或者走馬御人管理方式是，有一个人全面负责宗周王畿之内的走馬或走馬御人，其下又有两个一般的走馬或走馬御人以及五邑走馬和五邑走馬御人。从五邑走馬这种称呼来看，一般的走馬官会在其前加上地名，以示其管辖的范围，如金文中有"楚走馬"。其他的还有五邑守堰和五邑祝，他们都由周王亲自任命，应该与上面首先提到的五邑走馬一样是专门负责五邑某项事务的官员，从中可以看出，五邑是一个独立的施政单位，是重要的邑。

二、从"走马"来看"五邑"

笔者认为，我们可以通过这些与五邑有关的官职，来了解五邑。走馬即传世文献中的趣马，《周礼·夏官》载："趣马，掌赞正良马，而齐其饮食，简其六节。"[1]也就是主管养马的官。《尚书·立政》记载："立政、任人、准夫、牧作三事；虎贲、缀衣、趣马、小尹。"顾颉刚先生认为：虎贲、缀衣、趣马、小尹都是王的侍从，[2]这种观点是正确的。一般认为《尚书·立政》是西周初年的文献，其比《周礼》更可靠，所以我们倾向于趣马是王的侍从官员。从与趣马并列的虎贲也可推测其性质，虎贲即金文中的虎臣，是王的守卫军，[3]由此可以推断《尚书·立政》中的虎贲、缀衣、趣马、小尹为王的侍从官。另外在金文中有走馬为王的侍从的直接证据：

---

[1] 〔清〕孙诒让：《周礼正义》，中华书局，1987年，第2623页。
[2] 顾颉刚、刘起釪：《尚书校释译论》，中华书局，2005年，第1677页。
[3] 黄盛璋：《关于询簋的制作年代与虎臣的身份问题》，载《考古》1961年第6期。

> 唯十又五年三月即霸丁亥，王在宫，大以厥友守王飨醴，王呼善夫召大以厥友入役，王召走马应令取谁卅二匹赐大。《集成》2808

大意是：王在宫飨醴，大担任守卫任务，王命令走马应赐给大32匹马。铭文中善夫为王的侍从官，从上下文来看，走马也是王的侍从官应该是没有问题的。有的研究者认为据上面铭文可以推定，走马确实是养马的官，但从铭文来看，走马明显是供王驱使的侍从，就此推断走马为养马之官证据还不够充分。

上面师兑簋提到师龢父为总管走马的官，在师簋铭文中也提到师龢父：

> 唯王九月既生霸甲寅，王在周康宫，格太室即位，荣伯入右辅师，王呼作册尹册命曰：更乃祖考司辅，载赐汝玄衣巿、素黄、銮旂，今余增乃命，赐汝玄衣黹纯、赤巿、朱黄、戈、彤沙、戟、旐五日，用事……《集成》4286

> 师龢父叔巿，巩告于王。唯十又一年初吉丁亥，王在周格于太室即位，宰生入右师，王呼尹氏册命师。王曰："师在先王小学，女敏可使，既令女更乃祖考司辅，今余唯申就乃命，命女嗣乃祖考旧官小辅鼓钟，赐女叔巿、金黄、赤舄、攸勒，用事夙夜勿废朕命。"《集成》4324

学界对于第一句的解释一直有争议，容庚先生认为即胙为赏赐的意思，全句意为师龢父赐给师叔巿，师告诉周王。郭沫若先生质疑容说，师龢父赐叔巿为什么要告诉周王？这于上下文不通。他释为殂，全句意为师龢父死，师告诉周王。陈梦家先生认为为动词即师龢父夺走师的叔巿，故恐告于王而王复赐以叔巿。笔者以为郭、陈二先生也有不通之处，首先师龢父死了，为什么由师告诉周王，这又与下面的册命有什么关系？其次如果说是师龢父夺了师的叔巿，而叔巿作为官员行使权力的凭证，只有通过册命仪式，由周王亲赐才有效力，师龢父夺取它有什么意义呢？况且据王治国等研究[①]，命服只会赏赐一次，如果一个人在上一次受命中有了某一命服，那么在下一次册命中这一命服就不会再出现。从上面两篇册命铭文来看，第一篇明显是第一次受命，而第二篇王说"既令女更乃祖考司辅，今余唯申就乃命"，这说明这一次册命是紧接着上一次的。而上一次册命中周王并没有赐给师叔巿，也就是说师还没有叔巿，师龢父怎么夺走它呢？最关键的是，这句话的释读要与下文能够对应。笔者以为，从上下文来看，第一句的意思应该是师龢父准备好册命用的叔巿，告诉了周王，周王因此对师进行册命。从师龢父的行为来看，走马确实是周王的侍从官，不过其地位并不低。

金文中还有关于走马的铭文：

> 唯正月乙巳，王格于太室，穆公入右立中庭北向，王曰："令汝作司土官司藉田，赐汝织衣、赤巿、銮旂、楚走马。《集成》4225

铭文中提到楚走马，这里的楚应该与春秋战国时代的楚并不是一回事。首先楚国是一个独立的诸侯国，并且与周王室的关系并不密切，周王无由把楚国的走马赐给。

---
① 王治国：《金文所见西周王朝官制研究》，北京大学2013年博士学位论文，第44页。

如果说这个走马是楚国人,不论他是因为战俘或进贡来到周王室,似乎并无必要称其为楚走马,而应为金文中常用的楚人或臣夷等称呼。如果是楚国人自愿来到周王室入仕似乎无必要在其官名前加楚字。综上推论,这里的楚应该是王畿之内的王室属地。古代地名重复的有很多,比如在第一章中就有王游历到成周附近的楚的记载,可见楚并不一定就是楚国。

走马既然是周王左右的侍从官,并且王畿之内如"五邑""楚"等地方也可以设置有走马。由此可以推定,设置走马的地方只能是王室属地。由此推定五邑必为王畿之内最为重要的五个王室属邑。师穌父的职务是管理左右走马与五邑走马,也可以说是王室属地的走马与五邑走马。而在师簋铭文中,师穌父管理周地的事务,据此推断周极可能就是五邑之一,以此类推,五邑极可能指的是周一类的五个邑。

根据以上所述的种种迹象,笔者认为金文中的五邑应该是周人在西部王畿之内的五个都城。

三、五邑的确定

正如上述李峰先生所说,五邑应该是金文中记载的周、丰、镐、郑、毕中。笔者在阅读金文时发现,记载周王在毕活动的仅有段簋一件记载周王在毕祭祀完之后,赏赐段。还有康鼎,记载周王命令康管理王室在毕地的财产。除此之外再没有发现周王在毕活动的记录,更没有在毕举行册命或者举行大型礼仪活动的记载,由此笔者认为毕并不像周、丰、镐那样是周人的都城,而仅仅是王室属地之一。

A Study of "Wuyi" in the Bronze Inscriptions of the Western Zhou Dynasty's

Qiu haiwen

(Northwest Institute of Historical Environment and Socio-Economic development, Shaanxi Normal University, Xi'an, shaanxi, 710119)

Abstract: The term "Wuyi" appears frequently in bronze inscriptions. The author of this paper gets the conclusion that Wuyi, which belongs to the royal clan and has a very high rank, probably refers to the five political centers like Zhou in the Western Zhou Dynasty. The reasons are as follows: the political status of the officers in charge of Wuyi were generally high; Zouma(an official position of royal retinue) was set up in Wuyi; and Shihefu, who managed the Left Zouma and Right Zouma, was also in charge of the royal affairs in the area of Zhou. The historical documents recorded that there were several capital cities in the Western Zhou Dynasty, such as Zhou, Feng, Hao, Zheng, and Bi. According to the documents, there were no influential official appointments, rites or ceremonies held in Bi, so Bi could not be one of the Wuyi. While the word "Mang" could be seen in the bronze inscriptions for many times and a lot official appointments were held there, so the author of this paper infers that "Mang" should be one of the Wuyi in the Western Zhou Dynasty.

Key words: Wuyi; Zouma; capital city

汉唐昆明池园林景观分析及现代开发建议

郑秀娟

（西安航空学院经济管理学院，陕西西安，710077）

[摘　要] 本文总结了汉唐两代昆明池的修建历史和园林景观，分析了汉唐昆明池园林文化内涵，分别是国家实力之象征，皇家游乐之胜地，七夕爱情之源头和诗人雅集之风韵。基于此，现代西安昆明池园林游览活动可以包含以下四个主题：丝绸之路经济带交流活动、汉唐盛世皇家游园体验活动、七夕爱情探源寻根活动、吟诗作赋文学雅集活动。

[关键词] 昆明池　园林　西安

[中图分类号] K928　　　　[文献标识码] A

[作者简介] 郑秀娟（1979—　　），女，河北南和人。西安航空学院旅游管理专业副教授，主要研究方向为旅游规划与开发。

历史上的昆明池在汉时为皇家禁苑，发展至唐时由皇家禁苑逐渐转变为长安城外的公共园林。时至今日，昆明池的恢复重建不仅是陕西引汉济渭输配水干线工程的重要组成部分，也是西安水景园林营造的热点区域。基于昆明池的历史地理背景，现代昆明池园林游览活动应在满足现代游览活动需求的同时，充分展现汉唐昆明池园林的文脉特征。

一、汉唐昆明池的修建历史

（一）汉代两建昆明池

根据文献记载，汉武帝出于军事目的两次修建昆明池。汉代第一次修建昆明池是在元狩三年（前120年），目的是征讨西南夷。《汉书·武帝纪》记载，元狩三年，"发谪吏穿昆明池"，《汉书·五行志》载："元狩三年夏，大旱。是岁发天下故吏伐棘上林，穿昆明池。"这是昆明池的第一次修凿。尔后，在元鼎元年（前116年）冬至二年春之间，同样出于军事目的，只是水战的拟定对象有了改变，由原来的西南夷变成了南越。《索隐》曰："盖始穿昆明池，欲与滇王战，今乃更大修之，将与南越吕嘉战逐，故作楼船，于是杨仆有将军之号。"经过武帝元狩三年与元鼎元年的两次修建，基本奠定了西汉昆明池的规模，周长达到20公里，面积332顷或320顷。2005年中国社会科学院考古研究所汉长安城工作队对昆明池的考古结论是："通过钻探和测量，得知昆明池遗址大体位于斗门镇、石匣口村、万村和南丰村之间,其范围东西约4.25公里、南北约5.69公里,周长约17.6公里,面积约16.6平方公里与历史文献记载基本一致。"①

（二）唐朝三修昆明池

西汉之后昆明池犹存,于是历史文献中常有历朝皇帝在昆明池游山玩水的记载,如东汉的汉安帝、北魏的太武帝、北周宇文泰、隋文帝以及唐代的多位皇帝等。那时上林苑可能已崩塌损毁,然昆明池水尚在,唐代频繁进行池岸加固、修葺,因此昆明池成为唐朝重要的一处水景别苑,唐代三次大修昆明池成就了昆明池的辉煌再现。唐代在汉昆明池原有自然特点的基础上,经过几次修浚和建立引水堰,使昆明池的面积较汉代有所增加,而且形成了一个以昆明池为中心的河湖结构。中国社会科学院考古研究所汉长安城工作队2005年的考古发现:经过唐代稍微扩大了的昆明池遗址周长是17.6公里,面积约16.6平方公里。

第一次修建昆明池的时间在唐太宗贞观年间。据历史文献记载,唐太宗贞观年间为解决水源问题,命浚修昆明池并疏导沣、镐二水入堰注入池中。当时在修复汉代就建有的石炭堰的同时新建贺兰堰,引沣水和镐水（交水）入昆明池,保证了昆明池的水量。《括地志》曰:"丰、镐二水,皆已堰入昆明池,无复流派。"《关中胜迹图志》卷三《大川》明确记载:"唐贞观中,堰丰镐入昆明池。"

第二次修建昆明池的时间在唐德宗贞元十三年（797年）八月。公元797年,德宗"诏京兆尹韩皋修昆明池石炭、贺兰两堰兼湖渠",命京兆尹韩皋充使浚修,遵循汉制引交水与洋水合流注入于池,这次疏和整治石炭和贺兰两堰,改善了昆明池水系,保障了水源。

第三次修建昆明池的时间在唐文宗大和九年（835年）冬十月。公元835年,文宗"发左右神策千五百人,浚曲江及昆明池"。因为唐文宗喜欢游宴,更想恢复盛唐时代的壮丽景象,但疏浚昆明池的工程十分浩大,大臣郑注为了使疏浚昆明池这一计划得到经费的保证和朝臣的支持,征收茶税时行五行之术,宣扬"秦中有灾,宜兴土功压之,乃浚昆明曲江二池"。昆明池得到再次修复,基本恢复了昆明池的盛景。唐代后期长安国都地位的失去加之昆明池堤堰崩溃和水源断绝导致其逐渐干涸。

由于汉唐两朝昆明池的开凿和有关河道的整治,附近的自然风景与人文建筑亦相继得到开发,汉代昆明池地区成为上林苑中最优美的园林景观区之一,也成为当时皇家贵族的游览胜地;而在唐朝亦成为皇家宴游及达官贵人、文人雅士、平民百姓乐游的城市公共园林。

---

① 中国社会科学院考古研究所汉长安城工作队:《西安市汉唐昆明池遗址的钻探与试掘简报》,载《考古》2006年第10期,第54页。

二、汉唐昆明池的园林景观

（一）帝王独享的皇家园囿——汉昆明池

汉昆明池周长 20 公里，池中并未筑山，而是在东岸边洲屿上建造了以豫章台为主的组群建筑。昆明池的园林景观主要是水、雕塑、宫室以及带来生机的动植物。

汉昆明池园林景观以人工湖水为主景，远映终南山，近植各色奇花异木，亭台楼阁掩映其中，满足帝王游憩需求的功能特别突出，昆明池的山水、建筑和动植物营造都有其独到之处。

1. 汉昆明池的水与雕塑

昆明池的广大水面是上林苑水的重要组成部分。作为中国古代园林中最大的人工湖，昆明池不仅可以满足楼船水站演习的需要，还能满足古代帝王以湖像天河徜徉银汉的游乐需求。

据《三辅故事》记载："昆明池有豫章台及石鲸。刻石为鲸鱼，长三丈，每至雷雨，常鸣吼，鬣尾皆动。""昆明池中有二石人，立牵牛、织女于池之东西，以象天河。"正如巫鸿所言："织女像和牛郎像分别被放置在相对的两岸，使该池成为对银河的模拟，池中有一巨大的石鲸，把这个人工湖泊转化成一个汪洋大海。"[①] 织女、牵牛二石雕与浩渺的昆明湖的组合以像银汉，再加之边远异域地区的奇特生物使武帝"受命于天"囊括四海的天子虚荣心得到了极大满足。

2. 汉昆明池的宫室

昆明池及周边"列观环之"，成为上林苑最重要的建筑群体。宫殿林立错落在万绿丛中，可谓"离宫别馆，弥川跨谷，高廊四注，重坐曲阁……醴泉涌清室，通川过于中庭。"

根据历史文献和考古成果，比较明确的昆明池周边宫观主要有以下四座。池东岸有豫章观、白杨观，据《三辅黄图》，"豫章观，武帝造，在昆明池中，亦曰昆明观"，《西京赋》云"登豫章，简矰红"。薛综注："豫章，池中台也，皆豫章木为台馆也。"因豫章观位于昆明池中，故又称昆明观。[②]《西安市汉唐昆明池遗址的钻探与试掘简报》指出，昆明池沿岸共发现三处建筑遗址，其中一号建筑遗址位于昆明池遗址南岸外，二号建筑遗址在一号建筑遗址东 85 米处，三号建筑遗址位于昆明池东岸[③]，被初步确定为昆明东观遗址，即豫章观遗址，是汉武帝时建造的一座以游乐功能为主的宫殿，

[①] 刘晓达：《汉武帝时代的上林苑与"天下"观——以昆明池、建章宫太液池的开凿为论述中心》，载《美术学报》2017 年第 3 期，第 7 页。

[②] 徐卫民：《西汉上林苑宫殿台观考》，载《文博》1991 年第 4 期，第 39 页。

[③] 中国社会科学院考古研究所汉长安城工作队：《西安市汉唐昆明池遗址的钻探与试掘简报》，载《考古》2006 年第 10 期，第 58 页。

是一座高台楼阁建筑，在高楼上俯视，昆明池景及战船相逐尽收眼底。

《羽猎赋》："营合围兮，然后先置乎白杨之南，昆明灵沼之东。"服虔注云："白杨，观名。"《三辅黄图》记载："白杨观，在昆明池东。"

池南岸有细柳观，《三辅黄图》记载："细柳观，在长安西北。"《上林赋》记载："登龙台，掩细柳。"郭璞注云："细柳，观名也，在昆明池南。"

池西岸有宣曲宫，《上林赋》云："西驰宣曲。"张揖注云："宣曲宫在昆明池西。""武帝微行，宣曲尤幸。"汉武帝常游幸宣曲宫。西安三桥高窑村所出十四号铜鼎铭文为"上林宣曲宫……"

宫观林立、景色宜人的昆明池不仅可以满足王公贵族游玩观赏的需求，还能进行大规模水产养殖。《三辅黄图》引《庙记》曰："养鱼以给诸陵祭祀，余付长安厨。"

3. 汉昆明池的植物与动物

《三辅黄图》记载汉武帝上林苑中，有"帝初修上林苑，群臣远方，各献名果异卉三千余种植其中"，可见，上林苑不亚于一个大型植物园。昆明池作为上林苑的重要池沼，奇花异卉，古树名木或在岸边，或植于水间，或栽于宫室之侧，或布于庭院之中。宫室的布置与植物密切相关，宫观因植物而得名，如白杨观、细柳观。昆明池的水生植物非常丰富，其中浮根菱、水网藻别有特色，李时《太平广记》卷四百九记载："芰一名水菜，一名薢茩。汉武昆明池中，有浮根菱，根出水上，叶沦波下，亦曰青水芰。"《酉阳杂俎》曰："汉武昆明池中有水网藻，枝横侧水上，长八九尺，有似网目，凫鸭人此草中，皆不得出，因名之。"

昆明池中鱼与水鸟更是品种多样，班固《西都赋》描绘："鸟则玄鹤白鹭，黄鹄鹓鶵，鸧鸹鸨鸦，凫鹥鸿雁。……鸟群翔，鱼窥渊。"

（二）长安城外的公共园林——唐昆明池

汉武帝以后，从汉安帝延光三年（124年）至唐大历二年（767年），历代皇帝多次驾临昆明池。昆明池成为帝王将相游宴娱乐，文人雅士泛舟题咏，黎民百姓出游玩乐的风景胜地。唐代国力强盛促使园林营造也达到了前所未有的水平。基于汉昆明池原有的基础和自然特点，唐代昆明池的面积较汉代有所增加，昆明池的园林游憩功能更是得到充分的发挥，成为长安城外著名的公共园林，这些在诸多文献中可见一斑。

昆明池周边景色秀美，风光宜人，唐代长安达官贵人营构别墅，昆明池周边地区成为畅游怡情的休闲度假区。贞观初年，卫国公李靖弟弟李客师退休养老就居住在昆明池旁的别业。《新唐书·李客师传》记载李客师"致仕，居昆明池南"。昆明池莲菱种植和渔业养殖资源丰富，在唐时能够惠及周边百姓，"渔者仍丰网罟资，贫人久获菰蒲利"，"游鲤入庄筌……菱花似镜前"，以上歌咏昆明池的诗句都提到了昆明池中的水产之利。

唐时昆明池既蕴帝王将相的汉武雄风，又含文人骚客的在水一方，也有布衣百姓的莲叶田田，唐昆明池园林是集皇家气象、文人雅韵和田园之趣为一体的综合性多功能园林，相较于汉昆明池的园林特色更丰富，更立体，更多面。

三、汉唐昆明池园林文化内涵

（一）国家实力之象征

历史上汉武帝出于军事目的修昆明池演练水军，以"越嶲昆明国有滇池，方三百里，故作昆明池以象之，以习水战，因名曰昆明池"。昆明池演习水军彰显国家实力的作用在唐定都长安时依然发挥作用，《旧唐书·高祖本纪》中记载"（武德）九年庚寅，幸昆明池，习水战"。昆明池作为国家水军演练之地，不仅是训练场所，更是国家实力的象征。昆明池作为国家力量的象征，影响深远，北京颐和园的昆明湖正是对此内涵的继承。

《汉书》曰："张骞言使大夏时，见蜀布邛竹杖，问所从来，曰从东来。身毒国可数千里，得蜀贾人市。而为昆明所闭。天子欲伐之，越嶲昆明国有滇池，方三百里，故作昆明池以象之，以习水战，因名曰昆明池。"出于政治目的，汉武帝遣张骞出使西域，进而成为昆明池开凿的契机。昆明池成为丝绸之路的历史见证，更是现代"一带一路"国家战略实施的历史符号，是我国在国际事务中发挥更多影响作用的表现，意义重大。

（二）皇家游乐之胜地

昆明池规模极大，以湖光水色为主，汉武帝除在此演习楼船水站之外，也常来此游赏并令宫女们泛舟池中，《三辅故事》记载："池中有龙首船，常令宫女泛舟池，张凤盖，建华旗，作棹歌，杂以鼓吹，帝御豫章观临观焉。"《庙记》曰："池中作豫章大船，可载万人。"昆明池成为汉武帝最爱的园林之一。《类编长安志》曰："池中作豫章大船，可载万人，上起宫室，因欲游戏。"昆明池成为名扬天下的皇家禁苑。"嬉游往来，宫宿馆舍，庖厨不徙，后宫不移，百官备具。"

（三）七夕爱情之源头

汉代昆明池仿照滇池而建，范围广大，水面辽阔，烟波浩渺，班固《西都赋》写道："左牵牛而右织女，似云汉之无涯。"织女与牵牛神像东西而立突出了昆明池如银河一般广大的水面。后世演绎出了牛郎、织女相爱不相守、一年相会一次的凄美爱情。南北朝殷芸《小说·月令广义》"七月令"分析了牛郎织女无法长久团圆的缘由。随着历史的发展，历史上诗人逐渐用牵牛织女的典故表达征夫思妇的离别之情，曹丕的《燕歌行》"贱妾茕茕守空房，忧来思君不敢忘……牵牛织女遥相望，尔独何辜限河梁"，正是这类文学作品的代表，丰富了牛郎织女感情象征的内涵。在此基础上，民间逐渐演绎出以牛郎织女为主角的"七夕"节日文化，表达出布衣百姓对美好爱情的向往。

（四）诗人雅集之风韵

昆明池因风光旖旎，盛景颇多，成为众多文人墨客抒情畅怀之地。北朝诗人庾信就作有《和春日晚景宴昆明池》《和炅法师游昆明池》等诗。由陈入隋的江总作《秋日游昆明池》。唐代昆明池几经疏浚，风景宜人，帝王游宴娱乐、文人雅士泛舟题咏更是频繁。《唐诗纪事》等文献记载"中宗正月晦日幸昆明池赋诗，群臣应制百余篇"，其中宋之问、沈佺期等人的《昆明池侍宴应制》诗广为传诵。现存唐人吟咏昆明池的诗作很多，杜甫《秋兴八首》（其七）、温庭筠《昆明池水战词》、王维《春日与裴迪过新昌坊——访吕逸人不遇》、张仲素《游昆明池赋》、贾岛《昆明池泛舟》、白居易《昆明春》、韩愈《奉酬卢给事云夫四兄》等均描述了在昆明池荡舟泛水、游园休憩时所见所感的昆明池湖景。无论唐代帝王组织的应制赛诗活动，还是诗人雅士闲暇游憩的抒怀作诗都赋予昆明池诗情雅韵内涵。

围绕历史上的昆明池园林景观展开的各种活动多角度赋予昆明池特有的园林文化内涵，分别是国家实力之象征、皇家游乐之胜地、七夕爱情之源头和诗人雅集之风韵，成为现代西安昆明池园林文化建设独有的历史和地理脉络。

四、现代西安昆明池园林游览活动开发建议

时至今日，昆明池的恢复重建不仅是陕西引汉济渭输配水干线工程的重要组成部分，也是西安水景园林营造的热点，更是"一带一路"国家战略的一个象征。现代西安昆明池园林游览活动既要迎合现代园林游赏需求，更需展现其独有的历史地理文化内涵。昆明池可以开发的游览活动如下：

（一）丝绸之路经济带交流活动

据《史记·西南夷列传》记载汉武帝想寻找西南地区通往印度方向的道路，而昆明国在滇池的水军起到了阻碍作用。汉武帝就有了操练水军讨伐昆明国的想法，所以汉武帝修建昆明池既是因丝绸之路而起，也是为了训练水军而修。元狩三年是张骞第二次出使西域的前一年，汉武帝决定开凿昆明池。

可以看出，昆明池是丝绸之路上最亮的一颗明珠，历史上的昆明池因丝绸之路而诞生，现代更是丝绸之路经济带上中外合作交流的重要节点，未来可依托西安昆明池举办面向丝绸之路经济带沿线国家的合作论坛，让历史和现在，东方和西方，文化和经济能够通过昆明池这个节点在西安这个十三朝古都相融相会。

（二）汉唐盛世皇家游园体验活动

昆明池既是最早记载的水军训练基地，又承担着供王公贵族游玩观赏的功能，而且此项功能应不亚于昆明池作为长安城供水、蓄水水库的重要性。昆明池演习水军说明一个伟大的时代、一个盛世王朝必须拥有强大的军队，这就为我们国家在新的历史时期走强军之路作了很好的示范，为未来爱国主义教育的开展提供了重要思路。

未来可以基于此进行山水实景影视演绎，以汉唐两代水军演练和皇家游憩两个部分再现中国历史的灿烂辉煌。同时，在满足游览人群娱乐视听需求的同时对游客进行

爱国主义教育，提升民族自豪感。

（三）七夕爱情探源寻根活动

两千多年来，牛郎织女仍矗立在汉昆明池两岸。作为爱情的象征，受到乞求爱情圆满、婚姻幸福的大众的膜拜，更是促使了我国特有的"七夕"节日文化的诞生，流传至今。现代昆明池在展示"七夕"节日文化的同时可以广泛开展爱情游园活动，满足现代人群在感情和婚姻生活上更高层次的归属需求。

（四）吟诗作赋文学雅集活动

汉以后的昆明池逐渐由皇家禁苑发展为综合性多功能公共园林，历史上的文人骚客泛舟池上留下无数歌咏名篇，为昆明池的园林景观设计提供思路。现代昆明池园林景观应能够因诗成景，景中有诗，一诗一景，有脱俗情趣。

汉唐昆明池深厚的园林文化内涵为现代西安昆明池园林游览活动提供了丰富的素材，在尊重历史的同时结合现代园林活动的特征会使昆明池再现辉煌。

Landscape Analysis of Kunming Pond in Han and Tang Dynasties and Suggestions for its Modern Development

Zheng Xiujuan

(School of Economics and Management, Xi'an Aeronautical University, Xi'an, shaanxi, 710077)

Abstract: By generalizing the construction history and landscape of Kunming Pond during the Han and the Tang Dynasties, this study analyzed the cultural connotations of the landscape of Kunming Pond, including the symbol of national power, recreation center of royal family, the source of the love story related to the Double Seventh Day, and site of literati gathering. Based on this, modern recreation activities of Kunming Pond in Xi'an should include the four themes: exchange along the Silk Road Economic Belt, experiential tour of imperial gardens, root-seeking activities of the Double Seventh Day, and literati gathering.

Key words: Kunming Pond; garden; Xi'an

唐长安长乐驿与临皋驿

李久昌

（三门峡职业技术学院豫晋陕黄河金三角区域研究中心，河南三门峡，472000）

[摘　要] 长乐驿与临皋驿是唐长安城附近两座十分重要的驿站，分别被称为京师东出、西行第一驿。学者对此两座驿站的地望及功能曾作过探讨，也留下了进一步讨论的余地。本文拟在此基础上，对其地望再作考证，以纠正讹误，并就两驿功能进行较深入的探讨，以补充之前的不足。

[关键词] 唐长安城　长乐驿　临皋驿

[中图分类号] K928　　　[文献标识码] A

[作者简介] 李久昌（1960—　），男，山东菏泽人。三门峡职业技术学院教授，历史学博士，主要研究方向为历史地理学、古都学和文化遗产学。

长乐驿与临皋驿，分别是唐长安城东出、西行必经之第一驿，也是长安城东西最繁忙之驿站。以往学界对这两座重要驿站的地望及功能曾作过探讨，[①]也留下了进一步讨论的余地。本文拟在此基础上，对其地望再作考证，以纠正讹误，并就两驿功能进行较深入的探讨，阐释其在唐长安城交通和政治生活中的作用，以补充之前的不足。

一、长乐驿与临皋驿的地望

史籍中有关长乐驿的记载，相对而言，稍多一些，其所在位置也较清楚。宋敏求《长

[①] 有关考证性的论文可见：严耕望：《唐代交通图考》第一卷，上海古籍出版社，2007年，第2—4页；李健超：《唐长安临皋驿》，见《汉唐两京及丝绸之路历史地理论集》，三秦出版社，2007年，第106—108页；辛德勇《隋唐时期长安附近的陆路交通》，见《古代交通与地理文献研究》，中华书局，1996年，第144、155页；王文楚《唐代两京驿路考》，见《古代交通地理丛考》，中华书局，1996年，第48页；李之勤《柳宗元的〈馆驿使壁记〉与唐代长安城附近的驿道和驿馆》，见《中国古都研究》第1辑，浙江人民出版社，1985年，第138页；程义：《唐代宫人斜与临皋驿地望考证》，《唐史论丛》第17辑，陕西师范大学出版社，2014年，第100—106页；等等。王静：《城门与都市——以唐长安通化门为主》，见《唐研究》第15卷，北京大学出版社，2009年，第23—50页，主要从社会流动的角度，论述了通化门及其东面的章敬寺和长乐驿的社会功能，指出它们体现了一定的秩序和权力；杨为刚《唐代"长安—洛阳"文学地理与文学空间》（第三章，复旦大学博士论文，2009年，第143—451页），讨论京洛间馆驿文学空间，认为长乐驿是最能体现唐代馆驿特点的文学空间与文学区域。

安志》卷七"唐京城一"谓:"东面三门,北曰通化门,门东七里长乐坡上有长乐驿,下临浐水。"同书卷十一"万年县"则说:"长乐驿,在县东十五里长乐坡下。"①《长安志》在路程记载上的差异,当是因参照物不同所致。所谓"门东七里"是指长乐驿在通化门之东7里。通化门是唐长安城东出三门中最北之门,肃宗至德年间一度改称达礼门,寻复旧。通化门位置,20世纪50年代考古探测唐长安城时曾根据龙首渠遗迹认为其在今西安市长乐西路北侧陕西省电力建设总公司(原火电公司东南角)。②近来李健超则论证其应在今西安市长乐西路空军军医大学(原第四军医大学)医院门南约100米,东距金花北路180米处。③此说是。而"县东十五里"是指长乐驿在长安城宣阳坊万年县廨之东15里。万年县廨在长安城宣阳坊东南隅,即今西安市城南和平门外刁家村、李家村一带。《唐两京城坊考》卷二记长乐驿位置同样作"在通化门东七里长乐坡上"。同时该书卷一复有记述谓长乐驿在光泰门东七里④,则是指长乐驿与苑城光泰门之间的距离。苑城即禁苑,"禁苑也者,隋大兴苑也,其西则汉之长安四城皆包并之内"⑤。光泰门是苑城东面二门中南端之门。《资治通鉴》胡注:"光泰门,苑城东北门。程大昌曰:光泰门在通化门北,小城之东门,门东七里有长乐坡。"⑥由此可见,上揭诸书所记长乐驿位置是一致的。《旧唐书》卷一八三《王仁皎传》:"开元七年卒,赠太尉,官供葬事。柩车既发,上于望春亭遥望之。"《新唐书》卷二〇六《王仁皎传》:"卒年六十九,……官为治葬。柩行,帝御望春亭过丧。"望春亭左近望春楼,在禁苑东部,长乐坡下。⑦王仁皎是唐玄宗王皇后之父,丧车队经长乐坡(驿),唐玄宗才能在望春亭观望。日本圆仁和尚《入唐求法巡礼记》记载,圆仁于唐武宗灭佛前,由蒲津关渡河入陕西,过渭河东渭桥,至长乐驿(坡),向南行而后进入长安城。据此,长乐驿位置在唐长安城东郊的长乐坡,侧临通化门,由长乐坡向南行才能进入通化门或春明门。

长乐坡是唐长安城东北12里、浐水西岸的一个高地,南至通化门,北到光泰门,南北长约有10里许,东西宽约2里。浐水沿长乐坡东坡北流,与灞水汇合。⑧唐开龙首渠引浐水,在长乐坡分为两支,一支北流城内大明宫、太极宫,一支西入春明门内

---

① 辛德勇、郎洁点校:《长安志·长安志图》,三秦出版社,2013年,第255、358页。
② 陕西省文物管理委员会:《唐长安城地基初步探测》,载《考古学报》1958年第3期,第83页。
③ 李健超:《隋唐长安城通化门遗址考》,载《唐都学刊》2012年第2期,第32页。
④ 〔清〕徐松撰,〔清〕张穆校补:《唐两京城坊考》,中华书局,1985年,第33、30页。
⑤ 〔宋〕程大昌撰,黄永年点校:《雍录》,中华书局,2002年,第195页。
⑥ 〔宋〕司马光:《资治通鉴》卷二百三十一"德宗兴元元年"胡注,中华书局,1956年,第7434页。
⑦ 王琪:《唐望春楼考》,见《陕西历史博物馆馆刊》第13辑,三秦出版社,2006年,第131—137页。
⑧ 杨为刚:《唐代"长安—洛阳"文学地理与文学空间》,复旦大学2009年博士论文,第144页。

兴庆宫。长乐坡得名《元和郡县图志》，其卷一《关内道一》"万年县"曰："长乐坡在县东北十二里，即浐川之西岸，旧名浐坂，隋文帝恶其名，改曰长乐坡。"《雍录》卷七"通化门"条沿袭此说，云："长乐坡，下临浐水，本名浐阪，隋文帝恶其名音与反同，故改阪为坡，自其北可望汉长乐宫，故名长乐坡也。"又《类编长安志》卷七《坡坂坳附》曰："长乐坡，在咸宁县东北一十里，即浐水之西岸。《十道志》曰：'旧名浐坂。隋文帝恶之，改曰长乐坡，盖汉长乐宫在其西北。'"元咸宁县即唐万年县。《资治通鉴》胡三省注和《唐两京城坊考》也都说长乐坡因北对汉长乐宫而得名。其实，长乐坡之名当源于隋长乐宫。该宫始建于隋文帝开皇年间，初名望春宫，隋炀帝大业初年（605年）改名长乐宫，唐初复改回原名。因位于大兴城东、浐水西岸，背倚长乐坡，由长安东出，或自东而来，往往要经过长乐宫。唐时汉长乐宫虽仍存在，但已处于唐长安城西北，禁苑之内。自长乐坡西望，首当其冲的是隋长乐宫（望春宫），不可能再望见汉长乐宫雄姿。

今西安市长乐东路自西而东横贯长乐坡，直抵浐河桥头。路南侧有村，名长乐坡，唐时属万年县长乐乡，今属灞桥区十里铺街道，西距唐通化门遗址约3.9公里，即3900米。史载通化门到长乐驿7里。唐1里合今529.2米，7里合今3704.4米，即3.7公里。而此处正在长乐坡上，地势较低，地貌单元属浐水一级阶地。长乐东路路面稍呈弓形，两侧尚有残坡，高出地面10余米。按其方向、里距和地理形势，长乐驿故址应在今长乐坡村附近。

长乐驿建立时间和原因比较清楚。《长安志》卷十一"长乐驿"引《两京道里记》曰："圣历元年，敕：滋水驿去都亭驿路远，马多死损，中间置长乐驿，东去滋水驿一十三里，西去都亭驿一十三里。"可见长乐驿是因原来都亭驿至滋水驿距离较远，驿马多有死伤，为适应日益繁忙的交通需要而于武周圣历元年（698年）增设的。因建在长乐坡上，故名长乐驿。因下临浐水，东去灞水，故又称长乐水馆，兼具陆驿与水驿的双重性质与功能。李商隐有《雨中长乐水馆送赵十五滂不及》诗云："碧云东去雨云西，苑路高高驿路低。"又因在城东，为长安东出第一驿，故又被称为城东驿。①

与长乐驿不同，临皋驿建立时间较早，北周武帝时曾"集诸军讲武"②于此，地当北周长安城（汉长安城）城西。隋开皇三年（583年）在汉长安城东南1公里处新建国都大兴城，长安周边交通路线随城址变动而改变，临皋驿移至城西偏北的开远门外，因临近外郭城门即皋门而得名。但对其具体位置，学界颇有争议。

从现有资料看，最早记载临皋驿位置的是《元和郡县图志》卷一《京兆府》咸阳县条，

---

① 辛德勇：《隋唐时期长安附近的陆路交通》，见《古代交通与地理文献研究》，中华书局，1996年，第144页。
② 〔唐〕令狐德棻：《周书》卷五《武帝纪上》，中华书局，1971年，第83页。

其云:"临皋驿在县东南二十里"。其后,《长安志》卷一三"咸阳县"也持同样说法。同书卷一二"长安县"又谓:"临皋驿在县西北一十里开远门外"。严耕望据此最早将临皋驿地望考证在咸阳县东南 20 里,长安西北 20 里的渭河边上。① 如此一来,从长安西出至咸阳的驿路,就成了出长安开远门 18 里,西北渡渭河,又 2 里至临皋驿,折返渭河南,西过三桥,从此渡渭河而到咸阳。如此多次迂回折返渭河,这在情理上是无法解释的。

李健超指出,严耕望之误,在于将开远门距长安县廨一十里的距离,误解为开远门至临皋驿距离。而他所依据的《元和郡县图志》所记临皋驿至咸阳距离同样也存在错误。长安县廨在长安城长寿坊西南隅,即今西安市西南蒋家寨村北。开远门为唐长安城西面北来第一门,建于隋初,唐改名安远门,遗址在今西安西郊大土门村,与长安县廨相距 10 里。唐咸阳县在今咸阳市东约 5 里的三姓庄附近,由此东南至开远门所在大土门村距离为 30 里,而非《元和郡县图志》所记的 20 里。临皋驿究竟在开远门外什么地方?已出唐代墓志为确定临皋驿具体位置提供了实证史料。如出土于莲湖区枣园村东的《王定墓志》说墓主王定"葬于长安县小严村北平原"②;《史堵颖墓志》亦称墓主葬于长安县龙首乡小严里,并说"小严村即开远门外临皋驿西南"③。两方墓志所云小严村在今西安市玉祥门外枣园村东南。《王守节墓志》称墓主葬于"临皋之平原"④;唐内侍省宫闱局丞《杜玄礼墓志》更明确提供了临皋驿地望的具体数据和周围景观特色,志文云:杜氏生前于"开元七年岁次庚申,于京城开远门外七里,临皋驿前,预修砖堂塔一所。水连秦甸、斜接上林,南望周原,旁临通槽,左瞻凤阙,右接鲸地,平陆土亘,实是信美"⑤。因此,李健超确定唐临皋驿在今大土门村西北 7 里地方,即今大土门门西北、枣园村东南,侧临开远门下。⑥ 此亦与《长安志》所记"临皋驿在县西北一十里开远门外"相一致。

近来,程义又将临皋驿定位在今枣园北路左近的三民村附近,但同时又"颇疑临皋驿即磁门驿,二驿为同一驿,磁门驿是临皋驿之别名。……若将磁门驿比定为临皋驿,与道里、功能、史实三者皆合"⑦。其实,临皋驿与磁门驿并非一驿。磁门驿是唐长安

---

① 严耕望:《唐代交通图考》卷一,上海古籍出版社,2007 年,第 5—6 页。
② 鲁深:《唐初画家王定墓志铭》,载《文物》1965 年第 8 期,第 7 页。
③ 吴钢主编:《全唐文补遗》第七册,三秦出版社,2000 年,第 123 页。
④ 吴钢主编:《全唐文补遗》第二册,三秦出版社,1995 年,第 25 页。
⑤ 吴钢主编:《全唐文补遗》第五册,三秦出版社,1998 年,第 347 页。
⑥ 李健超:《唐长安临皋驿》,见《汉唐两京及丝绸之路历史地理论集》,三秦出版社,2007 年,第 106—108 页。
⑦ 程义:《唐代宫人斜与临皋驿地望考证》,见《唐史论丛》第 17 辑,陕西师范大学出版社,2014 年,第 105 页。

西去驿道上驿站,位于长安、咸阳之间,东有临皋驿,西有望贤驿,曾是唐肃宗送其女宁国公主出嫁回纥所至之地,玄奘法师由印度取经回国时,也曾在此居留。据辛德勇考证,磁门驿在隋唐时期的三桥附近,即今西安市未央区三桥街,因邻近秦阿房宫北门阙磁石门而得名。今三桥街西北去咸阳恰为20里左右,而《元和郡县图志》谓临皋驿在咸阳县东南20里,应是磁门驿之误。① 由此观之,程义新说法还有可疑之处。就临皋驿地望而言,显然仍以李健超师说更为精当。

二、长安东出、西行第一驿

唐长安城既是大唐帝国的首都,同时也是当时国际大都市,外郭城中110坊和东西两市常驻及流动人口达百万之众,每天往来进出长安的各色人等频繁,他们大多要经过长安城东西两边的长乐驿与临皋驿。《唐会要》卷六一"馆驿"条载:"长庆元年(821年)四月敕……自今以后,中使乘递,宜将卷示驿吏:据卷供马,……不得勒供。下后,从长乐、临皋等驿,准此勘合。"不过,尽管长乐驿与临皋驿最为繁忙,设置也基本相同,但因所处地理方位不同,在长安与各地及域外往来和交流中产生了实际功能的差异,表现出不同的交通表征意义。

长乐驿是唐长安东出第一驿。唐代驿路以长安为中心,呈蛛网状向外辐射,但重点在中东部,因此,通向中东部的驿路至为繁多。柳宗元《馆驿使壁记》所记唐代长安通向四面八方的7条主要驿路,其中有3条通向中东部,即由长安城向东经华州出潼关去洛阳以至江淮、山东、河北的两京道;向东南经商州出武关去荆襄以至江南、岭南的武关道;向东北经同州出蒲津关去太原以及漠北、河北的蒲关道。这3条驿道沟通了唐帝国东部半壁江山,其起点都是位于长安城内朱雀街通化坊内的都亭驿。两京道连接长安、洛阳东西两大政治中心,形成唐帝国第一大驿道,交通最为频繁。自都亭驿东出长安,多取通化门,或出春明门斜向东北至通化门外,"至合大路处"②,下长乐坡,至长乐驿,由此向东15里经灞桥至滋水驿(灞桥驿)。自通化门(春明门)至灞桥的大路,又称"青门道""青门大道"。灞桥是青门大道的终点,过灞桥便是分赴不同方向的陆路和水路。③ 武关道是仅次于两京道的全国第二大驿道,自都亭驿东出长安,同样是经通化门,走同一条驿路,经长乐驿,至灞上滋水驿后始分出,沿灞河东岸趋向东南。由于唐长安城北为禁苑,通向北方的蒲关道也多取通化门,经长乐驿,

---

① 辛德勇:《隋唐时期长安附近的陆路交通》,见《古代交通与地理文献研究》,中华书局,1996年,第155页。
② 《太平广记》卷二百八十二引《闻奇录》:郑昌图"登第后,居长安,夜后纳凉于庭,梦为人殴击,擒出春明门,至合大路处,石桥上,乃得解"。
③ 曹尔琴:《唐长安的青门》,见《唐史研究会论文集》,陕西人民出版社,1983年,第375、378页。

与东至洛阳、东南至武关,循同一条驿路,至灞上滋水驿后分道,经东渭桥过渭水北上。终唐一代,出通化门或春明门东去,至滋水驿间,只有经长乐驿的一条干线驿路。过灞桥后,东去驿路始一分为三,分别趋向正东、东南、东北。而都亭驿与滋水驿之间,无其他驿站,唯有长乐驿。长乐驿因此成为两京、武关和蒲关三道汇聚的总道口和长安东出三道的西起点,也是长安东出必经的第一个驿站,在它身上更多地体现出由长安城通往帝国中东部,尤其是通往东都洛阳第一驿的表征意义。

长安城西边的临皋驿则更多地具有自长安城通往西域丝绸之路第一驿的表征意义。自长安城西行之驿路,主要有向正西经凤翔府出陇关去陇右、河西以及西域和向西北经邠州、庆州、泾州去朔方、河西以及西域、漠北两条,也是通常意义上丝绸之路东段的基本路线,二者的起点同样也都是长安城内的都亭驿。因长安城北筑有东西27里的禁苑,西连长安故城,北枕渭水,中渭桥以南为苑地,除皇室外一般行旅禁行,故由都亭驿不论西行经凤翔,去西域,还是向西北经邠州等去西域或漠北,最便捷的就是开远门。故一般行旅多由开远门,经西渭桥而行,开远门因此成为离开或抵达长安城的标志性地点。皇帝出宫西行,亦多取此门出入,西来的商人和使者也由此进入长安城。当时凡言去西域里程,均从开远门起算,开启或结束旅程。天宝年间,唐玄宗专门在开远门前竖立一座记载里程的石碑,即"立堠",上书"西极道九千九百里"①。《南部新书》己卷载:"平时开远门外立堠,云西去安西九千九百里,以示成人不为万里之行"②。安西在今新疆库车。这段话出自白居易《西凉伎歌》"平时安西万里疆,今日边防在凤翔"句下自注。唐代诗人元稹《西凉伎》诗亦有"开远门前万里堠"之句。《资治通鉴》卷二百一十六"玄宗天宝十二载"(753年)云:"是时中国威强,自安远门西尽唐境万二千里。"此是从开远门起算至西域的大致里程。胡注:"长安城西面北门第一门曰安远门,本隋之开远门也。西尽唐境万二千里,并西域内属诸国言之"。此外,还是天宝年间,又在开远门外兴建了振旅亭,作为迎接前述"戍人"的建筑。《长安志》卷十"振旅亭"注引《谭实录》曰:"天宝八载,于开远门外作振旅亭,以待兵回。"③可见,元稹所言"万里堠",既是对唐帝国以西疆域范围的确定,也是开远门作为丝绸之路起终点的标志物。它和振旅亭、开远门一起成为长安城与西域交通联系的纪念碑性建筑。临皋驿位于开远门外西北7里,出开远门西行必经该驿,临皋驿也因此成为唐长安城通往西部疆域的第一个驿站,也是长安西去西域及中亚、西亚、欧洲丝绸之路第一驿,在唐帝国与上述地区的往来与交流中扮演着重要的角色。

---

① 〔宋〕欧阳修:《新唐书》卷二百一十六下《吐蕃传》,中华书局,1975年,第6107页。
② 〔宋〕钱易撰,黄寿成点校:《南部新书》,中华书局,2002年,第90页。
③ 辛德勇、郎洁点校:《长安志·长安志图》,三秦出版社,2013年,第346页。

三、皇权礼仪的延伸空间

唐长安城作为大唐帝国的政治中心，也是皇权礼仪空间的中心，隆重的迎来送往仪式是其中重要内容之一。这些礼仪活动大多在固定场所循制进行，长乐驿与临皋驿作为驿站，本不属于规定的礼仪承办之地，但因既在城外，又靠近京城的位置，礼仪性的迎送也常在这里举行，而成为唐代著名的迎送场所。

唐代在长乐驿的迎送，大体可分为以下四类。

一是百官奉旨集体迎送。从史籍记载看，皆发生在唐后期。如乾元元年（758 年）七月，郭子仪"破贼河上，擒伪将安守忠以献，遂朝京师。敕百僚班迎于长乐驿，帝御望春楼待之"[①]。会昌三年（843 年）太和公主自回纥还京，"诏左右神策各出军二百人，及太常仪杖卤簿，从长乐驿迎公主入城。……宰相及文武百僚则于章敬寺门立班侯参"[②]。天复元年（901 年）昭宗被胁迫迁凤翔，朱全忠西讨，"至长安，宰相帅百官迎于长乐驿"[③]。三年朱全忠东归时，百官又以同样的仪式"班辞于长乐驿"[④]。以上史料显示能在这里获百官集体迎送之礼的都是有特殊功勋的人物或在特殊时期临危受命的勋臣干将。唐制，皇帝迎送最远至于通化门，百僚朝班出长安城于长乐驿迎送，有整套的仪仗，代表了最隆重的礼仪，对被迎送者更是一种殊遇。胡注"班迎、班辞，非藩臣所得当"，即说明了这层含义。

二是中使奉旨迎送。对官员出任地方大员，或到京师就职者，唐皇往往都要派宦官中使至长乐驿赐宴迎送，在官方迎送中这类情况最多。如贞元十八年（802 年）九月，杨凭外任潭州刺史、湖南观察使，德宗遣中使至长乐驿面宣圣旨，赐宴送别，"恩荣特殊，宴饮斯及"[⑤]。十九年十月，太子宾客韦夏卿出任东都留守，德宗亦遣中使至长乐驿赐宴，"味兼海陆，品溢圆方，降自御厨，光临传舍"[⑥]。相同的例子，还见于刘禹锡《为杜相公自淮南追入长乐驿谢赐酒食状》及李商隐《为中丞荥阳公赴桂林长乐驿谢赐设馔状》等。也有不赐宴而赐借诸物的，同样也是一种"宠荣"。权德兴《谢借飞龙马状》云："今月十日，中使张少禹至长乐驿，奉宣进止，借臣前件马送出府界者。臣以庸薄，谬叨恩私，宠荣沓至，感戴无处。"[⑦]而最著名的赐宴饯送是在天宝三载（744 年），太子宾客贺

[①]〔后晋〕刘昫：《旧唐书》卷一百二十《郭子仪传》，中华书局，1975 年，第 3452 页。
[②]〔宋〕王溥：《唐会要》卷六，上海古籍出版社，2006 年，第 90 页。
[③]〔宋〕司马光：《资治通鉴》卷二百六十二"昭宗天复元年"条，中华书局，1956 年，第 8563 页。
[④]〔宋〕司马光：《资治通鉴》卷二百六十四"昭宗天复三年"条，中华书局，1956 年，第 8605 页。
[⑤]〔唐〕柳宗元：《为杨湖南谢赐设表》，见《全唐文》卷五百七十一，中华书局，1983 年，第 5777 页。
[⑥]〔唐〕刘禹锡：《为东都韦留守谢赐食状》，见《全唐文》卷六百〇三，中华书局，1983 年，第 6090 页。
[⑦]〔唐〕权德兴：《谢借飞龙马状》，见《全唐文》卷四百八十五，中华书局，1983 年，第 4958 页。

知章告老还乡，玄宗"遣左右相已下祖别贺知章于长乐坡，上赋诗赠之"①，朝臣应制和诗者36人，冠盖之盛，极于一时。

三是迎接外国使节的郊劳仪式。唐朝外交非常活跃。按唐宾礼，诸国和诸民族使节到长安，首先要行迎劳仪式，长乐驿是行此仪式的经常性场所。有唐一代，日本多次派遣使者赴唐，在进入长安前，要先在长乐驿寄居，有五品舍人或中使专程前来迎接、宣敕劳问，然后接进长安，安置于客馆。长乐驿最为隆重的外事迎送是至德二载（757年）十一月，助唐平安史之乱的回纥太子"叶护自东京至。敕百官于长乐驿迎，上御宣政殿宴劳之"②。这种超规格的礼遇迎接，应是此时唐与回纥特殊关系的反映。

四是私人间的迎送。于长乐驿中与友人置酒钱别，此类情况更为频繁。《唐摭言》卷六"公荐"载，大和初，礼部侍郎崔郾受命于东都试举人，"三署公卿皆祖于长乐传舍，冠盖之盛，罕有加也"。白居易《及第后归觐留别诸同年》描写在该驿钱别场景"时辈六七人，送我出帝城。轩车动行色，丝管举离声。"还有祖咏《长乐驿留别卢象裴总》、李商隐《雨中长乐水馆送赵十五滂不及》《赠孙绮新及第》以及白居易《长乐坡送人赋得愁》《长乐亭留别》等，所记皆是长乐驿送别的场景。白居易《长乐坡送人赋得愁》诗云："行人南北分征路，流水东西接御沟。终日坡前恨离别，谩名长乐是长愁。"若不是这里曾发生过无数次戚然离别之事，是断不会形成文人墨客笔下的长乐驿迎送空间和字里行间渗透着的丝丝离愁别绪。

上述四类迎送活动，前三类均属官方所为，可见长乐驿几乎成为唐廷迎送东向进出官员的固定场所，京城之外官方最常用的钱迎赐赠场所。其原因在于它在空间上与长安城政治的密切关联。唐长安城的政治重心偏向东半城。③ 城东的通化门由于地处政治重心东内与南内之间，又临近大明宫，在唐中后期愈发凸显出在内外交通等方面的重要作用，长安城边界因此突破了外郭城城墙的实体限制，向外延伸。通化门及其毗邻的章敬寺、望春楼，以及东郊的长乐驿、灞桥实际构成了一个连续而又独立的迎送礼仪空间，唐廷根据与被迎送者的政治关系，决定迎送的场所。通化门作为唐皇亲自参加迎送仪式的最远点，是唐皇对特殊人物展示隆重、尊宠和倚重的空间；章敬寺和望春楼，一个与通化门邻近，"寺抵国门"④，一个背倚长乐坡，自然是通化门的延伸空间，前者常作为迎送仪式中百官列班的场所，后者则是唐皇行劳遣之礼的地方。灞桥是秦汉以来的传统迎送之地，也是出通化门最远的送别点。

---

① 〔后晋〕刘昫：《旧唐书》卷九《玄宗本纪》，中华书局，1975年，第217页。
② 〔后晋〕刘昫：《旧唐书》卷一百九十五《回纥传》，中华书局，1975年，第5199页。
③ 王仲殊：《试论唐长安城与日本平城京及平安京何故皆以东半城（左京）为更繁荣》，载《考古》2002年第11期，第71—72页。
④ 〔宋〕李昉：《太平广记》卷二百一十三《画四》"周昉"条，中华书局，1961年，第1631页。

"长安祖饯,情谊笃厚者,更至此驿"①。如天复三年(903年)的百官只班辞于长乐驿,崔胤独送朱全忠至灞桥,自置饯席。与灞桥相比,长乐驿位于城外,却更靠近京城,在时人的观念和行为上是一个重要的城邑边界,②符合空间意义上迎送在进入或离开京城起点的惯例,而长乐驿所在的长乐坡与长安城的距离恰符合古人"十里长相送"的传统。长乐坡还是唐人经常提到的"灞浐"区域的中心。该区域是以长乐、灞桥两驿与浐灞交汇处构成的三角区域,也是长安郊区经济文化最为发达的区域之一。长乐坡南坡之东的长乐驿驿舍宏敞,既可驻足休憩,又能宴饮雅集。因此,唐朝的官方迎送活动几乎都要在长乐驿举行。这些活动往往是受皇帝旨意,既代表着所谓的重视和殊遇,也展示着皇权的无限威严和尊崇。在这些活动中,长乐驿已不仅仅是被当作交通往来的驿站,亦将其视为皇权礼仪空间的延伸与补充,皇权政治及其权术运作的舞台而最大限度地加以利用。

临皋驿作为长安西行第一驿,其地位与长乐驿相当。天复元年(901年),朱全忠至长安,受到"宰相率百官迎于长乐驿"的殊遇,次日,离开长安继续西上,宰相率百官"复班辞于临皋驿"③。这是百官集体迎送。中使奉旨迎送,如天宝中,剑南节度使鲜于仲通奉召赴京至临皋驿,玄宗"令中贵人劳问,赐甲第一区,又锡名马,兼供御馔"④。文宗时,李固言"为西川节度使,诏云韶雅乐即临皋驿送之"⑤。王谏《为郭令公出上都赴奉天行营敕赐战袍并口脂等谢表》云:"臣今日巳时至临皋驿西,开府鱼朝恩奉宣进止,赐臣锦战袍等"。私人间的祖饯迎送也在此进行。岑参《送张献心充副使归河西杂句》云:"云中昨夜使星动,西门驿楼出相送。玉瓶素蚁腊酒香,金鞭白马紫游缰。"写的就是临皋驿。沈既济《任氏传》载,在长安,为郑子所眷,将适金城,其友韦君"出祖于临皋,挥袂别去,信宿至马嵬"。

临皋驿还是唐皇迎奉佛骨的场所。《旧唐书》卷一百六十《韩愈传》载,元和十四年(819年),佛骨舍利从法门寺送至长安,宪宗"令中使杜英奇押宫人三十人,持香花,赴临皋驿迎"。据说,有唐一代先后举行了6次迎奉法门寺佛骨入长安仪式。法门寺位于扶风,在长安城西北,佛骨从法门寺而来,必经临皋驿入城。临皋驿整个规模宏大的宗教仪式的场所,这既是临皋驿在礼仪空间内涵上的个性表现,也表明它与长乐驿一样,是长安皇权礼仪空间的又一个延伸与补充。

---

① 严耕望:《唐代交通图考》第一卷,上海古籍出版社,2007年,第4页。
② 王静:《城门与都市——以唐长安通化门为主》,见《唐研究》卷十五,北京大学出版社,2009年,第48页。
③ 〔宋〕司马光:《资治通鉴》卷二六二"昭宗天复元年"条,中华书局,1956年,第8563页。
④ 〔唐〕颜真卿:《中散大夫京兆尹汉阳郡太守赠太子少保鲜于公神道碑铭》,见《全唐文》卷三四三,中华书局,1983年,第3484页。
⑤ 〔宋〕欧阳修:《新唐书》卷一百八十二《李固言传》,中华书局,1975年,第5358页。

总之，唐代驿路纵横交错，四通八达，驿传体系非常发达，驿站作为支撑这一体系的基础设施，其主要功能是为大唐帝国传送政令、迎送官员、运送贡物、传播信息等。长乐驿与临皋驿作为长安东出、西行第一驿，除了具备上述共性功能外，还与长安城的社会政治、制度运作关系密切，而有着一些不同于其他驿站的特殊功用，为长安城市机制发挥和社会空间的延伸增添了更多不一样的内容。

Changle Courier Station and Lingao Courier Station in the Tang Dynasty's Chang'an City

Li Jiuchang

(Shanxi, Shaanxi and Henan Yellow River Golden Triangle Research Center, Sanmenxia Polytechnic, Sanmenxia, Henan, 472000)

Abstract: Changle Courier Station and Lingao Courier Station are two very important courier stations close to the Tang Dynasty's Chang'an City, which are respectively named as the first courier stations connected the eastbound and the westbound. Scholars have ever discussed the geographic positions and functions of these two courier stations, and left much room for further discussion. Based on these points, this article attempts to make a further study on their geographic positions to correct the errancy literally, and discusses in-depth the functions of two courier stations to supplement the previous deficiencies.

Key words: Chang'an City of Tang Dynasty; Changle Courier Station; Lingao Courier Station

民国西安的城市公园与都市生活①

程森

（西安工业大学马克思主义学院，陕西西安，710021）

[摘　要]　民国西安共有莲湖公园、建国公园、森林公园、革命公园、丹凤公园、宋家花园和郑氏公园7处公园。这些公园为民国西安市民提供了游赏交往、休闲娱乐和运动健身的空间，在特殊时期也成为市民集会、纪念和政府推广新观念、引领政治导向的广场。因城市缺水、政府投入不足、政治形势动荡，民国西安城市公园在规模、景致、设施等方面都较其他地区城市公园为逊。这反映了西北地区城市在近代化道路上要面临更多的困难和无奈。

[关键词]　民国　西安　城市公园　都市生活　城市近代化

[中图分类号] K928　　　　[文献标识码] A

[作者简介]　程森（1984—　　），男，安徽寿县人。历史学博士，硕士生导师，西安工业大学马克思主义学院副教授，研究方向为历史地理学、中国近代史。

城市公园史研究对理解中国城市的近代化具有重要的意义。近年来相关研究成果日益丰富，学术界主要着眼于公园与城市生活、公园与城市环境、公园的建筑特色、公园作为公共空间所反映的国家与社会互动，以及探讨近代中国城市公园的兴起与发展、功能演变及制约因素等方面。②不过，以往研究主要集中于中、东部和西南地区的沿海城市、口岸城市和省会城市，西北地区较为薄弱。

西安作为西北地区最大的城市，城市史研究历来兴盛，只是一直以民国以前为重，城市园林史也是如此。③本文依托相关史料在考证民国西安城市公园的数量、分布基础

---

① 基金项目：2017年国家社科基金西部项目（项目编号：17XZS033）。
② 相关学术史综述见戴一峰：《多元视角与多重解读：中国近代城市公共空间——以近代城市公园为中心》，载《社会科学》2011年第6期。
③ 西安园林史代表性论著有：史红帅：《明代西安人居环境的初步研究——以园林绿化为主》，载《中国历史地理论丛》2002年第4辑；吴宏岐：《西安历史地理研究》，西安地图出版社，2006年；西安风景园林学会：《西安近代园林》，西安出版社，2007年；史红帅：《明清时期西安城市地理研究》，中国社会科学出版社，2008年；陈青化：《民国时期西安园林初探》，陕西师范大学2012年硕士学位论文；等等。其中，陈青化直接以民国西安园林为研究对象，只是其对西安园林的分类较为宽泛，公园虽有涉及但论述不全。且一些观点有待商榷，如认为革命公园是近代西安建立的第一个真正意义的公园，似有不妥。

上，分析城市公园与市民都市生活的相互关系，并阐释制约民国西安城市公园发展的主要因素，以期能为中国近代城市史研究提供一个西北城市研究的个案参照，也希望能对西安城市史、园林史的研究作一推进。不周之处，尚祈正之。

一、城市公园的兴建与分布

公园是普通民众可以前往消遣和娱乐的场所，这一概念是纯粹西方的、近代性的。19世纪20年代，劳顿（J.C.Loudon）率先提出"公园"这一概念，他认为公园是一种增进社会中最底层阶级的理性特征（Intellectua Character）的工具。[①] 19世纪下半叶，公园运动影响范围不断扩大。1853年左右，拿破仑三世和奥斯曼（Baron Haussmann）改建了巴黎的布伦公园（Boisde Boulogne），并进一步规划了整个巴黎的市立公园系统。在美国，奥姆斯特德（Frederick Law Olmsted）和沃克斯（Calvert Vaux）在1858年初步完成了纽约中央公园的设计，点燃了一场席卷整个美国的公园运动，并引发了美国城市规划的革新。1873年，日本的第一座城市公园上野公园（Ueno Park）在东京设立。[②] 在我国，1911年辛亥革命后城市公园建设开始蓬勃发展。至20世纪20年代，南京、汉口、厦门、杭州、青岛、成都、重庆等城市相继建立了公园。显然，近代中国早期的城市公园主要分布于沿海、沿江的口岸城市，而且其规模、景致、基础设施等较好，西部城市明显落后。

作为大古都，西安有着悠久的园林史。一般认为西安地区最早的园林乃是西周在丰镐两京一带兴建的灵囿，内有灵台、灵沼，当已具园林雏形。历秦汉上林苑、阿房宫及长乐、未央、建章诸宫殿园林，到唐代芙蓉园、大明宫、兴庆宫等都为皇家园林的代表。宋元以来，西安进入重镇时代，至明清时期，西安及周边园林发展进入一个高潮。城内园林依其属性可分为王府园林、官署园林、文教园林、私宅园林、公共园林、寺观园林等类，清代莲花池为西安城内公共游赏胜地，从功能上接近近代意义上的城市公园[③]。

进入民国，城市公园最终出现。据《西安市工月刊》《西京游览指南》《新西安》《西京快览》和《筹建西京陪都档案史料选辑》及其他史料，民国西安共有莲湖公园、建国公园、革命公园、森林公园、丹凤公园、郑氏公园、宋氏花园等7处，其中郑氏公园和宋氏花园本为私园，因对公众开放，官方也以公园论之。（表1）下面笔者将作一考证。

---

① Spiro Kostof. *The City Assembled: The Elements of Urban Form through History*. London: Thames and Hudson, 1992—169。

② 张天洁等：《从传统私家园林到近代城市公园——汉口中山公园（1928年—1938年）》，载《华中建筑》2006年第10期。

③ 史红帅、吴宏岐：《明清时期西安园林绿化的变迁与启示》，见《历史地理》第18辑，上海人民出版社，2002年。

表 1 民国西安公园面积与分布

名称	面积（亩）	位置
革命公园	192.13	崇礼路
森林公园	249.066	东新街
莲湖公园	175.6	大莲花池街
建国公园	51.00	西举院巷
丹凤公园	不详	火车站北面唐时之丹凤门遗址
宋氏花园	5—6	大雁塔西南一里许
郑氏公园	0.45	长安学巷内

*说明：据西安市档案局编：《筹建西京陪都档案史料选辑》，西北大学出版社，1994年，第104—112页。《本市五公园》，见《西安市工月刊》，1935年第1卷第2期。王荫樵编：《西京游览指南》，天津大公报西安分馆，1936年。

莲湖公园 莲湖公园（今西安莲湖公园）即为明清时期之莲花池。莲花池本明末秦王妃子之放生池，位于城西北部之大莲花池街。明代因有通济渠水灌注而美景最盛，文献记载："明时水满池塘，碧波绿树，涵映虚明，盖以通济渠水灌注之也。"[①] 明末，通济渠渠道淤塞，水利失修，莲花池随即淤涸。康熙七年（1668年），巡抚贾汉复浚渠凿池，植以莲花，始复旧观，乃名莲花池。据贾汉复撰文说："方其盛时，绿茨方塘，碧波数顷，绿舟映带，鸥鹭随行，乃游观之盛区也。"[②] 这说明当时莲花池池域较大，而且水鸟丛集，生态环境良好。池旁有莲花庵、元庆寺、莲花寺，雍正年间重修。乾隆年间通济渠入城水门被废弃，莲花池再次淤塞。1912年，政府在莲花池东北部增辟体育场，国民党党部也置于园内。体育场为召集群众场所，袁世凯称帝时遂废。1915年，在陕任教的老同盟会会员董雨麓在此再建体育场，设立体育会，开展体育运动。1916年，冯玉祥主政陕西，毁旧莲花庵、元庆寺等为公园，是为陕西第一个公园。1921年，董雨麓在此又创建体育学校。1928年3月，陕西省教育厅筹划修建莲湖公园。至5月，莲湖公园"栽植花木，建筑土山、桥梁、亭、池等"已经就绪。[③] 1931年，陕西省政府又加整顿，乃名为莲湖公园。1933年，莲湖公园正式对公众开放。[④] 至1935年，官方史料记载莲湖公园"饶山亭、水榭、花草、木石之胜，且地址空旷，空气甚佳，清晨傍晚，游人甚众"[⑤]。1930年前，公园属教育厅管理，1931年又移归陕西省建设厅管理，至1935年乃归西安市园林管理处管理。

莲湖公园在民国时期被认为是"最好的"公园。因该园处于市中心，地理位置优越，

[①] 康熙《长安县志》卷八《古迹》。
[②] 民国《续修陕西通志稿》卷一百三十一《古迹一》引贾汉复撰《放生池碑记》。
[③] 《陕西教育年报》1928年，转引自谢林主编：《陕西省图书馆馆史》，三秦出版社，2009年，第104页。
[④] 《莲湖公园将正式开放》，载《西京日报》1933年5月4日第7版。
[⑤] 《本市五公园》，载《西安市工月刊》1935年第1卷第2期。

加上自明代以来就是西安城内名胜，民国时期"每届夏令，游人如织"，西安各界各种活动常在此地开展，成为西安城内最著名的城市公园。

建国公园 建国公园（今西安儿童公园）在西大街西举院巷之东口，本为清代陕西试院花圃，内有水池，水源与莲湖公园一致，有通济渠流经，民国初年，水源断绝。1929年，陕西省建设厅长张维藩将花圃改建为建国公园，归西安市园林管理处管理。园内建有土山、运动场，后因长期无人管理，荒芜不堪。1935年，西安市政工程处筹划修葺，更换大门式样，添置座椅、公众厕所、筑马路、便道。"并拟扩曲池，添水榭，辟隙地为儿童体育场及篮球、网球场"[①]。因园林面积狭小，扩充空间不大。民国后期建国公园实际增辟工作缓慢。除建立一些藤架，增种花木外，别无所建。[②]而且建国公园处于西安城西角"一向是被人漠视的，而内部除了一位衰草、两枝枯树外，实在也没有引人注意的地方"[③]。加之，里面有市政工程处和汽车管理局两个机关"分据左右"，被时人讥笑为"市政工程处的公园"。而且民国晚期，空军俱乐部也设于该园，"经常仙乐风飘，婆娑起舞"[④]，成为达官显贵之私园。后因管理荒疏而日渐凋敝，新中国成立时几成废墟。

革命公园 革命公园（今西安革命公园）在民国新城北崇礼路（今西五路北侧）。原属清代西安满城地，辛亥革命后成为荒地。1926年，河南军阀刘镇华围困西安，西安人民反围城斗争胜利后，1927年2月，为纪念坚守西安而死难的军民而建革命公园。1927年3月5日，冯玉祥、于右任、杨虎城等将阵亡军民葬于该园。因此，革命公园初期为一纪念性公园，林木和相关设施极少。1931年，陈必觊游览革命公园后认为其有名无实，"没有一根草木"，认为以后革命公园"要能多种些树木，风景也就更好了"[⑤]。1928年，开拓崇礼路时，革命公园由中部被一分为二，南半部分后被辟为革命公园体育场，后改名为森林公园。据1935年记载，公园内有革命亭、忠烈祠、测候所、纪念碑，并有房屋多所。但迭经变乱，荒芜不堪，徒具公园之名而已[⑥]。1939年，陕西省水利局建新厦于园之东北角，并设计建筑煤屑马路，环绕全园，两旁遍植树木，另辟苗圃数处。每届夏季，游人颇多。[⑦]

森林公园 森林公园（今西安市人民体育场）在革命公园之对面，原为革命公园之一部分，内仅疏林荒地。1928年辟建为革命公园体育场，后改为森林公园。1935年，

---

① 王望：《新西安》，中华书局，1940年，第44页。
② 黄觉非：《一年来的陕西市政》，载《陕政月刊》1944年第5卷5—6期合刊，第101页。
③ 《公园门对内与对外》，载《陕西旅沪学会季刊》1935年第2期，第138页。
④ 琼子：《西安风情画》，载《公理报》，1948年第11期，第4页。
⑤ 陈必觊：《长安道上纪实》，载《新陕西》1931年1期，第122页。
⑥ 《本市五公园》，载《西安市工月刊》1935年第1卷第2期。
⑦ 王望：《新西安》，中华书局，1940年，第44页。

陕西省教育厅于公园南部空地，增辟为公共体育场，内设田径场、足球场、网球场、排球场、篮球场等，设置较为完善。这样，森林公园实际上兼具城市运动场的特点，至20世纪40年代已成西安市唯一的大运动场。①

丹凤公园 除了以上四大公园外，唐丹凤门和含元殿遗址处亦曾设立公园。1932年，随着局部抗战形势的发展，南京国民政府将西安定为陪都，改名"西京"，随后相继成立了直隶于国民政府行政院的西京筹备委员会（1932年3月—1945年6月）和西京市政建设委员会（1934—1942年），借鉴欧美城市建设经验，着手规划陪都西京，企望"渐复汉唐繁荣之旧"。此后，西安市政建设逐渐加快，城市建设取得了不少成就。就城市公园而言，在西京筹备委员会主持下增建了丹凤公园一处。据1941年西京筹备委员会的《西京规划》记载，当时拟在灞河与渭河之汇流处草滩以北，辟作民众第一公园，以火车站北唐时之丹凤门、含元殿辟筑第二公园。②就现有史料来看，丹凤公园至迟1941已建立了，而草滩地区可能因经费和距城较远而没有开辟。③丹凤公园与建国公园，后由西京筹备委员会直接派人管理。1941年，西京市建设委员会还曾讨论因规模窄小、游人不便，要进一步扩大丹凤公园。④与西安城内四大公园相比，丹凤公园面积狭小，在民国西安的市民生活中的影响一般，加之西京筹备委员会在抗战后期被解散，丹凤公园的管理、维护恐怕日益萧条。

宋氏花园 宋氏花园亦称宋家花园，在大雁塔西南1里许（今西安植物园南瓦胡同小学附近⑤）。该园本是关中名士宋联奎的私人花园。宋氏祖茔都在那里，为宋联奎记述其先人之志而建。据《雁塔区志》载：该园于1915年在瓦胡同村北置地建园，占地1.99万平方米，有平房72间。宋联奎善诗文，工书法，尤长方志研究。他除寄情于诗画之外，多与进步人士往来，宋家花园成为联系进步人士的纽带。⑥抗战前后，李根源、朱德、周恩来等人都曾在此小住或发表演讲，中共地下工作者也多次在此开会。

该园分为两个部分，一部分有流水、假山，也有亭榭曲廊，其间以花卉点缀。另一部分又分为二，一半为林圃，一半为花圃。该园占地五六亩，却"结构精严，林木繁茂"，颇有苏杭风味，幽雅娇巧玲珑，花木甚多，尤以绿牡丹最为名贵。园内有牡

---

① 王望：《新西安》，中华书局，1940年，第44页。
② 西安市档案局编：《筹建西京陪都档案史料选辑》，西北大学出版社，1994年，第144页。
③ 陈青化认为丹凤公园建于1934年，不知何据。见陈青化：《民国时期西安园林初探》，陕西师范大学2012年硕士学位论文，第5页。
④ 西安市档案局编：《筹建西京陪都档案史料选辑》，西北大学出版社，1994年，第358页。
⑤ 宗鸣安认为宋氏花园在东关正街东北，此说显然是不正确的。宋氏花园在城南，而非东关正街东北。见宗鸣安：《西安旧事》，陕西人民美术出版社，2002年，第111页。
⑥ 西安市雁塔区地方志编纂委员会编：《雁塔区志》，三秦出版社，2003年，第732页。

丹亭一所，题曰"慕陶师苏之室"，最为雅致。①时人认为是西安最好的园林，"设计的最为得体"。宋氏花园虽以私人园林著称，但普通民众来此游玩者甚多，与"私园"不相称，故官方亦以"公园"称之。

郑氏公园 郑氏公园又名小小公园，位于西安市长安学巷内，面积仅"四分五厘许"，内植各种花木，颇值观赏。该园系该巷故绅郑子屏创建，郑氏逝世，渐就荒芜。②1935年左右，由该巷绅民寇文卿等加以修治，并派人专司灌溉看守，稍稍恢复旧观，但仍无复之前盛况。

除以上7处公园外，1935年西京市政建设委员会会议讨论，西安城西南城角某园圃处地约200余亩，树木密布，土丘高地，形成天然美景，拟辟为公园。③西安城西南隅疯癫洞前空地面积颇大，1941年拟辟作公园。④不过，相关史料并未记载二处公园最终确已建成。

总之，终民国时期，西安城区内外共有7处公园，官方予以公布并加以推介。不过，宋家花园、郑氏公园本为私家园林，虽对公众开放，从本质上来说是一种半公共空间，虽然具有一定的公共性，但政府无权管理、维护。因此，民国西安最主要的城市公园是莲湖、建国、革命、森林、丹凤5处公园，都是在20世纪20年代以来由西安市政府的力量着手营建，这些公园中有的是在历史遗迹的基础上改建而来，如莲湖公园、建国公园、丹凤公园；也有公园是近代革命历史的产物，如革命公园。民国时期西安城市公园主要以政府开辟为主，其发展的良好与否也必然受到政府的影响。

二、公园在都市生活中的作用

近代城市公园是城市社会变迁的产物，也是中西文化碰撞、交融的产物。作为近代城市的一种新型公共空间，一道特殊的人文景观，公园为游人留下足迹，为市民提供休闲娱乐空间，在一定程度上也塑造了城市形象，在各大城市生活中扮演着重要的角色。对于民国时期的西北地区来说，城市公园尤为可贵。正如一些东方游人在西安游赏公园后所说的，公园在当时"荒凉"的西北地区，亦不失为一种点缀，"在枯燥的黄土堆中"，公园虽不怎样引人入胜，"却可聊胜于无了"⑤。

（一）为游人留下足迹：城市名胜

民国西安的公园总体上环境一般，不过官方仍以之为西京名胜。在导游类书籍中也多将这些公园重点推介，以之作为西安名胜来对待，为游人提供游览指南。西安市

---

① 薛桂轮：《西北视察日记》，申报馆，1934年，第56页。
② 王荫樵编：《西京游览指南》，天津大公报西安分馆，1936年，第185页。
③ 西安市档案局编：《筹建西京陪都档案史料选辑》，西北大学出版社，1994年，第261页。
④ 西安市档案局编：《筹建西京陪都档案史料选辑》，西北大学出版社，1994年，第358页。
⑤ 胡怀天：《西游记》，载《旅行杂志》1937年第2号，第29页。

民游览城市公园的文字记载极为缺乏,而那些旅居西安的东部地区游人的游记则能补缺,从而为我们观察城市公园在市民生活中的作用提供帮助。(表2)

表2 民国时期国内旅行者游览西安公园情况

姓　名	时　间	游览公园名称	资料来源
郭步陶	1929年	革命公园	郭步陶:《西北旅行日记》
陈必贶	1930年	莲湖公园、革命公园	《新陕西》1931年1期
薛桂伦	1933年	宋家花园	薛桂伦:《西北视察日记》
陈赓雅	1934年	莲湖公园、宋家花园	陈赓雅:《西北视察记》
庄泽宣	1936年	宋家花园	庄泽宣:《陇蜀之游》
王济远	1937年	莲湖公园	《东方杂志》1937年第34卷第9号
胡怀天	1937年	莲湖公园、革命公园、宋家花园	《旅行杂志》1937年第2号期
李长之	1938年	宋家花园	《旅行杂志》1938年第3期
喻血轮	1944年	莲湖公园、建国公园、革命公园	《旅行杂志》1944年第8期

由表2来看,东部游人所游公园,以莲湖公园、革命公园、宋家花园最多。由他们所留游记来看,各自感受不同。东部游人对西安城内公园普遍失望,而对城外宋家花园赞美有加,这恐怕也从一个侧面反映了民国西安城市公园总体状况不佳和政府市政建设的不力。

这些史料并不鲜见。虽然官方认为莲湖公园是民国西安最好的公园,但由相关史料来看,直到20世纪30年代方才逐渐被政府重视,1935年之前整体环境并不值得称道。陈必贶在1931年的记载说:"西安城里有一个莲湖公园和一个革命公园,都是有名无实"①。1934年,在西安教书多年的浙江人严济宽也这样记述莲湖公园:

> 园内是一个广大的平地,既没有高大的树木,也没有细嫩的花草。只见三五石头,散布四处,这是给游人坐在上面休息的,与外别无他物。再进几步,有一小池,兵士数十人,赤身露体在里面洗浴,大概这就是所谓莲湖吧。穿园而过,我就失望地离开了这有名无实的公园。②

由这段文字来看,作者游览时应在夏季,但整个莲湖公园"绿意"缺失,环境一般,作者怅然之情表露无遗。

相比之下,城南的宋家花园风景最佳,游客最多。同样是严济宽的记录,作者游览宋家花园后的心情却大不一样:"的确,我在西安所玩过的地方,从风景上说,这

---

① 陈必贶:《长安道上纪实》,载《新陕西》1931年1期,第122页。
② 严济宽:《西安地方印象记》,载《浙江青年》1934年第2期,第257页。

个花园是最值得我记忆的"①。对于民国西安市民来说，如果说迈出喧嚣的城市，走向郊区是与当代市民一致的愿望，那么宋家花园实在是不错的选择。无怪乎"春秋佳日，长安仕女，往游如织"②。

（二）市民游憩、交往的场所

城市公园在都市生活中的一个重要作用就是为市民提供游憩、交往空间。民国时期西安城市公园总体规模、基础设施和风景与中、东部地区一些城市相比差距较大，③但正因其缺乏，时人方能倍加珍惜。在近代化的过程中，这些公园无疑增添了城市生活的多样性，基本能满足城市民众对公共空间的多种需求，因而公园内人流量较大。

市民游玩公园以春、夏两季最多。莲湖公园内除公共建筑外，因游人较多，故园内开设中西餐馆、茶楼。20世纪40年代初，谢冰莹在西安曾这样说道："莲湖公园是西安最好的公园，因为那里的树木特别多，而且有一个小湖，可以划只小船在里面玩玩。当荷花盛开的时候，游人如织，每到晚餐之后，便有无数的男男女女带着小孩来这里乘凉"④。宋氏花园为西安近郊名胜，西安市民"春郊宴游，多憩于此"⑤。当然，这也要感谢这个私家园林的开放，否则民众也不大可能大量出入此园。

（三）广场与集会、纪念

城市广场是市民集会、官民活动的所在，在民国以前这样的场所较少，且因时代原因大规模的群众集会是不允许的。民国以来，城市民众集会、游行等活动逐渐增多，城市广场日渐重要。在民国西安，城市公园多担任广场功能，尤以莲花公园、革命公园为最。

1927年1月5日—8日，莲湖公园举行反围城斗争胜利庆祝大会，大会会场遍插国民党党旗，会场主席台下群众数万人，农民协会、铁行、酒行、茶叶行等等之旗帜，也布满全场。5月6日上午11时，农、工、商、学、兵在莲湖公园举行"五一""五五"（1818年5月5日是马克思诞生日）纪念大会。会场悬挂革命导师马克思、列宁、孙

---

① 严济宽：《西安》，载《中学生》1935年第54期，第102页。
② 《本市五公园》，载《西安市工月刊》1935年第1卷第2期。
③ 参见史明正：《从皇家花园到大众公园：20世纪初期北京城市空间的变迁》，载《现代中国》1988年第8期；熊月之：《晚清上海私园开放与公共空间的拓展》，载《学术月刊》1998年第8期；胡其舫：《江苏近代公园概貌及其意义和影响》，载《中国园林》1999年第6期；赵可：《少城公园的辟设与近代成都》，载《成都大学学报》1999年第2期；陈晶晶：《近代广州城市活动的公共场所——公园》，载《中山大学学报论丛》2000年第3期；李德英：《公园里的社会冲突：以近代成都公园为例》，载《史林》2003年第1期；张天洁等：《从传统私家园林到近代城市公园——汉口中山公园（1928年—1938年）》，载《华中建筑》2006年第10期；等等。
④ 谢冰莹：《一个女兵的自传》，华夏出版社，2009年，第233页。
⑤ 王荫樵编：《西京游览指南》，载天津《大公报》西安分馆，1936年，第183页。

中山遗像,台下附近为军乐队席,会场四隅各有讲演台。军政、农界、妇女儿童、学生、商工等界均列席大会,长安县农民到会人数约6万余人。此外,国民革命时期,西安民众每逢"五一"、十月革命纪念日也会在革命公园内集会纪念。

（四）市民运动健身的场所

城市公园成为市民运动健身的场所应是公园作为近代化产物的重要特征。新式运动器械、场所在公园中的设置,是西风东渐的产物,也为古老的西北民众打开一扇窗户。民国西安城市公园大多兼具运动场所的功能,反映了西安民众社会生活的近代化转变。

森林公园和革命公园是民国西安市民日常运动健身的主要场所,其中以森林公园规模最大。在1935年之前,革命公园是西安市唯一的大运动场,各类体育运动场所均有分布。1943年,西安市政工程处又对革命公园加以整顿,尤其整修了公共体育场,增建网球、排球、篮球场八处,又兴建儿童游戏场,安装了秋千、压板、轮秋、滑梯等游戏器械等。① 于是"荒芜之平原……已改旧观"②。森林公园前文已述及是1928年政府在旧有荒地上改建成公园,当时并不具备运动场所的功能。1935年陕西省教育厅最终增辟为公共体育场,并在其中设置了各大运动场所。

由森林公园、革命公园的发展来看,政府力量在其间作用最大,可以说城市近代化进程中政府力量对于民众都市生活的引导作用最为突出。反之,政府若不主导,则城市公园的发展必受制约。

（五）政府推广新观念、引领政治导向之地

城市公园作为公共空间集聚一定规模的人口,各方人士汇聚其中,从而成为政府宣传、举办重要活动的首选之地,民国西安很多新观念的推广也重点选择在公园内进行。

1925年3月12日,孙中山在北京逝世。4月15日,西安各界市民五六万人在莲湖公园举行追悼大会,实际上成为一次进行反帝、反军阀的民主革命的动员大会。③ 1926年末,陕西成立了国民军联军驻陕总司令部,大革命期间由于右任、邓宝珊等领导。也为改革旧俗,推广新的教育、卫生观念,这一革命政府多次在莲湖公园举行群众大会。1927年4月18日,西安各界在莲湖公园举行强迫义务教育运动大会,近万人参加。国民军联军驻陕总部总司令于右任发表了宣言,共产党人刘伯坚、杨明轩到会讲话。大会决定4月3日为陕西革命教育日。抗战时期,莲湖公园东门内广场又修建抗日阵亡将士纪念碑,并在碑前塑汪精卫和陈璧君的跪身铜像,其政治导向功能不言而喻。

总之,在近代化的过程中,民国西安城市公园无疑推进了城市生活的多样性,一定程度上满足了城市民众的游览、运动、休憩等多种需求。同时,在革命时期政府也

---

① 黄觉非:《一年来的陕西市政》,载《陕政月刊》1944年第5卷5—6期合刊,第101页。
② 曹奔疾等:《西京要览》,西安《扫荡报》办事处,1945年,第18页。
③ 中共陕西省委党史研究室:《国民革命在陕西》(上卷),陕西人民出版社,1994年,第16页。

三、制约民国西安城市公园发展的主要因素

民国西安的7处公园在西安市民的生活中有着举足轻重的作用，不过应当承认，这些公园在规模、景致、绿化、设施等多方面落后于东部地区城市公园，这在很多旅行西安的东部地区游人的游记中得到体现。这些游记多认为民国西安公园落后、荒芜，不具备现代都市公园的实质。如有游人这样说："当你初到西安，你会说：'我的爷，这就是西安么？什么宋家花园，可怜的荒墟罢了；什么莲湖，可笑的枯池罢了！'"[①]

综合各方面史料来看，制约民国西安城市公园发展的因素主要有以下几点：

（一）气候干燥，城市缺水

自明清以来，西安乃至关中地区气候呈干性发展。西安地处西北内陆，属大陆性气候，夏季多雨，冬季干燥。就民国时期雨量来看，1937年一位学者对1932—1936年西安雨量的研究表明，西安"历年标准雨量仅480.3mm，而且除了雨量不足之外，雨量季节分布上也极不均匀，全年雨量多集中于夏季，而冬季则异常干燥"[②]。1932—1936年，西安降水年际变化大，降水季节分布也不均匀，冬季雨量仅为夏季之1/10。七月份标准雨量可为"一月份标准量之二十三倍，而夏季一次之最大雨量（134.7mm），为冬季三个月总量（22.6mm）之五倍而有奇"。雨量不足，蒸发量大，致使民国西安城区及周边地区干燥、缺水，城市公园水源严重不足，花木灌溉及湖沼均受影响，游记史料多有记载。

1935年，严济宽在另一份文字材料中这样记述莲湖公园："没有草地，也没有花草，这是公园。上面冠以'莲湖'二字，是因为那儿原有一个泥塘，叫做这可爱的名字。在没有看见这个公园的人想来，公园里面有湖，尤其是莲湖，定是一个风景绝佳的地方，而事实上却是一片荒芜，看见了没有不感觉到大大的失望的。"[③]1937年胡怀天也这样说："（莲湖公园）本有南北二湖，可以荡舟的，现在湖水干涸，更无莲花，名实不符，真有沧海桑田之变了。此外还有一个革命公园，园地很广，可惜亦因缺乏水的关系，满园景色就不免感觉干燥了。"[④]1948年一位作者于西安故地重游，仍说："今日旧地重游，在记忆搜索很久，找不到旧日面目，……只有风沙依旧。"[⑤]

对于这种缺水的情况，抗战以来，西安市政府不是没有关注和研究解决之道。西京筹备委员会多次提议恢复明清通济渠入城，以改善城市景观，调节民众之精神。

---

① 《太白》半月刊1934年，引自《旧文文摘》第1辑，第98页。
② 李毅艇：《西安冬季雨量稀少之原因》，载《气象杂志》1937年第6期，第417页。
③ 严济宽：《西安》，载《中学生》1935年第54期，第102页。
④ 胡怀天：《西游记》，载《旅行杂志》1937，第2号，第28页。
⑤ 琼子：《西安风情画》，载《公理报》1948年第11期，第4页。

1933年西京筹备委员会周年报告这样指出：通济渠之通塞"关系城市风景及市民卫生至为重要。乃年来淤垫，水流断绝，致公园内池沼涸竭，气象枯燥，风景减色，无以资市民游览而调剂其精神"①。于是1933年起重修西龙渠（通济渠）。1935年再次整修，因水源不畅，渠道入城常常淤塞，其结果并不理想。1941年1月，西京筹备委员会又计划引沣水水源入城。该计划书规划宏阔，指出了今后西安城供水的方向，可惜因种种原因所限，该计划一直没有付诸实施。1943年，西安市政工程处又拟引潏水沿旧通济渠注入莲湖公园内，并打算在工程完成后，于湖内种植荷花，兴建游泳池一座。②不过，因多种原因，并未施行。至1947年，陕西省政府使用中央善后救济总署赈济款再次整修西龙渠，由建设厅负责全部工程，7月建成通水。③这时距离国民党政权在西北地区的垮台已为时不远了，而且各大公园是否受惠该渠，尚不得知。可以说，城市缺水一直是民国西安的"常态"，整个城市环境一直呈现"干燥"状态。④所以邵潭秋在1945年旅行西安时发出这样的感叹：

    西安为周秦汉唐之古都，文物风俗，宜应杰出其他都会之上，顾一按实际，则与吾人理想所估定之价值相距甚远。……天气干燥，黄尘涨弥，水道枯竭，木卉不蕃。如昔日之曲江、杜曲水木清华者，今则多为黄沙所布，茂草更不多见。江南人士初来此地，每不惯莫水土。⑤

总之，水源一直是影响民国西安城市公园景致的关键因素，民国西安多数公园长期缺水，园林水景缺失，园区干燥，呈现单调、荒芜之象。

（二）政府重视不够，经费不足

综合来看，民国各地城市公园的兴建和维护最主要的推动力来自政府。作为服务于公众的政府机构，为公众营建公共空间责无旁贷。在局部抗战以前，民国西安当局对于城市公园的关注总体上是不足的。西京筹备委员会的设立稍稍改变了这种状况。西京筹备委员会在1935年9月4日的工作会议认为，西安城内公园面积狭小，应着手扩大。会议指出："查《都市计划法》内规定，每一都市公园之面积，应占全市总面积百分之十以上。本市所有公园之面积，尚不及全市总面积百分之三，较之规定相差远甚"⑥。但终民国时期西安城市公园也未见有扩大迹象。西京筹备委员会和西安市政建设委员会直接管理丹凤公园和建国公园，该委员会会议曾毫不讳言此二处公园"可

---

① 西安市档案局编：《筹建西京陪都档案史料选辑》，西北大学出版社，1994年，第155页。
② 黄觉非：《一年来的陕西市政》，载《陕政月刊》1944年第5卷5—6期合刊，第101页。
③ 西安市水利志编纂委员会：《西安市水利志》，陕西人民出版社，1999年，第71页。
④ 参见拙作：《民国西安的日常用水困境及其改良》，见《中国古都研究》2015年第1辑，三秦出版社，2015年。
⑤ 邵潭秋：《关中游憩观感录》（下），载《旅行杂志》1945年第19卷第7期，第12页。
⑥ 西安市档案局编：《筹建西京陪都档案史料选辑》，西北大学出版社，1994年，第342页。

称本市仅有之公共游览场所也"。言下之意，其他公园则落寞不佳。

就经费来说，用于城市园林建设之经费一直不充裕，政府投入不够。陇海铁路通入西安后，西京筹备委员会委员指出："本市公园，事在必须，俾利市民享受高尚娱乐。惟公园筑办需款甚多。"建议与陇海铁路局合作，仿照郑州、天津等地办法，由西安当局"供给土地"，园内一切布置与建筑则由铁路局负责办理，将来完成，双方合定管理办法。至 1935 年，在革命公园尝试该办法，聘请工程师设计公园，铁路局拨款 1 万元。① 但是民国后期，由于政府投入不足、管理不善，革命公园周围渐被蚕食，园内荒草没胫，面积萎缩。② 这些也从侧面反映了民国时期西安公园建设资金的缺乏和政府投入的不足。

以往研究认为民国时期西安市政建设取得了不少成绩，尤其是在西京筹备委员会运作的抗战时期。但是这些成绩主要集中于交通、沟渠、城区规划、文物古迹保护、行道林种植等方面，而在城市园林方面的工作则明显不足。尽管抗战时期西安获得了"畸形"繁荣，但城市公园也因抗战受到影响。1944 年，喻血轮旅行西安，谈及莲湖公园"抗战后，情景稍衰，园内建筑常遭敌机扫射，墙壁上弹痕累累"；革命公园"荒芜不堪"。③ 这一时期也是西京筹备委员会工作的时期。

（三）西北城市近代化的困难

与东部地区城市相比，西安毕竟僻处西北，在民国时期长期战乱、政治动荡，城市近代化的进程充满着艰辛。从 20 世纪 30 年代开始，随着东北地区的沦陷，国人方有"失之东隅，收之桑榆"的观念，于是开发西北之声高唱入云，西安作为西北的门户，近代化的征程渐次开启。抗战以后，西安市政建设逐渐兴盛，但政府对于城市园林绿化乃至对其与市民生活的考虑远远落后于"硬"的基础设施。当东部地区城市市民早已习惯公园给予生活所带来的乐趣时，西安则仍处于现代公园的起步阶段。

到了 1945 年，西安民众仍在期望建设一个现代化的都市，《西京要览》开篇不久即列有"西京展望"。该书作者认为现代化的都市应具备的条件包括优美的风景、良好的交通、充足的生产、便利的集散、丰富的文艺、良好的治安、公共的设备和善良的风俗等。但如果与巴黎、北京作比较，当时的西安不啻有天壤之别。随后作者又对西安近期建设，提出了十二点要求，主要有：疏浚龙渠；引水进城，灌输莲湖公园，并开辟游泳池，提倡市民游泳；整顿现有公园，并在四周植树，"以为屏障，使游人入园，如隔尘俗"；全市绿化，鼓励市民植树，务期达到"家家植柳，户户垂杨"的目的，"以

---

① 西安市档案局编：《筹建西京陪都档案史料选辑》，西北大学出版社，1994 年，第 269 页。
② 西安市地方志编纂委员会：《西安市志》第二卷《城市基础设施》，西安出版社，2000 年，第 304 页。
③ 喻血轮：《川陕豫鄂旅行游志》（三），载《旅行杂志》1944 年第 18 卷第 8 期，第 30 页。

调剂气候及黄土地之景象";全市遍设玫瑰花坛等①。这些要求只能反映作者作为一个市民和学者的"热诚",也间接反映了包括公园建设在内的各项建设的不足和落后。终民国时期这些要求无一实现,只为西安市民的一种奢望而已。

西安是西北的门户,但近代以来风气一直较东部闭塞、朴拙。民众享受着公园的乐趣,但对于公园的保护明显不足,普通市民只是被动地接受城市近代化的影响而缺乏积极主动的关心和维护。宋家花园春季来此游览者甚多,但1946年的一篇游记却揭示了民众游园的劣迹:

> 现在该园几经沧桑,难于管理。我往游时,虽还是金风送凉时节,已花落满地,叶落盈寸了。如牵牛、月季诸花仅零落散开其间,不复有旧日规模。据园主人说:来往的人太多、太杂,他(她)们任意折取,任意摧残,如要整理,至少得花百来万钱。②

莲湖公园被认为是当时最好的公园,但公园时常遭到民众不按规则游赏所带来的破坏。1936年,陕西省政府加大了对游园规则的管控,较之前更为严厉。陕西省政府认为:"一年以来,其能恪遵规则,不越范围者固不乏人,而任意妄为恃强横行殴辱园警情事,亦时有发生。"③于是重新制定14条游园规则,并派园警、军警和公安人员巡查。

再从政治上来看,民国西安政治更迭频繁,从辛亥革命以来至杨虎城主政陕西的20年里,关中地区连年混战,政府自然无暇顾及公园建设。20世纪30年代以后,陕西政治渐趋平稳,但西安事变后国民党中央系统逐步渗透,西安虽经抗战时期的短期繁荣,但处于国共对峙前沿的省会城市,在政府眼里,恐怕很多事情要比公园建设更重要。这也应是民国后期西安市政建设总体进展缓慢的主要原因,也表明与东部城市相比,西北城市近代化的道路要面临更多的困难。

四、结论

民国西安为数不多的公园丰富了市民的都市生活,为市民提供社交娱乐、运动健身和集会宣传的场所,官方也对外予以推介,以便游人旅行。不过,民国西安城市公园的规模、景致和基础设施建设总体上居于一般,在一些游人眼中甚至名不符实。造成这种状况的主要原因是政府重视的不足所致,很明显,在长期复杂而多变的西北政局影响下,城市园林建设不是民国陕西当局主要考虑的对象。民国西安城市公园因政治力量而兴起,也因政府力量的后续无力而发展缓慢。

---

① 曹弃疾等:《西京要览》,载扫荡报办事处,1945年,第6—9页。
② 迟帆:《长安南郊》,载《茶话》1946年第6期,第131页。
③ 《莲湖公园游览规则》,载《陕西省政府公报》1936年第2863期,第10页。

学术界认为近代中国城市公园的兴建一般有三种方式：租界殖民力量兴建、政府或城市精英兴办、私家园林的公共化。① 就西安来说，民国西安城市公园兴办的最主要力量是政府。城市公园作为城市近代化的一个窗口，它的兴建反映了近代以来西风东渐所带来的公共意识，需要政府在这一意识影响之下持之以恒的关注和投入，民国陕西当局显然顺应了这种意识，但其后续工作明显是不足的。

总之，民国西安既非首都，也不是口岸城市，加之政治动荡、气候干燥、城市缺水，包括城市公园建设缓慢而落后也是可以预料的，这些都反映了西安作为西北地区城市在近代化过程中的困难和无奈。

The Parks and City Life in Xi'an of the Republic of China

Cheng Sen

(College of Marxism, Xi'an Technological University, Xi'an, shaanxi, 710021)

Abstract: There were seven parks in Xi'an during the Republic of China: Lianhu Park, Jianguo Park, Forest Park, Revolutionary Park, Danfeng Park, Songjia Garden and Zheng's Park. These parks provided the citizens of Xi'an in the Republic of China with space for sightseeing, communication, recreation, and sports. They also became places for public gatherings, commemorations, government's promotion of new concepts and political orientations in special periods. Due to the shortage of water, insufficient government investment and political turbulence, the parks in Xi'an of the Republic of China were inferior to those in many other areas, in terms of scale, scenery, facilities, and so on. It reflected that the cities in Northwestern China were to face more difficulties and helplessness on the way to modernization.

Key words: The Republic of China; Xi'an; city parks; city life; city modernization

---

① 戴一峰：《多元视角与多重解读：中国近代城市公共空间——以近代城市公园为中心》，载《社会科学》2011年第6期，第136页。

高句丽琉璃明王迁都"国内"及营建"豆谷离宫"考

孙炜冉

(通化师范学院高句丽研究院,吉林通化,134002)

[摘 要] 高句丽琉璃明王在位时最大的功绩莫过于迁都国内城的决定,其继位时高句丽正处于内外交困之际,外有新朝和夫余的军事威胁,内有异母兄弟觊觎王位、分裂国家的困局,还要平衡内部及周边各方势力,稳定国家政局,着实为这个高句丽第一位接班人提出了巨大的挑战。在这样危难紧迫的时刻,琉璃明王类利果断作出了迁都国内城以避新朝锋芒的决定。国内城所在地区,既有原汉朝土城尉那岩城可为高句丽所用,其北为玄菟大山,可以阻隔夫余的侵扰,并且该地自然环境优越,野生动植物资源丰富,可以更好地满足高句丽人的生活所需。除此之外,迁都之举还能有效打击旧势力,即本土派对国家发展上的滞阻,可以说是一举四得的策略,对于高句丽国家发展意义重大。

[关键词] 高句丽　琉璃明王　国内　国内城　豆谷离宫　鹘川离宫
[中图分类号] K928　　　　[文献标识码] A
[作者简介] 孙炜冉(1981—　　　),男,吉林省集安市人。通化师范学院高句丽研究院院长助理,讲师,历史学博士。主要研究方向为高句丽、渤海史。

　　高句丽(公元前37—公元668年)是汉唐时期中国东北的边疆民族政权,在其建国者朱蒙(邹牟王)逝世后,其继位者琉璃明王类利承载了许多特殊的历史使命。政治发展上,首先,琉璃明王奠定了高句丽以嫡长子为第一顺位继承人的制度;其次,他果断地迁都国内,躲避了西面来自新朝的军事压制,给高句丽的生存和发展创造了良好的环境;再次,其注重笼络本土派势力和汉族势力,尽可能弱化国家内部矛盾,团结内部力量对外发展。对外关系上,首先,其抵御住了来自北部夫余的侵扰,为高句丽立足于鸭绿江流域打下了坚实的基础;其次,其趁中原纷乱之际转而向西发展,不仅征服梁貊,并且攻取玄菟郡治下的高句丽县,从而为"卒本夫余"更名为"高句丽"提供了先决条件。但是,面对父主被杀,外部环境交困,内部派别分立等内外交困的局面,琉璃明王在尽最大能力化解的同时,难免会有疏漏和偏差,如对王嗣内部争斗的无能为力,为平衡国内派别利益做出的自我牺牲等。总体说来,琉璃明王不失为高句丽初创阶段能力卓著、国家危难之际力挽狂澜的一代贤主。

一、琉璃明王继位前后内外交困的高句丽政局

始建国四年（12年），因不甘沦为新朝炮灰，应诏助伐匈奴的高句丽（时称卒本夫余）君主邹牟（朱蒙）叛亡塞外，并且袭杀了辽西大尹田谭，此举引发王莽震怒，命将军严尤诱杀了邹牟。[①] 因卒本夫余本就归高句丽县管辖，其县出此"逆贼"必受牵连，所以在王莽改制全国行政名称的形势下，更高句丽为下句丽，以示对忤逆者的蔑视和惩戒。此举无异于公开责贬了高句丽县，所以无论是统辖该县的玄菟郡郡守，还是县令本人，都将迁怒于卒本夫余，视卒本夫余为祸端和余孽，欲除之而后快，而此举正中夫余国下怀。面对着朱蒙在卒本地区新兴而起，渐成气候的新势力卒本夫余，夫余国早已视其为东北诸国族中的竞争对手和潜在威胁，不愿看其"坐大"。于是，在新朝征召助伐匈奴的丁卒时，本距匈奴较近的夫余自己并未出兵，而是摊派以卒本夫余为首的貊人（貊人）部落充当战争炮灰，就是欲假手别人以剪除潜在的威胁。朱蒙的被杀、新朝的震怒，给了夫余国出兵卒本夫余（高句丽）的理由和借口。因此，在朱蒙被杀的次年（13年），夫余便迫不及待地代新朝惩戒不逊之国卒本夫余了。

摆在新继位的琉璃明王类利面前的还不止有来自北部夫余国的军事威胁，更有来自国内的分裂势力。西汉末年，类利的父亲邹牟（朱蒙）因在夫余政治斗争的失力，率众来到卒本川地区发展。《三国史记》对于朱蒙来到卒本地区建国有着三种传说：

传说一：

> 朱蒙行至毛屯谷，遇三人：其一人着麻衣，一人着衲衣，一人着水藻衣。朱蒙问曰："子等何许人也，何姓何名乎？"麻衣者曰："名再思"；衲衣者曰："名武骨"；水藻衣者曰："名默居"，而不言姓。朱蒙赐再思姓克氏，武骨仲室氏，默居少室氏。乃告于众曰："我方承景命，欲启元基，而适遇此三贤，岂非天赐乎？"遂揆其能，各任以事，与之俱至卒本川。观其土壤肥美，山河险固，遂欲都焉。而未遑作宫室，但结庐于沸流水上居之。国号高句丽，因以高为氏。时朱蒙年二十二岁，是汉孝元帝建昭二年，新罗始祖赫居世二十一年甲申岁也。四方闻之，来附者众。其地连靺鞨部落，恐侵盗为害，遂攘斥之，靺鞨畏服，不敢犯焉。王见沸流水中有菜叶逐流下，知有人在上流者，因以猎往寻，至沸流国。其国王松让出见曰："寡人僻在海隅，未尝得见君子，今日邂逅相遇，不亦幸乎！然不识吾子自何而来。"答曰："我是天帝子，来都于某所。"松让曰："我累世为王，地小不足容两主，君立都日浅，为我附庸可乎？"王忿其言，因与之鬭辩，亦相射以校艺，松让不能抗。二年，夏六月，松让

[①] 《汉书》卷九十九中《王莽传》，中华书局，1962年，第4130页。

以国来降，以其地为多勿都，封松让为主。①

传说二：

> 百济始祖温祚王，其父邹牟，或云朱蒙。自北扶余逃难，至卒本扶余。扶余王无子，只有三女子，见朱蒙，知非常人，以第二女妻之。未几，扶余王薨，朱蒙嗣位。生二子，长曰沸流，次曰温祚。及朱蒙在北扶余所生子来为太子。沸流、温祚，恐为太子所不容，遂与乌干、马黎等十臣南行，百姓从之者多。遂至汉山，登负岳，望可居之地。沸流欲居于海滨，十臣谏曰："惟此河南之地，北带汉水，东据高岳，南望沃泽，西阻大海。其天险地利，难得之势，作都于斯，不亦宜乎？"沸流不听，分其民归弥邹忽以居之。温祚都河南慰礼城，以十臣为辅翼，国号十济。是前汉成帝鸿嘉三年也。沸流以弥邹土湿水咸，不得安居，归见慰礼，都邑鼎定，人民安泰，遂惭悔而死，其臣民皆归于慰礼。后以来时百姓乐从，改号百济。其世系与高句丽同出扶余，故以扶余为氏。②

传说三：

> 始祖沸流王，其父优台，北扶余王解扶娄庶孙。母召西奴，卒本人延陀勃之女，始归于优台，生子二人，长曰沸流，次曰温祚。优台死，寡居于卒本。后朱蒙不容于扶余，以前汉建昭二年春二月，南奔至卒本，立都，号高句丽。娶召西奴为妃。其于开基创业，颇有内助，故朱蒙宠接之特厚，待沸流等如己子。及朱蒙在扶余所生礼氏子孺留来，立之为太子，以至嗣位焉。于是沸流谓弟温祚曰："始，大王避扶余之难，逃归至此，我母氏倾家财助成邦业，其勤劳多矣。及大王厌世，国家属于孺留（即类利），吾等徒在此，郁郁如疣赘，不如奉母氏南游卜地，别立国都。"遂与弟率党类、渡浿带二水，至弥邹忽以居之。③

众所周知，传说不可能完全作为信史予以使用，其内容都是经过后人蓄意改造加工的手笔，表现着不同立场和不同时期的政治需求。但作为《高句丽本纪》和《百济本纪》的开篇述祖之辞，却可以从中窥见一些历史信息，如高句丽人和百济人都秉承着其源出夫余，或为天帝之子，或为天帝庶孙的传奇身份，更为重要的是，传说中表现了高句丽人和百济人都是外来者异地建国的过程，并且，对于高句丽开国之主，三

---

① ［高丽］金富轼：《三国史记》卷第十三《高句丽本纪·东明圣王》，吉林文史出版社，2003年，第174—175页。

② ［高丽］金富轼：《三国史记》卷第二十三《百济本纪·温祚王》，吉林文史出版社，2003年，第274—275页。

③ ［高丽］金富轼：《三国史记》卷第二十三《百济本纪·温祚王》，吉林文史出版社，2003年，第275页。

个传说虽有不同，但却都揭露了朱蒙作为外来者，为了更好地融入当地和被顺利接受，采取了与当地人联姻和政治结盟的手段，以换取当地人（本土派）的支持。无论温祚和沸流是否为朱蒙的亲子，在朱蒙未离世之前，并没有明确其不可以作为卒本夫余合法继承人的身份。倘若朱蒙在世之际，便已然确立了类利（孺留）的继承者身份，而剥夺了沸流和温祚的继承权，二人没有指望获取王位，便不会等到朱蒙死后才举部南走，更不会有沸流对温祚说"始，大王避夫余之难，逃归至此，我母氏倾家财助成邦业，其勤劳多矣。及大王厌世，国家属于孺留（即类利），吾等徒在此，郁郁如疣赘，不如奉母氏南游卜地，别立国都"①这样的决定了。所以，在朱蒙未亡的政治环境下，类利仅仅是依凭长子身份，监国摄政，但是并不可能初至卒本地区，就被朱蒙立为太子。倘若如此，朱蒙的政治联姻便立刻破产了。类利来到卒本地区后，首先是带有自己的武装支持者，即所谓"与屋智、句邹、都祖等三人行至卒本"②。屋智、句邹、都祖三人，当是代表了类利由母族随行带来的三股支持自己的部落力量，这是其能来到卒本地区立足的政治资本。

相信类利倘若没有如其父朱蒙一样过人的本领和能力，很难在异地得到认可与支持，所以其决然不可能如《三国史记·高句丽本纪》里所载的那样，"夏四月，王子类利自扶余与其母逃归。王喜之，立为太子。秋九月，王升遐……至是继位"③。在来到卒本地区当月便被立为太子，不到半年便继位为主，相信这都是后人为粉饰其贤德而矫伪的材料。真实情况应该是类利最少经过了长达七八年的努力，以其卓越的能力，才被朱蒙逐步认可和最终委以重任。正因为朱蒙被杀时间为始建国四年（12 年），所以高句丽的建国时间不可能是建昭二年（前 37 年），而可能是绥和二年（前 7 年）。所以，《三国史记》琉璃明王条其在位第三十一年（12 年）之前的记述都基本不可信，很大一部分其实都是类利监国时的情况，和将后来其继位之后的事情重复记述到了前面，对此，笔者将在后文详细论证。

显然，通过类利不懈的努力，在卒本地区确立了以其为第二代核心统帅的地位，所以才能够在朱蒙被迫率军出塞之际，由类利监国主政，而朱蒙被杀则为类利的继位创造了条件。但是，相信这与其已经取得了国内足够力量的支持不无关系，不然其与沸流、温祚的王位继承权斗争不可能取得胜利，从而逼走了沸流、温祚兄弟，但二人

---

① ［高丽］金富轼：《三国史记》卷第二十三《百济本纪·温祚王》，吉林文史出版社，2003 年，第 275 页。

② ［高丽］金富轼：《三国史记》卷第十三《高句丽本纪·琉璃明王》，吉林文史出版社，2003 年，第 176 页。

③ ［高丽］金富轼：《三国史记》卷第十三《高句丽本纪·东明圣王》十九年（前 19）及琉璃明王条，吉林文史出版社，2003 年，第 176 页。

的出走，想必给卒本夫余的打击亦是非常巨大的。朱蒙出塞时本身便带走了部分军队，沸流和温祚的分裂又让初创的卒本夫余雪上加霜。加之还要应对新朝的打击、夫余的侵袭，摆在这个第一次权力变更的区域小国面前的道路十分艰巨，而琉璃明王这位新君的下一步战略决策，则直接决定了卒本夫余这个新兴国家是会转危为安，还是被扼杀于摇篮之中。

二、琉璃明王迁都位置考

为了解决上述问题，琉璃明王采取了一系列调整措施，而这些措施的核心政策便是迁离卒本地区，将国家重心的都城，迁徙到更加安全和适于发展的区域，这个地区的抉择是一个关键问题。而即便这个适合发展为都的地区找到了，怎样顺利地予以实施，消除保守势力的阻挠也是个非常困难的过程，这就需要琉璃明王超乎常人的政治手段和卓越的战略眼光来予以实现。

前文已述，《三国史记·高句丽本纪》琉璃明王前三十一年之记事是有问题的，混淆了许多类利摄政和继位后的事件。其中，最为关键的便是关于其筹备和实施迁都国内的问题。

首先，高句丽迁都国内绝非是在琉璃明王二十二年（3年）。西汉元始元年（1年）前后，汉室内部权臣王莽正在加紧篡权的政治活动，尚无暇对周边小国部落予以军事打压。所以，对于高句丽来说正是最佳的发展时期，其在卒本地区还处于稳定期，没有需要迁都的必要和迫切需求。直至王莽新朝始建国三年（11年），朱蒙叛亡塞外，此事高句丽国内必定受到牵连，人心惶惶，欲躲避新朝惩处，远徙至高句丽县控制较弱的东方。但是，迁都之事非同小可，况且国主未在国内，必定遭到守旧派，尤其是以温祚、沸流母族以及多勿部（沸流部）等本土派的反对。所以迁都之事一定是在朱蒙被杀、类利继位后才开始着手实施的。因此，只能是始建国四年（12年）之后才开始进行的。另一重要迁都筹划讯息便是关于两次"郊豕逸"事件，[①] 从侧面反映了迁都的筹划和过程。

《三国史记·高句丽本纪》琉璃明王条载：

> 十九年，秋八月，郊豕逸。王使托利、斯卑追之，至长屋泽中得之，以刀断其脚筋。王闻之怒曰："祭天之牲，岂可伤也？"遂投二人坑中杀之。九月，王疾病，巫曰："托利、斯卑为祟。"王使谢之，即愈。
>
> 二十一年，春三月，郊豕逸。王命掌牲薛支逐之。至国内尉那岩得之，拘于国内人家养之。返见王曰："臣逐豕至国内尉那岩，见其山水深险，地

---

① ［高丽］金富轼：《三国史记》卷第十三《高句丽本纪·琉璃明王》十九年（前1年）秋八月、二十一年（2）春三月条，吉林文史出版社，2003年，第178页。

宜五谷，又多麋鹿鱼鳖之产。王若移都，则不唯民利之无穷，又可免兵革之患也。"夏四月，王田于尉中林。秋八月，地震。九月，王如国内观地势，还至沙勿泽，见一丈夫坐泽上石。谓王曰："愿为王臣。"王喜许之，因赐名沙勿，姓位氏。①

关于"郊豕逸"事件，就祭祀用的牲猪是否能够从卒本川（今桓仁）一路狂奔至国内（今集安县城），早有学者提出过质疑，如冯永谦和孙进已便对此持否定态度，认为此载不过是传说野闻，不认为祭祀用猪会跑这么远。②对此，李淑英则认为两位先生低估了两千年前野猪的野性能力，坚持认为该记载真实可信。③最为有趣的是，耿铁华、刘子敏两位老师关于该问题的争鸣，成为学界的一则趣谈。

首先是耿铁华认为：

> 整段记录，唯觉追赶猪跑了百十里似乎远了点，今日之学人以为不太可信。那也是缺乏放猪的经验。我们在农村下乡之时，常见马毛了、牛风了、猪跑了的事，有时在野甸子上追赶猪可跑出十几、二十里。两千年前，东边大山深谷之地，猪虽经家养，其野性十足，逃命之牲，人追猪跑，跑跑停停，追出个百十里本不算什么。而且祭祀之牲一定要追获，才在国内尉那岩地方追到，其间也非止一日，应当是可信的。④

而刘子敏则提出：

> 笔者认为"逐郊豕"的记载仅是传说，而非信史，其理由也很简单，就是说，一头家养的肥猪，不可能与薛支进行有秩序的"马拉松"赛跑，在几天之内跑完全程。据1984年出版的《集安县文物志》云，五女山城与霸王朝村相距30公里，而霸王朝与集安县城相距97公里，合计127公里，即254华里。显然，耿先生所云"百十里"是大大打了折扣。从五女山城跑到集安土城（国内城），一路山水险恶，在阴历三月的天气里，即使走最短的路，也得要渡过浑江，之后沿新开河谷地一路上行，然后再翻越老岭，下行而到达"国内城"。试想，这一路的风餐露宿，猪与人能够配合得来吗？另外，耿先生所云"祭祀之时，猪跑掉了"，也是不符合实际的。众所周知。所谓"郊豕"应是用来祭天的家猪，高句丽的祭天活动是在十月而非三月，而"祭祀之时"的说法也不妥当，

---

① ［高丽］金富轼：《三国史记》卷第十三《高句丽本纪·琉璃明王》十九年（前1年）秋八月、二十一年（2年）春三月条，吉林文史出版社，2003年，第178页。
② 冯永谦、孙进己：《高句丽国内城定点与建城时间论辨——兼考尉那岩、丸都城、平壤城与黄城诸城址》，载《哈尔滨社会科学》2004年第2期。
③ 李淑英：《国内城及其位置考论》，载《通化师范学院学报》2007年第7期。
④ 耿铁华：《高句丽迁都国内城及相关问题》，载《东北史地》2004年第1期。

因为"祭祀"所用的"牺牲",都是死的家畜,"祭祀之时"的猪必然不是活物。①

两位先生所言都有各自的道理,又都有来自生活经验和生活常识的佐证,我们考虑问题不能脱离常识,但亦不可否定特例的出现。因此,两位先生从各自角度出发,都没有拿出使对方信服的证据。而受中国历史中诸如"魏孝文帝迁都"所采用手段的启发,在对整体高句丽早期历史予以对比之后可以发现,"郊豕"是否能够跑如此之远的问题讨论其实并非是关乎事件真伪的关键所在,将注意力放置于猪能否远奔百公里根本是偏离了琉璃明王迁都事件本身的政治内涵。

就"郊豕逸"事件来看,明显是一场早有预谋的政治表演罢了。首先,就郊祭而言,可分为祭祀天、地、日、月四种情况,从周天子的祭祀来看,祭天于南郊,时间为冬至;祭地于北郊,时间为夏至;祭日于东郊;祭月于西郊,统称为祭郊。所以,并不是如刘子敏所言,"高句丽的祭天活动是在十月而非三月",在秋八月和春三月祭祀与高句丽人十月祭天并不冲突,古人因突发状况举行祭祀亦不足为奇。但是,祭祀活动是非常庄严和隆重的,所以事前的准备工作一定是细致周密的,纵观高句丽历史,祭祀之事亦屡见不鲜,但是仅在琉璃明王时期便发生了两次郊豕逃逸,着实让人费解,就如刘子敏怀疑的那样,猪怎么可能不间断跑上127公里?除非是人为故意的行为才说得通。回到事件的本身,第一次郊豕逃逸就十分蹊跷,奉命去追的托利、斯卑不可能不知道郊豕的特殊性,居然还将其伤害,除非其本身便得到了某种授权。但是显然,此二人成为政治牺牲品,被琉璃明王以"祭天之牲,岂可伤也"的理由坑杀了;抑或是二人猜透了人为放猪远逸的目的,故意阻止该事件的发展,所以才触怒了琉璃明王,而遭到杀身之祸。然而,事情还远未结束,托利、斯卑被杀的次月,琉璃明王便因二人鬼魂作祟而生病,显然,二人应该是后一种情况,即作为守旧派的代表,刻意阻挠郊豕远走。那么,这一场精心设计的政治表演还需要进行下去。本身祭祀用牲逃跑就很难理解,居然在前后不过三四年的时间里又发生了第二次,而这次负责追逐的掌牲薛支有了第一次托利、斯卑伤郊豕被杀的教训,不敢伤猪的性命、任由其奔逃似乎亦说得通。联系到两次郊豕的挣脱,以及其落脚国内,其实不过是意图用神意所旨、天命难违的谶纬表演来抵住反对派的向左意见,使得迁都一事披上神圣不可忤逆的合法外衣。

此次"郊豕逸"掌牲薛支执豕归来的同时,还带回了更为令人兴奋的消息,那就是在国内地区,有一个自然条件比卒本地区还要优越的尉那岩。"尉那"很好理解,高句丽建国和扩张过程中兼并过周边大量"那部",如沸流那、椽那、朱那、贯那、

---

① 刘子敏:《关于高句丽第一次迁都问题的探讨》,载《东北史地》2006年第4期。

桓那、藻那，^①等等，成为后来高句丽五部的重要组成或前身，许多学者对于高句丽那部体制作过详尽的分析和考证，^②这里不再累述。而"尉那"与众多那部一样，都是此时分布于鸭绿江流域的貊人小部落。而"岩"的理解学界争论颇多，很多人认为其就是岩石之意，进一步推测琉璃明王迁都后所筑的"尉那岩城"系一座以岩石累建的山城，即后来之"丸都山城"。^③笔者认为，这里的"岩"不应当从汉语来理解，其与尉那一样，都是高句丽语的音译，可以写作"岩"，亦可写成"严""延"等。在正史关于"高句丽"的文献中从来没有出现过"尉那岩"的记载，而撰写《三国史记》的金富轼所在王氏高丽继承的也并非是高氏高句丽，而是新罗，金富轼撰写《三国史记》时作为一种历史回顾，很容易便把高句丽旧友的名称用新罗至王氏高丽时的名称书写。"岩"实则就是高句丽语"波衣""巴衣""波兮""波害""知衣"被新罗更名后的名词，"岩"字还被译写成"额""押""岳""岬""岭""岘"及"营"，^④是高句丽地名的常用形式之一，并非专指城池，亦可以表示一些地形和区域。即便从汉语角度来理解，"岩"固然有岩石、山峰的本意，但在词性变化上亦有其他的理解，如其做形容词时又有高险之意，故有岩邑（险要的城邑）、岩墙（高而危险的墙）的使用，而此非专指山城而言，

---

① ［高丽］金富轼：《三国史记》卷第十五《高句丽本纪·太祖大王》，吉林文史出版社，2003年，第191页。

② 如张甫白：《高句丽五部与统一的民族和国家》，载《龙江社会科学》1996年第1期；杨军：《高句丽五部研究》，载《吉林大学社会科学学报》2001年第4期；杨军：《高句丽地方统治结构研究》，载《史学集刊》2002年第1期；薛海波：《高句丽早期"那部体制"探析》，载《东北史地》2007年第2期；刘炬：《高句丽政治制度的性质、特点及成因》，载《东北史地》2008年第2期；杨军：《高句丽早期五部考》，载《西北第二民族学院学报（哲学社会科学版）》2008年第5期；刘炬、付百臣：《高句丽政治制度研究》，香港亚洲出版社，2008年，第217—230页；朴灿奎：《〈三国志·高句丽传〉研究》，吉林文史出版社，2000年，第71—79页；范恩实：《高句丽早期地方统治体制演化历程研究》，载《东北史地》2015年第1期；等等。

③ 学界初期对于国内城是否就是今天的集安市区遗址亦有歧义，劳干（《跋高句丽大兄冉牟墓志兼论高句丽都城之位置》，载《历史语言研究所集刊》1940年第11本）与金毓黻（《静晤室日记》卷八十七，辽沈书社，1993年，第3692—3704页；《东北通史》上编，社会科学战线杂志社翻印本，1980年，第84页）认定今集安市区遗址便是国内城所在，而遗址西北山城子遗址即是丸都山城所在，学界基本认同该学说。但亦有持反对意见者，如王健群先生便认为国内城位置在朝鲜东北的永兴一带（《玄菟郡的西迁与高句丽的发展》，载《社会科学战线》1987年第2期），刘子敏先生和曹德全等先生认为琉璃明王第一次迁都所在当是在霸王朝山城，而集安市区是再迁之地（刘子敏：《关于高句丽第一次迁都问题的探讨》，载《东北史地》2006年第4期；曹德全：《〈后汉书〉、〈三国志〉中〈高句丽传〉的比较研究》，载《社会科学战线》2000年第4期）。笔者认同学界传统认识，即集安市区遗址便是琉璃明王迁都之地，但就尉那岩城是否就是丸都山城还要予以考辨。

④ 张士东：《从高句丽语看高句丽与周边民族关系》，吉林大学博士学位论文，2012年，第27页、第30—31页、第39页、第68页、第70页、第113页、第124页。

亦可指代城池。笔者在对于高句丽早期遗迹走访过程中发现，现今认定的高句丽早期生活所在的五女山城、国内城，乃至丸都山城均非高句丽初期技术工艺造就，而是追至其强盛之际，国家经济水平达到了一定程度，尤其是笼络了诸多拥有极高技术能力的工匠之后，才兴建和巩固修缮的，而不是其一建国时便有能力造就。这从高句丽早期墓葬的用工用料水平，便可得到验证。初期高句丽的墓葬使用石料均杂乱无章，加工粗糙，工艺水平非常有限，故如文献所载，朱蒙初至卒本川，"观其土壤肥美，山河险固，遂欲都焉。而未遑作宫室，但结庐于沸流水上居之"①。这恰好真实反映了高句丽初期的建筑水平，其根本没有筑城之能力，所以都是择汉代遗弃之土城而修葺居住。

此时尉那部占据的汉代土城②相对于高句丽当时的卒本地区来说，已然可以用"岩邑"来形容，其实尉那岩所指就是尉那部所在之城而言，但是因"尉那岩"一词在被汉地转记过程中，其后又加了一个"城"字，重复了岩的本意，所以对尉那岩的理解平添了迷惑。而何来"国内"一说呢？高句丽从来就没有国内、国外（野）的分野，突然冒出的"国内"同样给了学界很大的迷惑。关于"国"，它其实就是高句丽之都城的意思，而"内"与"那""奴"为同音异写，原为地或江岸平原之意，后指位于江岸和山谷的地域集团，③据此便可将"国内"理解为"都城所在的平原地区"。

当然，也不乏一种从汉语角度理解"国内"的可能。前面已经论述了，高句丽此时没有筑城能力，当是以栅城为主，所以就不存在城郭一说，而汉代遗弃的土城则有城郭的概念，尉那部人占据土城，必定生活于城郭之内，或言城内，或言郭内，而高句丽人此时要迁都之地，当然是城郭之内的地方，于是才有了"迁都国（郭）内"，而不必再生活于栅城之内，就是这样一个简单的道理。而随着"国内"称谓后来被固定化，人们反倒忽略了其初始为"郭内"的本意，进而伴随着"国"成为高句丽都城的专属称谓，一系列以"国"（都城）为特指的地区和名称相继出现，如国壤（或称"国襄"，即首都地区或延伸为国家基业的意思）、国岗上（以国内城为都城的高句丽国家）等。

文献中另两处记述亦验证了如上推论。在发现国内尉那岩之后，次月，琉璃明王便迫不及待地田猎于"尉中林"④，所谓"尉中林"想必就是尉那地区的林野。高句丽

---

① ［高丽］金富轼：《三国史记》卷第十三《高句丽本纪·东明圣王》，吉林文史出版社，2003年，第175页。

② 阎毅之、林至德：《集安高句丽国内城址的调查与试掘》，载《文物》1984年第1期。

③ ［日本］三品彰英：《高句麗の五部について》，载《朝鲜學報》1954年第6期；刘炬、付百臣：《高句丽政治制度研究》，香港亚洲出版社，2008年，第232页。

④ ［高丽］金富轼：《三国史记》卷第十三《高句丽本纪·琉璃明王》二十一年（2年）夏四月条，吉林文史出版社，2003年，第178页。

在扩张过程中对诸那部有一系列的征服活动，而有的那部并不是被武力征服的，而是主动投入高句丽怀抱，其中并未见对尉那部的军事行动，而想要迁都到尉那（即后来的国内，国内亦可理解为国那，国都地区之意），即尉那部盘踞土城，则定要兼并尉那为己部，不然是不能实现迁都的。而从此前尉那人家帮助追逐逃豕的高句丽掌牲薛支，不仅养之，且友善地送还，可见双方原本就有着友好的关系。所以，此次琉璃明王田猎于"尉中林"应该就是首先解决对尉那部的和平兼并。很快，双方达成协议之后，琉璃明王于当年九月亲赴尉那考察地势山川情况，为迁都作足了理论依据。并且，在回程途中，琉璃明王还喜得贤士，赐名"位氏"，"高句丽呼相似为'位'"，[①] 此次赐姓表达了琉璃明王向卒本地区的本土派们宣示，国内尉那岩乃是一个与卒本川一样优渥的地区，以消除守旧派最后的顾虑。"尉那"这个名称因高句丽迁都后变成都城而被更名为"国内"（"国那"）。

前期工作做完之后，琉璃明王迫不及待地便于第二年就迁都于尉那土城，但其时间绝非《三国史记》所载的西汉元始三年（3年），[②] 而应该是始建国四年（12年）之后的事情。

三、鹘川离宫与豆谷离宫考

琉璃明王的相关信息几乎全部来源于《三国史记》，而尽管中国正史《魏书》《隋书》和《北史》中提及了闾达、如栗，但多为错讹信息。同样，如前文分析的那样，《三国史记》中关于类利的信息尽管较为全面，但内容多错讹、混乱，且重复记述较多，金富轼择取材料时经常会将不同著述人对同一事件的不同音译的描述当作是两件事而重复载记。其中，尤为严重的便是琉璃明王多次修建"离宫"的记载，不明就里者则错误以为琉璃明王在世时曾修筑有多处离宫，看似其不像一位励精图治之主，反倒更像一位安于享乐的庸君。尤其是其修筑的"豆谷离宫"，成为学界争议和讨论的焦点，在这里，有必要对其所修建的离宫，尤其是豆谷离宫进行分析和考辨，以明辨琉璃明王修筑该离宫的用意和其归葬的区域。

豆谷离宫作为琉璃明王死后葬地豆谷东原的邻近地理坐标，对于比定琉璃明王的归葬地意义重大，然而作为一个二千年前的区域名称，早已湮没在了历史长河之中，又没有考古发现支持其究竟处于什么大体位置。而近年来，有人居然将其比定到了今天集安市区一河之隔的通沟乡所在，[③] 着实让人费解。众所周知，"通沟"一词并非来

---

① 《魏书》卷一百《高句丽传》，中华书局，1974年，第2214页。
② [高丽]金富轼：《三国史记》卷第十三《高句丽本纪·琉璃明王》二十二年（3年）冬十月条，吉林文史出版社，2003年，第178页；[高丽]金富轼：《三国史记》卷第二十九《年表上》，第339页。
③ 张福有、孙仁杰、迟勇：《豆谷、豆谷离宫及琉璃明王陵》，载《东北史地》2006年第2期。

自于历史地名的延续，而是近代东北弛禁后，闯关东时关内人来到长白山山区对于某种地形的一种称谓，被冠以"通沟"之称的地名仅通化地区便不下十余处，纵横通化地区南北，如远离集安的柳河县境内便有通沟村、木通沟、小通沟、通沟岭等地名，全吉林省甚至东北全境以通沟为地名者不下百余处，而集安清末民初则被称为"通沟甸子""通沟口""通沟""洞沟""洞甸"等，①日本学者池内宏、梅原末治等来到集安，以集安高句丽遗址为研究对象著成《通沟》一书，"通沟"所指就是集安整个地区而言，②而不是仅指今天的通沟乡所在。所以，以音韵"豆谷"转音为今天"通沟"是非常可笑的解释。那么，豆谷究竟是何指呢？还是要用同一历史时期的词汇和地名来诠释才更为科学。

朱蒙来到卒本地区征服的首个对象便是沸流国，沸流国主"松让以国来降，以其地为多勿都，封松让为主。丽语谓复旧土为'多勿'，故以名焉"③。此后，为了加强与多勿部（沸流部）的政治联姻关系，琉璃明王"纳多勿侯松让之女为妃"④，并且，大武神王之"母松氏，多勿国王松让女也"⑤。除此三处记载，再未见有关"多勿"的信息，只是在关于高句丽名臣乙巴素出身情况时曾有"西鸭渌谷左勿村乙巴素者，琉璃王大臣乙素之孙也"⑥的记述，该"左勿"当即为"多勿"的同音异写，也验证了所谓西鸭渌谷，即国内之西，鸭绿江与浑江汇流地区，当时均属于高句丽初期控制区域，左勿村即为沸流部故地，正是琉璃明王重要的联姻对象，所以才有大臣乙素封邑于此。除此之外，文献中再无关于多勿或左勿的记载，表面来看，随着多勿部（沸流部）成为高句丽五部之一的消奴部，该称谓的消失亦在情理之中，但实则不然，"多勿（左勿）"一词被异写为另一个简单的字，长期活跃在高句丽历史之中，即"鹘"字。"鹘"，古忽切，音骨（gǔ），⑦又户八切，音胡（hú），无论是哪种读音，从其音韵上来看，很明显可以看出其即为"多勿（左勿）"的急读或转音，二者为同一音切。

---

① 唐志军、徐胜斌、王彦颖、黄芳：《吉林省市（县）地名由来》，载《中国地名》2011 年第 9 期。
② 池内宏：《通溝》（上卷），日滿文化協會，1938 年；日本池内宏、梅原末治：《通溝》（下卷），日滿文化協會，1940 年。
③ ［高丽］金富轼：《三国史记》卷第十三《高句丽本纪·东明圣王》二年（前 36 年）夏六月条，吉林文史出版社，2003 年，第 175 页。
④ ［高丽］金富轼：《三国史记》卷第十三《高句丽本纪·琉璃明王》二年（前 18 年）秋七月条，吉林文史出版社，2003 年，第 177 页。
⑤ ［高丽］金富轼：《三国史记》卷第十四《高句丽本纪·大武神王》元年（18 年）条，吉林文史出版社，2003 年，第 182 页。
⑥ ［高丽］金富轼：《三国史记》卷第十六《高句丽本纪·故国川王》十三年（191 年）夏四月条，第 201 页；卷第四十五《乙巴素传》，吉林文史出版社，2003 年，第 516 页。
⑦ ［清］段玉裁：《说文解字注》，上海古籍出版社，1981 年。

朱蒙初建政权紧邻松让的沸流国,当沸流国被朱蒙兼并,封为多勿侯之后,其都城所在地囊括了多勿地区(沸流部,即后来的涓奴部)也很好理解,此后,便多次出现以"鹘"为名的地名,仅以《三国史记》为例:

(东明圣王)三年,春三月,黄龙见于鹘岭。秋七月,庆云见鹘岭南。①

(琉璃明王)三年,秋七月,作离宫于鹘川。冬十月,王妃松氏薨。王更娶二女以继室,一曰禾姬,鹘川人之女也。②……三十七年,夏四月,王子如津溺水死……葬于王骨(鹘)岭。③

(大武神王)三年,秋九月,王田骨(鹘)句川。④

可见,在高句丽早期,以卒本川沸流谷为统治核心区域期间,沸流部所在的多勿(鹘)川(谷)的重要性,所以很多事件都在这里发生,如后人所述的朱蒙建国的都城所在,就被称为"纥升骨城"。⑤随着高句丽统治重心逐渐东移至国内,甚或后来南移至平壤,鹘川(岭、谷)逐渐消迹于高句丽的文献之列。

了解了"鹘(骨)"即为"多勿(左勿)"的同音异写,或者说是统一命名方式后,再来探讨"豆谷"的问题。琉璃明王于豆谷修建了豆谷离宫,又于死后葬于豆谷东原,豆谷这个地方显然是非常重要的一个区域。然而,除了琉璃明王记事中出现之外,"豆谷"之名再未出现于高句丽所有文献资料,似乎由此从高句丽地图中消失,显然这是不可能的,唯一的解释就是其被换了一个名称,那么这个名称会是什么呢?通过前面对"鹘(骨)"与"多勿(左勿)"的转音便可发现,"豆",徒候切,⑥音窦(dòu),显然其与"多勿"之音韵亦同。也就是说,所谓"豆谷"即为"多勿谷",那么其就是"鹘(骨)"的另一个音变罢了。因为被称为"鹘谷"拗口,所以才记作"豆谷",而这些区域尽在多勿部所在。这样,回到琉璃明王记事中便可发现,所谓"三年,秋七月,

---

① [高丽]金富轼:《三国史记》卷第十三《高句丽本纪·东明圣王》三年(前35年)条,吉林文史出版社,2003年,第175页。
② [高丽]金富轼:《三国史记》卷第十三《高句丽本纪·琉璃明王》三年(前17年)秋七月条,吉林文史出版社,2003年,第177页。
③ [高丽]金富轼:《三国史记》卷第十三《高句丽本纪·琉璃明王》三十七年(18年)夏四月条,吉林文史出版社,2003年,第181页。
④ [高丽]金富轼:《三国史记》卷第十四《高句丽本纪·大武神王》三年(20年)秋九月条,吉林文史出版社,2003年,第183页。
⑤ 《魏书》卷一百《高句丽传》,第2214页。
⑥ [清]段玉裁:《说文解字注》,上海古籍出版社,1981年。

作离宫于鹘川"① 和"二十九年，秋七月，作离宫于豆谷"② 根本就是同一件事，这也就解释了为何大武神王无恤既然被记作松氏之子、松让之外孙。倘若松氏早于琉璃明王三年（前17年）离世，那么大武神王怎么会在11岁便继位的谜题，完全是因为金富轼错误复记了鹘川离宫和豆谷离宫两件事，倘以两事发生时间甄别，当以后者所记时间，琉璃明王二十九年（10年）为准，松氏当是死于建豆谷离宫的年份，但时间上仍不能以《三国史记》中所载的年份为准，因为这段时间的记事本就混乱不堪，只能大体了解相关事件的发生罢了。

离宫，势必建于远离王宫所在之地，迁都后的高句丽王宫地处国内（今集安），而卒本此时虽不再是高句丽都城，但仍是高句丽的重要政治区域，所以琉璃明王才会让太子解明留守，团结周边力量，为高句丽创造良好的外部环境。那么，其政治联姻便是非常常见的手段，松氏死后，琉璃明王续娶了同样出身多勿部（沸流部）的"鹘川女"，便是与多勿部（沸流部）继续保持联盟的最佳体现。除此之外，还续娶了汉人之女稚姬，③ 其实就是笼络当地汉人的手段。而二女的纷争则体现了高句丽初创时期，内部纷乱的局面。琉璃明王于鹘（豆谷）川修离宫，表面是为了彰显与丈人部族的亲密之谊，实则是为监控沸流部（后来的消奴部）动态的"前沿哨所"罢了，绝不是其为了享乐而进行的劳民伤财之举。

由此，便可以知晓，所谓豆谷者，就是多勿的转音，后被统一称为鹘（骨）川或鹘（骨）岭，即高句丽第一个都城纥升骨城之所在。琉璃明王虽迁都国内，但却死于该区域，根据高句丽人死葬同地的风俗，琉璃明王最终也是葬于此地，④ 所以在国内城城区（今集安市区）附近没有琉璃明王的坟墓。

四、余论

尽管琉璃明王一生励精图治，挽救高句丽于危难之际，但正因如此，也造成了其生活上的诸多缺憾，其中最为突出的就是没有阻止子嗣间为争夺继承权而进行的残酷的兄弟残杀。

琉璃明王在位期间一共设立了三位太子，第一位是都切，第二位是解明，第三位

---

① [高丽]金富轼：《三国史记》卷第十三《高句丽本纪·琉璃明王》三年（前17年）秋七月条，吉林文史出版社，2003年，第177页。
② [高丽]金富轼：《三国史记》卷第十三《高句丽本纪·琉璃明王》二十九年（10年）秋七月条，吉林文史出版社，2003年，第180页。
③ [高丽]金富轼：《三国史记》卷第十三《高句丽本纪·琉璃明王》三年（前17年）冬十月条，吉林文史出版社，2003年，第177页。
④ 孙炜冉、苗威：《高句丽独特丧葬习俗探析》，载《古代文明》2015年第3期。

是无恤（后来的大武神王）。从文献中可知，除三位太子外，其最少还有三位王子，一位是溺水而亡的如津，一位是后来的闵中王解色（邑）朱，还有一位是太祖大王的父亲古雏加再思。六位王子中有两位继承了王位，再思很明显是幼子，没有争夺王位的机会，而另三位均死于非命，也就是说在王位斗争过程中，琉璃明王有一半的子嗣都死于残酷的夺嫡争斗。

从文献可知，都切生性怯懦，为此还得罪了夫余，成为其政治失意的重大前提，几年之后便卒去，想必是亡于政治对手之手。第二位被立为太子者是解明，肩负起了留守故都的重要职责，该任务关乎高句丽的稳定和发展，可见其政治能力卓越，得到琉璃明王的认可。然而，正是因此也给了无恤的母族多勿部（沸流部）陷害他，利用解明性格中的缺陷使琉璃明王对其失望的目的的机会，而解明之死的最大受益者便是第三位被立为太子的无恤。无恤被记载为一位聪慧过人的英武之主，从后来其政治修为来看虽不为过，但其年少时便智答夫余使者、率军击退夫余入侵，显然是其后人的粉饰之笔。其强大的母族给他在夺嫡斗争中的支持是不言而喻的。而且，就算其被立为太子之后，面对可能出现的对于其继承权的任何威胁，都要被他所代表的政治力量予以绞杀，所以才出现王子如津的意外死亡。从得知如津溺水身亡，琉璃明"王哀恸，使人求尸，不得。后沸流人祭须得之，以闻。遂以礼葬于王骨岭，赐祭须金十斤、田十顷"①的表现来看，生前的如津是十分得琉璃明王宠爱的，这便是无恤潜在的威胁，所以才引来杀身之祸。而余下的两位王子，首先从年龄上来看，在琉璃明王即将薨逝之际，他们都年龄幼小，不足以对无恤构成威胁；其次从他们后来的行为来看，想必都是行事非常谨慎，低调行事的性格保全了他们在政治倾轧中免受杀身之祸。

除了家庭的不幸以外，迁都前后高句丽一些势力的分裂是琉璃明王未能解决、也是其不可能阻止的情况。如沸流和温祚的率众分裂，以及迁都之后，以琉璃明王不贤德恤民为借口，去之南韩的陕父。②

纵观琉璃明王的一生，先是守寡母于夫余，后奋进于卒本，面对异母兄弟守土之地如履薄冰的争取父亲的认可和信任，迨至父亡继位，又面临外敌的讨伐，内部势力的分裂，虽称不上众叛亲离，但亦是举步维艰地维系着初创的卒本夫余（高句丽）政权。力排众议地迁都国内，逐步化解了国家危机，最后使得危机解除，又能在晚年趁中原

---

① ［高丽］金富轼：《三国史记》卷第十三《高句丽本纪·琉璃明王》三十七年（18年）夏四月条，吉林文史出版社，2003年，第181页。
② ［高丽］金富轼：《三国史记》卷第十三《高句丽本纪·琉璃明王》二十二年（3年）十二月条，吉林文史出版社，2003年，第179页。

纷乱之际，一举挥师西进，剪威胁其政权的梁貊，并袭取高句丽县，① 为其国号最后定名高句丽成为可能。观其一生可谓命运多舛，但是不失为一位励精图治、具有远见卓识的贤德之主。

A Study of the Capital Relocation to Guonei and the Establishment of Dougu Detached Palace of King Yuri of Koguryo

Sun Weiran

(Research Institute of Gaogouli, Tonghua Normal University, Tonghua, JiLin, 134002)

Abstract: The greatest achievement during the reign of King Yuri of Koguryo was the decision to relocate the capital to Guonei City. When he succeeded to the throne, Koguryo was in a dilemma of internal and external diplomacy. There were external military threats from both the Xin Dynasty(established by Wang Mang) and Fu Yu, and internal difficulties of his half-brothers'coveting the throne and splitting the country. Having to balance the internal and external forces and stabilize the political situation of his country, the first successor of Koguryo met a great challenge. At such a critical moment, King Yuri of Koguryo made a decisive decision to move eastward to avoid the threat of the Xin Dynasty. The area of Guonei not only had the available Weinayan City of the former Han Dynasty, but also could make use of the northern Xuantu Mountains to block the invasion of Fu Yu. Besides, it had superior natural environment and rich wildlife resources, which could meet the needs of people's life. In addition, the move of the Capital could also effectively combat the old forces, that is, the local party. It could be regarded as a quadruple benefit strategy during the development of Koguryo.

Key words: Koguryo; King Yuri of Kogurgo; Guonei; Guonei City; Dougu Detached Palae; Huchuan Detached Palace

---

① ［高丽］金富轼：《三国史记》卷第十三《高句丽本纪·琉璃明王》三十三年（14 年）十二月条，吉林文史出版社，2003 年，第 181 页。

日本熊山古塔与唐前期佛塔类比研究

李德方

（洛阳文物考古研究院，河南洛阳，471000）

[摘　要] 熊山古塔是一座奈良时代的、用片石修砌的、平面呈方形的多层土塔。该塔的分段清晰，周壁平直，基座上的第一级塔身设四方龛，此当是对唐初多层方塔的仿效。该塔用碎石垒砌，塔体阶梯式，无叠涩出檐，此当是对古坟时代晚期方坟的继承。熊山古塔既见唐风又具地方文化色彩，可称"唐塔东方变体"或"日式土塔"，是"东方丝绸之路"代表性实证。

[关键词] 熊山古塔　唐塔　类比　文化交流

[中图分类号] K928　　[文献标识码] A

[作者简介] 李德方（1949—　　），河南省南阳人。现为洛阳文物考古研究院研究员，法政大学大学院古代物质文化研究所特任教授，中国古都学会副会长，主要研究方向为新石器时代考古，也从事古都研究与中日古文化对比研究。

2005年秋，应冈山市日中友好协会会长片冈和男先生和日本古代吉备国研究会会长出宫德尚先生邀请，笔者再次对吉备地区古坟进行调查。一次，在踏察浦间茶臼山古坟间余又察看一座奈良时代的熊山古塔。熊山古塔是日本国指定的一处重要历史文化遗产。考察时，考古学者出宫德尚先生和冈山市教育委员会犬饲广志先生向笔者作了详细解说，还送给笔者新的熊山古塔调查简报及相关资料，期望笔者协助查找中国唐塔而且主要是与佛教密宗关联的唐塔资料，笔者应允了日本朋友所求。在检阅资料时，笔者对这座古塔产生了一些看法，认为熊山古塔主要是把中国唐初多层方塔形体与日本古坟时代晚期方坟形体交揉一起，创造出塔苑奇葩。

为阐述如上认识，拟首先记述熊山古塔形制特征与年代，继而对唐前期多层方塔进行类型学考察与分期，尔后进行类比研究。

一、熊山古塔地理位置、形制特征与年代

熊山古塔位于冈山市东北约28公里的吉井川东岸熊山上，隶属冈山县赤磐郡濑户町。古塔所在山顶较为平坦，环境幽静，海拔高度487米。日本学者对古塔曾作过多次调查，称其为"熊山一号石积遗构""熊山遗迹"，其中2003年的调查者在《熊山

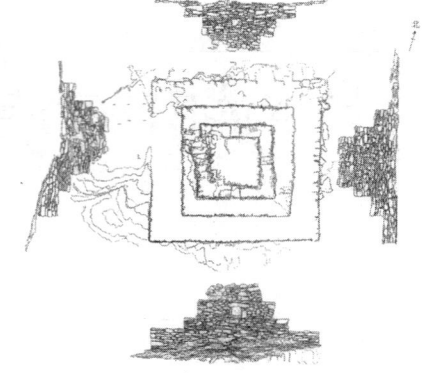

图 1　熊山古塔　　　　图 2　熊山 1 号石构遗迹平、剖面示意图

遗迹（层塔形石积遗构）的考察》一文指出其建造年代为"奈良时代晚期"[①]。

熊山古塔是一座用片石修砌的多层方塔。片石即片状石块，未经琢磨，主要用以平砌塔体，缝隙处以碎石充填。石料来源为就地取材。所谓"方塔"指古塔平面呈方形。所谓"多层"指古塔分为上下数段，包括上部现存的两层塔身和下部的塔基，整体呈上窄下宽金字塔式（图 1、图 2）。为便于记述，笔者绘出"熊山古塔立面示意图"（图 3）。再下对塔身、塔基作以分述。

塔基　双层。下层为依山体而修砌的基台，上层为基台之上的承托塔身的基座，平面均作方形，周壁均平直。其中基台边长约 11.8 米，高 0.2~1.2 米，基座边长约 8 米，高约 0.9 米。

塔身　现存二层（级）。下部为第一级塔身，上部为第二级塔身，平面均呈方形，周壁平直或近平直。其中第一级塔身边长约 5.4 米，高 1.3 米，四侧面正中各设一方形龛，第二级塔身边长约 3.6 米，高 1.1 米，中心处设一长方形石室，石室边长 0.8 米，深 2 米。据 2005 年《吉备地方文化研究》所刊的《熊山南山崖石积遗构实测调查报告》所记，"1937 年（昭和一二年），熊山石积遗构中央部位被当地居民盗掘，竖穴式石室中出土奈良三彩小壶及陶制筒形容器"[②]。

综上，熊山古塔是一座用片石修砌的平面呈方形的、上窄下宽且分段清晰的、周壁平直且设有四方龛和石室的多层土塔。熊山古塔的这些特征证明其为佛塔，而第一级塔身所设的四方龛与塔体中部石室则为供养释迦的窟龛与供奉佛物的塔宫。

---

① ［日］出宫德尚：《熊山遗迹（层塔形积石遗构）的考察》，2003 年 8 月打印稿，第 3 页。收入 2003 年 11 月在就实大学召开的国际研讨会论文集《熊山遗迹是佛塔——来自韩国的比较》，就实大学主办，山阳新闻社、冈山放送、蔚山文化放送协办。

② ［日］出宫德尚：《熊山南山崖石积遗构实测调查报告》，刊于就实大学吉备地方文化研究所编《吉备地方文化研究》第 15 号，2005 年，第 6 页。

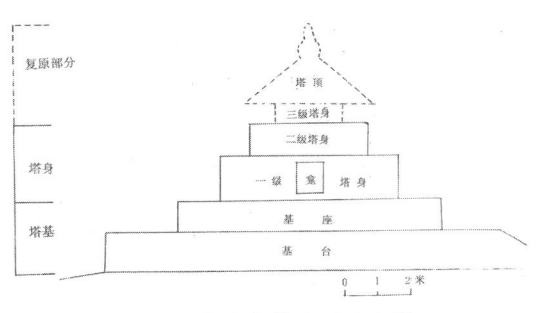
图3 熊山古塔立面示意图

图4 日本奈良头塔全景

须指出的，笔者在"熊山古塔立面示意图"（图3）上用虚线勾勒出该塔的第三级塔身，意指现存第二级塔身之上原设第三级塔身。理由之一：从现存塔体上窄下宽的叠涩式收分观察，二级塔身较一级塔身边长内收1.8米，如果第二级塔身之上再内收1米，仍存可修筑边长1.6米的三级塔身空间，而此三级塔身却正好罩在边长0.8米的塔宫之上，如此才能形成较为完整的塔体，方合于天竺塔式级数。《魏书·释老志》中便有天竺塔式记述："凡宫塔制度，犹以天竺式样而重构之，从一级至三、五、七、九，世人相传，谓之浮图"。理由之二：日本现存奈良市二条町东大寺头塔（头塔为土塔讹音）的初始形态为基台之上构建三级塔身，依此可通过考古类型学横联法推知熊山古塔为三级塔身。目前所知奈良时代土塔极少，著名者为奈良市头塔（图4）。经调查，现存头塔由早晚两个不同时期遗构组成。早期内层构造是在塔基上构筑三层塔身，建造年代约在天平宝字四年（760年）。晚期外层构造为七层，据《东大寺要录》等文献，推定是东大寺僧实忠于神护景云元年（767年）改筑，塔体四周共设44个窟龛，内供石佛像[①]。据日本古史记载，为镇护国家道场，圣武天皇于天平十三年（741年）下令在全国建立国分寺、国分尼寺，至奈良时代晚期，全域建百余寺；熊山古塔和奈良头塔均应建于这一时期即奈良时代中晚期。奈良头塔的早期形态为大约在公元760年构筑的三层塔身，由此推测熊山古塔当仿自早期奈良头塔而建并亦为三级塔身。此即笔者用虚线标出熊山古塔第三级塔身的理由。当然，从考古学年代观来看，熊山古塔的考古学年代应与奈良早期头塔构建年代相当，同为奈良时代中期即公元760年前后。

二、唐前期多层方塔类型学考察

熊山古塔是一座奈良时代中期的多层方塔。为了将其与唐塔类比，应当对唐前期多层方塔进行初步类型学考察。

中国现存唐前期多层方塔，主要分布在唐东西二京的洛阳和长安，其他地点所存甚少。这些唐前期多层方塔，既见地表耸立的砖石修筑的佛塔，例如西安的大雁塔、

---

① 张学锋：《论南京钟山南朝坛类建筑遗存的性质》，载《文物》2006年第4期，第65页。

小雁塔、兴教寺塔等，①又见从地下发掘出的塔基，例如西安青龙寺遗址的塔基②，还有诸多寺庙或石窟寺中所存的石雕塔，例如北京市房山云居寺石塔和洛阳龙门石窟保存石塔等。总体而言，中国唐前期多层方塔数量并不很多，而且地表所存的塔多经后世重修，地下发掘的古塔又仅存基部，据此难能对唐前期的多层方塔进行类型学考察。如西安兴教寺玄奘墓塔，始建于唐总章二年（669年），到太和二年（828年）又彻底重修，今人所见塔形则为唐后期风格。又如西安唐青龙寺遗址的塔址，经发掘仅存方形塔基下部，据此尚不能排除它是单层的亭式塔或其他类型塔的可能性。有幸的是，严辉、李春敏、杨超杰等学者近几年对洛阳市流散石塔进行了收集整理③，还对龙门石窟佛塔进行了初步分类④。这批石塔保留着当时实体塔的形制特征并对中国唐前期多层方塔分期研究有重要参考价值。本文主要使用这批石塔中少量有纪年的多层方塔材料，对唐前期多层方塔进行排比分析。

笔者选择出唐前期8件多层方塔标本并将其分为A、B、C、D四个类型。

A型 双层塔基且各层塔身均设佛龛。分二式：

Ⅰ式 各塔身的周壁平直。龙门石窟3号塔，高1.14米，双层塔基，三层塔身，第一层以上塔身渐次收分，各层之间的间距较大，层间叠涩出檐，顶部由莲花、覆钵丘、相轮、宝珠等组成塔刹，每层塔身设一圆拱形龛，造塔题记为"李夫人摩诃造浮图并作七佛供养永徽三年（652年）"⑤（图5：1）。

Ⅱ式 各塔身的周壁平斜。第一层塔身立面呈上窄下宽的等腰梯形，第一层以上各塔身的间距较近。偃师县寇店乡孙窑村塔，高1.79米，双层塔基，五层塔身，诸层塔身壁面平斜且间距很近，层间叠涩出檐，顶部由莲花、覆钵丘、相轮、伞盖等组成塔刹，每层塔身四面均设一尖拱形佛龛，造塔题记为"惟大唐神龙二年（706年）岁次丙午辛未朔三十日庚子"⑥（图5：2）。

B型 单层塔基（或者塔基已失）且只在第一层塔身设佛龛。分二式：

Ⅰ式 各塔身的周壁平直或近平直。洛阳古代艺术馆0033号塔，残高1.63米，七层塔身，第一层以上塔身较低，层间叠涩出檐，塔顶为覆钵丘，塔基已不存，第一层塔身正面设一尖拱形龛，塔右侧有"麟德元年"（664年）的年铭⑦（图5：3）。偃师县李村乡上庄村塔，残高6.5米，七层塔身，第一层以上塔身渐低且分段明显，层间叠涩

---

① 张驭寰、罗哲文：《中国古塔精粹》，科学出版社，1988年，第163—166页。
② 中国科学院考古研究所西安工作队：《唐青龙寺遗址发掘简报》，载《考古》1974年第5期。
③ 严辉、李春敏：《洛阳地区唐代石雕塔》，载《文物》2001年第6期。
④ 杨超杰、严辉：《龙门石窟雕刻粹编—佛塔》，中国大百科全书出版社，2002年。
⑤ 杨超杰、严辉：《龙门石窟雕刻粹编—佛塔》，中国大百科全书出版社，2002年，第23页。
⑥ 严辉、李春敏：《洛阳地区唐代石雕塔》，载《文物》2001年第6期，第58页，图一四：7。
⑦ 严辉、李春敏：《洛阳地区唐代石雕塔》，载《文物》2001年第6期，第58页，图一四：6。

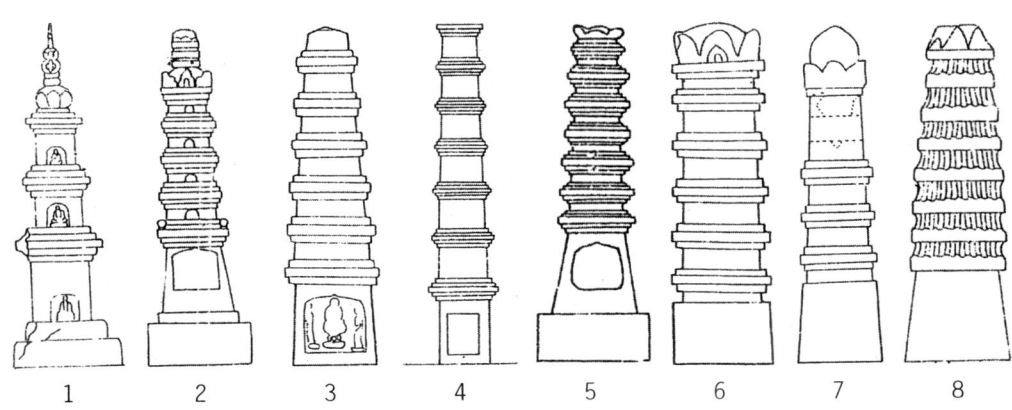

图 5　洛阳唐前期多层方塔分期图

1. 龙门 3 号塔　2. 偃师寇店孙窑塔　3. 洛阳古代艺术馆 0033 号塔　4. 偃师李村上庄塔　5. 孟津县会盟铁炉塔
6. 洛阳古代艺术馆 0034 号塔　7. 洛阳古代艺术馆 0042 号塔　8. 洛阳古代艺术馆 0041 号塔

出檐，塔顶和塔基已失，第一层塔身正面有方形佛龛，内刻佛像，龛外造像题记已不识，"据造像特征推断，此塔的雕刻年代为高宗时期（图 5：4）"[①]。

II 式　第一层塔身周壁平斜且立面呈上窄下宽的等腰梯形。第一层塔身以上各塔身低矮作束腰状。孟津县会盟镇铁炉塔，高 1.58 米，七层塔身，层间叠涩出檐，塔顶仅存刹基处的残莲花，第一层塔身正面设一尖拱形佛龛，下有方形单层塔基，背面的《大唐河南府洛阳县故成阳郡成府君浮图记》中有"天宝二载"（743 年）的纪年[②]（图 5：5）。

C 型　第一层塔身分上下二段且各层塔身均不设佛龛。分二式：

I 式　塔身的周壁平直或近平直。洛阳古代艺术馆藏 0034 号塔，高 1.36 米，六层塔身，第一层塔身分上下二段且塔身的周壁近平直，第一层以上各塔身的间距较小，层间叠涩出檐，塔顶为由莲花和覆钵丘组成的塔刹，第一层塔身的题记中有"久视元年"（700 年）、"长安四年"（704 年）的纪年[③]（图 5：6）。

II 式　第一层塔身瘦高且塔身的周壁斜直。洛阳古代艺术馆藏 0042 号塔，高 1.37 米，塔身五层，第一层塔身分上下二段且周壁斜直，其中第一层塔身的下段呈上窄下宽的等腰梯形，第一层以上各塔身的间距较小，层间叠涩出檐，塔顶由莲花和覆钵丘组成塔刹，第一层塔身的造塔题记为"大唐开元三年（715 年）正月二十七日家人石野舟为曹主故王元邵造五级浮图一区为记"[④]（图 5：7）。

---

① 严辉、李春敏：《洛阳地区唐代石雕塔》，载《文物》2001 年第 6 期，第 53、54、58 页，图一四：5。
② 严辉、李春敏：《洛阳地区唐代石雕塔》，载《文物》2001 年第 6 期，第 54、58 页，图一四：8。
③ 严辉、李春敏：《洛阳地区唐代石雕塔》，载《文物》2001 年第 6 期，第 55、58 页，图一四：9。
④ 严辉、李春敏：《洛阳地区唐代石雕塔》，载《文物》2001 年第 6 期，第 55、58 页，图一四：10。

D 型 第一层塔身之上的各层塔身均被稠密的仿砖木结构的塔檐和瓦垄所隐匿。洛阳古代艺术馆藏 0041 号塔，整石雕刻，高 1.59 米，塔身七层，第一层塔身很高且立面呈上窄下宽的等腰梯形，塔刹为莲花承覆钵丘，第一层塔身的正面设一尖拱形佛龛，内一佛二菩萨，龛侧的造像题纪字迹不清，据龛内的造像年代特点可定此塔的雕造年代为公元八世纪中叶[①]（图5：8）。

以上 A、B、C、D 四型唐前期方塔，其中 AI、BI、CI 塔雕造年代为公元 705 年以前唐高宗和武周时期，而 AII、BII、CII 塔和 D 型塔年代为公元 705 年之后的唐玄宗前后。据此把洛阳唐前期多层方形石塔分为一、二期，其中第一期的年代为公元 618 至 705 年，第二期的年代约自公元 705 年至 756 年。

从图五的"洛阳唐前期多层方塔分期图"可以看出，洛阳唐前期多层方塔流行第一层塔身高大的作风，其中 A 型塔流行双层塔基，B 型塔大约流行单层塔基，C 型塔则流行第一层塔身分作上下二段的形制。这是洛阳唐前期诸型多层方塔的共性。洛阳唐前期第一期和第二期多层方塔又有差别。第一期和第二期的主要差别是：

（1）第一期的 AI 塔、BI 塔、CI 塔的塔身的周壁平直或近平直；第二期 AII 塔、BII 塔、CII 塔和 D 型塔的第一层塔身的周壁明显斜直，立面呈上窄下宽的等腰梯形。

（2）第一期诸型塔的诸层塔身而且主要是 A、B 型塔的诸层塔身的分段清晰，而第二期的 A、B 型塔的第一层以上各层塔身的间距较小，若束腰状。

（3）第二期出现了 D 型塔。

分期结果表明，唐前期多层方塔，大约以公元 705 年为界，逐步完成了由唐初的分段清楚的平直塔壁向之后的层段紧密的斜直塔身的转化。

三、熊山古塔与唐前期多层方塔类比分析

阐述了熊山古塔形制特征和唐前期多层方塔类型与分期之后，继而对熊山古塔与唐塔作以类比讨论。

熊山古塔是一座多层的、周壁平直或近平直的、设有双层塔基且第一级塔身设有佛龛的奈良时代中期方形阶梯式土塔。那么，它与唐前期的哪个阶段哪个类型的佛塔有密切关系呢？为回答这个问题，需将其与诸形式唐前期多层方塔作以比较。

若将熊山古塔与 C、D 型塔相比，前者与后者差异显著。因为前者为分段清晰、上窄下宽的阶梯式方塔，而后者 C 型塔的形体则接近长方体状，D 型塔的诸层塔身"均被稠密的仿砖木结构的塔檐和瓦垄所隐匿"，犹如一株伞形杉树；前者的塔身设有佛龛，后者均无佛龛。因此，可认为前者与后者并无紧密关系。

若将熊山古塔与 A、B 型塔相比，其明显与第二期的 AII、BII 型塔迥异，因为前者分段清晰且塔壁平直，而后者塔身低矮作束腰状且塔壁斜直。

---

① 严辉、李春敏：《洛阳地区唐代石雕塔》，载《文物》2001 年第 6 期，第 56、58 页，图一四：10。

若将熊山古塔与第一期 AI、BI 型塔相比，前者与后者则有较多共性，因为前者与后者同为分段清晰、上窄下宽、塔壁平直、塔身设龛的多层方塔。若进一步类比，则发现前者的形态与 AI 型龙门 3 号塔和洛阳古代艺术馆 0033 号塔更为相近，因为前者的双层塔基的特征与龙门 3 号塔相同，而前者只在第一级塔身设佛龛的特征则与 0033 号塔相同。据此可以认为，熊山古塔与以龙门 3 号塔为代表的 AI 型塔和以 0033 号塔为代表的 BII 型塔有密切联系。

前已言及，第 3 号塔雕造年代为公元 652 年，第 0033 号塔的雕造年代为公元 664 年，均当公元 7 世纪中叶的初唐，而熊山古塔的建造年代为公元 8 世纪中叶。后者建造年代晚于前者。据此可以认为，熊山古塔的建造，仿效了公元 7 世纪唐塔，继承了唐初塔的分段清晰、周壁平直、双层塔基、塔身设龛的唐风。

但是，熊山古塔绝非是对唐初多层方塔的简单仿效，因为其又具有用片石修砌、塔体呈阶梯式、不设叠涩出檐等唐塔没有或与唐塔有异的特征，这一差别则表明熊山古塔的形体特征与古坟时代晚期方坟的形制有密切关系。

日本古坟时代的坟丘，而且特别是首长的坟丘，多筑有高耸的封丘，这些封丘呈圆形、方形、前方后圆形，等等。大的坟丘墓，封堆的形态多呈阶梯状。到了古坟时代晚期，有的方坟之外用碎石包砌，如仓敷市二子 14 号坟，下层的方形坟基边长 13.4 米，周围用碎石包砌，上部中心处则有用碎石包砌的方形石室[①]，外观颇同熊山古塔的阶梯式。再如近年调查的冈山大谷一号坟[②]及奈良西宫古坟[③]、大阪田须谷古坟[④]、京都山尾古坟[⑤]等也均应为包石的阶梯式方冢。这种阶梯式的石包方冢的祖形，似可追溯到高句丽国家的方坛阶梯积石墓和中国东北部的红山文化方形阶梯式积石冢[⑥]。前园实知雄先生曾指出，在对日本最早的正式寺院飞鸟寺的调查成果中，"最引人注目的便是塔心基础周围出土的遗物群，其中有硬玉、碧玉、玛瑙、玻璃制勾玉等，基本上和古坟时代晚期的随葬品类相同，从中可以窥视到日本最初营建寺院之际，指挥修建的负责人为了取得人们的理解，模仿了古坟而修建了释迦的墓葬[⑦]"。前园实知雄先生的

---

① ［日］间壁忠彦：《仓敷考古馆》，1996 年伸辉印刷，第 23 页。

② ［日］延原经子：《大谷一号坟被葬者身份讨论》，见《关注吉备国》，有限会社伸辉印刷，平城十二年八月发行，第 82 页。

③ ［日］延原经子：《大谷一号坟被葬者身份讨论》，见《关注吉备国》，有限会社伸辉印刷，平城十二年八月发行，第 75 页。

④ ［日］大阪府文化财：《田须谷古坟群的调查》，田野考古调查报告，1996 年。

⑤ ［日］京都府埋藏文化财：《京都纵贯自动车道关系遗迹—山尾古坟》，田野考古调查报告，1995 年。

⑥ 叶万松、李德方：《红山文化积石冢与兽面玉牌浅议》，见《中国古都研究》（第 18 辑上册），国际华文出版社，2001 年，第 93—99 页。

⑦ ［日］前园实知雄：《飞鸟·奈良寺院伽蓝配置之我见》，收入朝日新闻社编《战后五十年古代史探索总论》，1996 年，第 98 页。

这一认识是对笔者提出的熊山古塔在一定程度上模仿了古坟时代晚期古坟形制的观点的诠释。

综上讨论，笔者认为熊山古塔是在奈良时代吸收了多方文化因素而诞生的，它既模仿了唐前期的多层方塔又模仿了古坟时代晚期的方坟，它既不同于唐塔又不等于方坟，它既有唐文化色彩又有浓厚的地方特征，既可称其为"唐塔的东方变体"，又可称其为日本式古塔。

于此还应言及"东方丝绸之路"。2016 年秋，笔者与聂晓雨先生向"首届西安丝绸之路历史文化国际学术研讨会"提交了《东瀛绽放"丝路"花》一文，指出日本一座寺院遗址出土的白凤时期的残瓦模仿了唐初宫廷用瓦。[①] 笔者又曾对九州大宰府出土莲花方砖作过讨论，认为一块奈良时代的砖是对唐初宫廷用砖的模仿。[②] 日本地下出土的残砖碎瓦都传递出唐代丝绸之路的信息，可见唐代"东方丝绸之路"的繁盛；而熊山古塔亦当"东方丝绸之路"又一实证。当然，古日本对唐文化的汲取并非照搬，而是经历了学习、酝酿、再创造的过程，在积极汲收唐文化同时又保持本土文化。在这个意义上讲，古日本是一个既善于汲取他方文化营养而发展自我又善于保持本土文化的东方民族。

An Analogy between Japanese Xiongshan Pagoda and the Early Tang Pagodas

Li Defang

(Luoyang City Cultural Relics and Archaeology Research Institute, Luoyang, Henan, 471000)

Abstract: Xiongshan Pagoda is a multilayered earth tower that was built in the Nara Age, with square planes and flake stone materials. It has clear sections and straight walls, and the first stage tower on the base is equipped with a "square niche", which should be an imitation of the multilayered square tower in the early Tang Dynasty. The pagoda was built with rubble, with tiers tower body and no stacks of protruding eaves, which should be an inheritance of the square tombs in the late ancient tomb era. Xiongshan Pagoda has both Tang style and local cultural color. It can be called "the oriental form of Tang Pagoda" or "Japanese earth pagoda", and it is a representative demonstration of the "Oriental Silk Road".

Key words: Xiongshan Pagoda; Tang Pagoda; analogy; cultural exchange

---

① 聂晓雨、李德方：《东瀛绽放丝路花》，见《丝绸之路历史文化研究》，陕西人民出版社，2017 年，第 168—172 页。

② 韦娜、宛方（李德方）：《日本九州大宰府出土莲花纹砖浅析》，载《中原文物》2005 年第 2 期，第 71—74 页。

谷驼铭祉的党项裔史典奇迹

——拓跋踪秘

李成军

（河北省临漳县古邺文化研究会，河北临漳，056600）

[摘　要] 谷驼，不仅以厚重的鬼谷、火药文明玄奥再现了中华历史进步的亘古铭典，更以朴素的宗法理念而蕴育了玄妙的礼法、儒道思想文化，其令人诲莫至深的崇仰信灵，既为世俗风范铸就了坚实人文根基，又以"铜山西崩，灵钟东应"思想情衷相应释怀着庶民对铜驼崇拜的祈愿。显有奇遇的古老羌戎、党项族裔之拓跋氏家，机缘巧遇，与谷驼故韵的不径相映逢缘，竟玄异地演绎出了举世憾闻的皇庭史事，并隐隐讳忌地闪现于谷驼李族家宗的千年铭牒中。

[关键词] 谷驼　铜驼　宗法　鬼谷　拓跋氏

[中图分类号] K928　　　[文献标识码] A

[作者简介] 李成军（1969—　），男，河北临漳人。原从事农业新能源技术经济事业，高级技术职称，现为古邺文化研究会成员。

一、古邺灵秀深韵

谷驼故禹灵祉，沧桑映现于河北临漳县东侧的漳卫水故滩与黑龙岗交汇区，在浩如烟海的世流中虽名不见经传，却以浓重的乡土气息而独树中原墠圹的古韵风情，悠悠地映衬着古朴的河伯娶媳俗风故事、西门豹治邺传闻佳话、殷邺都畿绩业底蕴、汉魏建安风骨雅致、胡季纮扰史海叙事①，以及玄异经典的"鬼谷澙卤"火药文明和"铜驼泪丽"宗法情衷，是中国古代五大奇火（燧火、谷火、绒火、鬼火、炬火）之鬼谷火药的发祥地，也更是五大奇卤（也就是古代的食用卤盐，即澙卤、渍卤、淳卤、解卤、朴卤）之澙卤的肇始地，②所以古来民谚有"鬼谷迷障万千载"和"铜驼泪丽照人间"之感慨。《尚书》中把"谷"释为六俯（金、木、水、火、土、谷）之精要，《周书》中更有"四时变谷火"之相应雷电天火的神秘玄机，《论语》中以"舊（旧）谷既没，穀（谷）谷既升，钻燧改矣，既当已斯"谷之灵寓谨作理性进步的戒示，《老子》中

---

① 《晋书》，中华书局，1992年。
② 《盐铁论》，人民出版社，1980年。

则以"知白守黑则为谷,放鸣鬼谷是为鬼"之鬼谷俗理感谕世操履度,因此又引以流传下了更有情趣的"项驼戏城,感悟孔圣;齐公迷谷,老马识途;柏谷疑贼,村媪施敬;谷驼树教,传谕世人;丹驼修性,仙风道骨;沙驼中主,鬼谷隐匿;将以莘钟,钟鸣鼎食"暇谕史话。古人也正是奇妙地洞悉了谷驼禳祉的风水灵应,才在其方围百余里就势营都建城,典筑起了鼎铭圣尊的帝都故城(在今内黄县东南,距谷驼45公里)、尧都故城(在临漳南,距谷驼20公里)、殷都故城(在河南安阳市西北,距谷驼45公里)、邺都故城(在临漳西,距谷驼20公里)、赵都故城(在河北磁县东北,距谷驼45公里)拱灵徽祉。① 光耀华夏,更以北朝仙道方士方辰篷所感言之"翠釜紫驼"的史典风格隐匿着周邻故韵幽深的谷、繁城、黄城、韦城、防城、相城及羑阳城、平阳城、梁湛城、梁启城、鬼堍城、藩梧城等古城邑廓②,因此也才有了其中古邺城邑声名旷世而出时《管子》所言"示劝中国,以卫诸夏"的邺地京兆华夏灵毓和都畿臣民心声的惊叹。情悠绵绵,深切谶验着邺下谷驼乡流更为玄虚的韦家老户,连理之亲;垓上有阁,家乡情结;常家瓦楼,岗岗成陵;柘谷验灵,拓跋李宗;彭籍老官,官贵门风等轶事真谛,令人遐想连篇。

当年唐朝大诗人杜甫过故邺怀古,也曾相应发出了"紫驼之峰出翠釜,水晶之盘行素麟"。其独特的人脉灵气尤以谷驼李祠观音堂碑记"择教之舆……爰自成周降及汉唐……"深长故事而更具鉴世明道舆理,阐述了明朝国子监(相当于现在的中央文化宣教部门)对谷驼李家官贵世族的钦敬仰慕。谷驼李氏族家所留传之千百年的高贵祠碣铭碑(祠铭、墓志)、御家笃柘(老槐仙、茔陵柏)、镇嗣神灵(魖、鸮)、望阶祖茔(高贵墓冢、极制茔陵),及至存续到近代的茔柏、谱牒迹象(所剩的最后二棵大柏树和祖传家谱直到上世纪破四旧时才毁坏消失),都昭示着一派世家高贵大族风格,很明显按古宗法之理的"天子坟高三仞,树以松相;侯卿半之,树以柏相;大夫坟高八尺,树以栾相;士人四尺,树以槐;素庶无坟,仅树杨柳"(一仞相当于八尺,《春秋经纬》)僭序,这确是不争的佐证事实,因为在过去严格的封建礼约时代,一般素民百姓是根本享用不起筑祠立坊、树碑牒谱、冠带茔飨之僭越犯上礼遇的。

二、党项拓跋族宗脉

据谷驼李氏传世讳奉的先人"李克明"和"兄弟二人(有说是双胞胎)"起家发迹故事,以及宅家明业谷柘老槐仙古闻传说和祖茔老坟舍数十辈序的规模,再结合族家纳服至今已达八九百余众的总人口雄厚族风,其居家立宗世代至少也有不下千年的根基。依这样的线索经查考历史文献,也正好在一千年前的《宋史》中确见有相应的概略载述。

---

① 〔明〕崔铣:《彰德府志》。
② 〔明〕景芳:《临漳县志》。

当时，正值北宋建国之初，由于之前五代十国战乱的纷扰，游牧流荡在西北黄土高原的一支独特党项民族，因饱经世态炎凉之感处，从五代时其族人李存勖建立后唐国朝起，其李氏同宗旁裔李仕严、李继迁、李德明就一直在五代权戈争锋中奋力崛起。这一李氏原本是孕育于党项族的顶帮大家拓跋世家（拓跋意为崇高巍峨）。而起初整个脱颖而出于古老羌戎犬畎部落的党项民族，先秦时就以强悍雄浑气魄而游牧雄踞于析支下地（今青海湖周边区域）鬼方圹原，[1] 他们以圣洁崇灵的白虎神鸥（大概类似于稀奇的雪豹、雪雕形象）为敬拜图腾，逐水草为生，凝聚传承下了悠久肃穆的"祈祢煨桑、锅庄舞沐"人文生活习俗，殉火为情，悠然坚贞，今在西藏东南和四川西北一带还仍盛行这一优秀的民俗传统。早在春秋战国混乱中犬戎人就不断分支迁移，归避荒燹，汉代时分化出的党项人被迫向东流荡，归入大汉疆域，流落至北代郡（今山西大同西北），以拓跋推寅为首领被汉帝招封为代郡之王，从此就开始了自强的立基创业。到魏晋十六国时由拓跋什翼犍及其子孙统领族人乘势角逐，鼎建起了独立的代国、襄国政权；其后人拓跋珪、元善见、元修（因北魏国的汉化政策改革而改为汉姓元）又相继创建了北魏、东魏、西魏政权；再后的北周时因弱避乱，由拓跋木祢率领族民又投奔到吐谷浑国（今青海省南部一带）属下，委曲求全，并伺机融合取代了其柔弱没落政权，焕然一新，真正脱胎成一股强劲的新生党项大部。直到大唐初期因周边契丹、吐蕃等外夷番邦的入侵迫使，由部族酋长细封布赖率其党项主流八部（细封氏、拓跋氏、野利氏、没藏氏、没哆氏、费听氏、令狐氏、往看氏）再次一路游走东退，历经轨州、松州、甘州、肃州，最后抵达庆州（今甘肃庆阳），并举族投靠大唐。见于唐王朝的博大包容，相处交流中唐天子机缘巧合地发现，拓跋氏的祖脉与唐王李世民的祖脉都共同相袭于古西凉国（今甘肃西北敦煌一带）主李暠祖上，于是就亲密地特伽封赐族长拓跋赤辞为唐皇李姓，[2] 这也是十分忌讳易姓卖祖宗法时代少有的巧缘特例。自此这拓跋李氏就在唐明皇威权罩下又步入了新的峥嵘仕途，并在其封地镇州（今甘肃镇远一带）开始了韬光养晦，使整个党项族民得以了近三百年的发展壮大，族群人口从三四十万一直增长到唐末的一百三十余万。拓跋李氏也自拓跋思忠、拓跋思恭、拓跋思柬、拓跋思敬……丁旺发家，直到继后的李克用、李克勋、李克宁……，不但人丁兴旺，还都以骁勇善战而成大唐的干国顶梁，守边关抗契丹、征北胡，扶朝政平安史、剿黄巢内乱都名震朝纲。尤其是李唐后期皇家人脉衰微时，身为唯一靠山臣将的李克用却强握晋王重权，兼领河东节度使大任，一度兵威将勇，戍边剿佞臣，最后力克篡唐建后梁的朱温政权，这才有了其子李存勖率众兄兵将以十三太保之师在魏州（今河

---

[1] 〔南朝〕范华：《后汉书》，中华书局，1965年。
[2] 〔宋〕司马光：《资治通鉴》，中华书局，1976年。

北魏县西南）决战收官（史称十三太保战朱温），建立起了独立的后唐，彪炳史册。[①]今在安阳东南的十三太保一带民间仍还流传有相应"七辛庄，八河岸，十三太保九洋范"之谣谶趣闻。

三、逐鹿西夏鼎拓驼方

紧随着五代权戈走马灯似的轮番更替，就又有其叔表家系的李彝昌、李国昌、李仕严、李继捧、李继迁，趁五代战乱，他们依夏州、西平府（今宁夏灵武）为立基根据地，与大宋、大辽开始了顽强的明争暗斗对决。由于当时错综复杂的社会形势，加之李继捧、李继迁兄弟俩的思想分歧和强大北宋势力的施压攻略，亲和派的李继捧则委懦无奈地接受了合宋协约，被大宋封为定难军节度使，受领夏国公爵号。然随之却又被强行举家孥眷五千户迁归宋地，特赐转封为彰德路（今安阳一带）节度使，并顺行唐时兴起的"羁縻封治"史例[②]，行施无军制的国中之国自治特权。其封地辖属大致范围有宗祠碑载"休茂圖芳泉甘土肥 东连卫水 西接太行 北倚漳水 南值黎阳……"之宽广疆境，不仅囊括现今的整个安阳地区，还跨连北面邯郸地区的南半部和南面新乡地区的北半部，方廓四百余里，也算丰腴，这样就安且置家宅茔在地广人稀的宋、辽、夏三交边际——彰德府驼方望墟，以求安逸生息，静观其变，这大概也是循行宗祠碑文所载"择教之舆……爰自成周降及汉唐……"之宗法灵誉而择栖求生初衷。

而持观望中立态度的李继迁则趁稳住宋朝匡心之际，暗暗跳出了宋军的围攻，由西平府悄悄转移逃遁至地斤泽（今毛乌素沙漠东北），借宋、辽鏖战罔顾之隙，伺机开始了在黄土沟壑、大漠戈壁、东溯河广的征伐开拓。他既领受有大宋亲封的西平王，又兼受有大辽亲封的夏州王，凭资深谋远虑心机，以少胜多，先后与宋、辽打赢了决定性的三川口、好水川、临羌寨和漠岭、河曲等决定性战役。其以灵州西平府为据点，向西攻至玉门，夺取了整个河西走廊；向东征服了黄河沿岸的河广溯地，凸贯宋、夏、辽三国共交之彰德府驼方；北控大漠；南达萧关，赤地方廓四千里，立基夏、银、绥、宥、静核心广袤五州，抢占了素有"塞上江南"美誉的富庶河套平原，终于由李继迁子孙李德明、李元昊于公元1032年公开诏谕宋、辽，强劲构建起了崭新的大白高国，也称祢药拜泣国（意为天地瑞祥之地）。继后由其所衍生的木雅人（在今四川西部甘孜藏族自治州丹巴、九龙至西藏东部昌都地区察雅、芒康一带）敬称其为弱沐扶桑国（意为太阳升起的国度），即史称的西夏国，以兴州兴庆城（今宁夏银川）为都邑，袭世196年，传承11位皇帝，使西夏国党项民族人口从不足一百四十万稳步发展到繁盛的五六百万人，不但传承了悠久的游牧文明，还蕴育造就了广阔精湛的溯方农经灌耕文明，

---

① 〔宋〕薛居正：《旧五代史》，中华书局，1976年。
② 〔唐〕长孙无忌：《唐律疏议》，中华书局，1983年。

也极富智慧地摸索创造了优秀的西夏文字、硏缬绩衽（印染织绣）以及冷锻柔钢（类似于熟铁）技能，改良了传统的鬼谷炻火（火药）和潟卤卣盐（矿质盐、解卤盐）生产生活工艺，从而奠定了西夏、北宋、大辽以及继后的西夏、南宋、大金之两度共计近二百年鼎足互衡态势，是同时代单独立国延续时间最长的邦国。

四、合大宋立基中原

但是，拥有四五千万人口的大宋帝国始终是不甘心坐视西夏膨胀作大的，两者之间总是纷争不断。在北宋前期，宋天子为加紧收服江南，也为遏制瓦解西夏民心舆论和防范消解李继捧后人在彰德驼方有所不预，曾设谋遣召李继捧族人随军南下征战，最后使其分支族人就转战流落到了河南郡周边，也就是今天的周口西华县、洛阳新安县以及安徽合肥、阜阳一带，其亡魂也就再难归谷驼祖茔，只能峄宗望叹，直到近些年还不时有那里的李氏后人依从军当兵为故由，辗转找到安阳故地谷驼来寻思李家宗根，追忆那凄厉沧桑的三四辈嫡系酉陵冢魂。同时，在不断的兵戎相向之际，大宋也始终在进行思想文化和经济人文层面的渗透笼络，直到北宋仁宗年间，历经多年战争与和谈，西夏与北宋终于又达成了庆历和约①。北宋付以丰厚的银钱、粮食、丝绸、经蔬等来合对换取西夏的畜产毛皮、盐炻铜铁、金玉良马等经贸市需供求，并互遣皇家贵人作质押，有力地推动了双方的数十年稳定发展。于是，自1045年至1060年的十余年里又先后有西夏的皇族重臣李克明、李克宪、李克旻陆续携眷入赴大宋坐质，这也是自上次李继捧归入宋地四五十年来又一次郑重的党项归宋举措，所以无论史书描述还是家谕传载都铭揭得十分清晰。这其中的李克明一支就被宋天子特尊重，住彰德府驼方，尊奉宗茔，续祠载谒，作为先前李继捧的庶亲族系讳避开嫡系祖茔（大概就是今人所称的"岁窕坡"，本意也是对贵族墓葬的敬讳所称），又蔡勘旁处另置了庶茔（俗称南老坟），从而就成为当今临漳县谷驼村李姓的讳名先祖，所以，在谷驼圹塬就留下了两处截然有别的古墓茔地。据说在元代为避讳西夏祖国的败亡和元朝当政的冲击，族人又暗助明朝起之势对南老坟进行了一次蔡茔迁坟，也因此功绩后来大明朝廷赐封给临漳县的三尊鼎钟之一就颁誉奉敬给了谷驼李族宗祠（祠钟于新中国初期集体化时被移归公有，后有人说在邯郸丛台重又见过此钟），并诏谕其树碑传鉴。茔碑镌载的"先古於山西榆次……"应指的是贺兰山、屈吴山、六盘山（古称垩山、於山、采石山）以西，楮次河一带古时的山西榆次，这与《山海经》的"楮次水源经垩山、於山"之说也是基本一致的，大约就在今天的甘肃榆上、榆中一带，也就是时属的定难军辖域，并非是现今的山西榆次，因那时的山西、陕西地境是以大河（黄河）

---

① 《宋史·夏国传》，中华书局，1985年。

为地标称作河东、河西之地名的①。况且，较早的元、明著名迁民志书史料都对此尊望祠族未见有任何相关流露，只仅仅点明确有驼方属名的存在，大体也基本符合党项人的隐秘含蓄特性。其实，早在西周后期古榆次、太原就早已是犬戎人的移居故地，那是因为周穆王曾为收复蚌、镐京畿失地征阀犬戎，最后以得八骏之宝而和解，并分解迁散戎人于太原（今甘肃镇原），宜居服监。到春秋战国时在周边义渠、吐蕃、娄烦、林胡族民挤压骚扰下，犬戎人又逐渐向东游移，包括拓跋氏在内的犬戎部又相继自强构筑起高奴（今甘肃庆阳）、鲜虞（今陕西榆林）、中山（今山西五台山）部落势力，随行也把太原一名由镇远向东移至了今宁夏固原，并在后来的跌宕生活中把对驼文化的崇敬感悟，逐渐由衷地镌刻印证在了城头门额"驼钥全秦"语义中②，最终随世流荡变又以其鼎铭鉴世含义而取代晋阳，成为今天的太原名由，这都不乏拓跋大族在其中的勇敢主导作用。同时碑文又载的"募缘遂采石于三山之巅琢以椎鉴磨以沙……"中"三山"同样也当指贺兰山、屈吴山、六盘山。而另两支迁入族人则依古礼制法被迁移至宋天子眼下的京畿毕方，星宿神约之地宋都汴梁东北，即今天的新乡长垣驼乡一带，接受真正押质履约。甚至借着这一庄重的拓跋李氏入住驼方，为慰藉其思念故土之情，也乘舆把表征整个党项人文祀铭的老槐仙灵和贺兰山易名（"贺兰"一词本是指古羌戎语义的骏马神驰之意）随迁附和到了驼方宅家属地，传流下了今磁县贺兰山佳闻逸事，固当地民谚有奇特的"白羊城，黑狗寨，望（王）看灵台鬼见来"谣谶民曲，大概这也是促成当年在这一带抗金英雄岳飞《满江红》词句中"驾长车踏破贺兰山阙，朝天觉"咏叹"贺兰"的深切宣照。因此后人可能在不经意中又把磁县贺兰山前的七垣阙台与原西夏墓园的月城阙台相映成辉，混为了一谈，逐渐形成了这里实际以北朝墓群为比照的七十二疑冢之说，以至于又乘《述异记》中之"邺中铜驼乡下魏武帝陵，铜驼、石犬……"玄妙载述，把这一带几个谷驼乡野的高规格古墓也都相应讹传为了诡异玄虚的曹操疑陵③，众说纷纭，莫衷一是，令世道言传哗然不止。

五、驼方灵蕴拓跋绩业

驼，本源出于《山海经》的驼耄神话，《诗经·小雅》中有"约之阁阁，橐之驼驼"的礼赞颂扬，其饮誉作为规范世俗的宗法法器，最早史见于商周的铜鼎、铜爵、铜驼时代。历史上的西周镐京都城被犬戎部侵灭被迫东迁，周平王营建新东周都城洛邑时，周公曾勘卜灵祉，往营遍察成周地境和黎、涧水畔，在殷畿驼乡异域幸访求得铜驼至尊，乘势移祭鼎置于洛邑南门，充分顺应了天意《周礼·考工记》的东门置翁仲，西门置穆谷，

---

① 〔清〕齐召南：《历代地理志韵编今译》，1986年。
② 徐高祉：《中国古代史》，华东师范大学出版社，1992年。
③ 李成军：《曹操疑陵及其驼乡迹象》，载《邺风》2016年第3期。

北门置嘉量，南门置铜驼的禳城宗都规制，进而也成就了洛阳城中亘古的铜驼大街声威。到魏晋十六国后赵石虎时，铜驼又被掠回其邺地而终归神秘湮没。①《宋史·夏国传》中曾表述，在北宋初年，宋天子为收服党项首领李继迁，曾循先例用意地封赐其赵姓，并赐名赵保吉，仍领授西平王、陇西公名誉，但李继迁却不领账，更借托省嵬山（今金鸣山）祖源祭灵，公然宜袭改姓党项文意的"嵬"（鬼）姓，取名"兀卒"，大体为吲鸣鬼谷青天子之意，并特筑省嵬城彰显其正统天意，这也是基于党项人崇敬高洁执烈鬼谷（由天地雷电鬼火、谷火启示所创造的鬼谷、火药神谕）之情怀，所以迄古羌戎党项人就把祖源游居之析支上地（也就是古之天堑河水分源而又首曲绕汇之灵地，即今青藏高原东北黄河河曲一带）称为鬼方，而把其东向称毕方，西向称羌方，南向称虎方，北向称漠方。②《山海经》中也说："鬼方有鬼国，戎人所居，人面蛇身，赤颜炫目，头生三角。"正因如此，迁居到中原驼方的党项拓跋李族自然也秉承了先民的祀鬼传统，并把独特神圣的鬼火、炻火与中原驼方的燧火、谷火和宗法铜驼、道法丹驼灵艺巧妙地予以融汇，逐渐由鬼谷、铜驼的敬畏灵虞而演化出了谷驼真名寓意，谷驼观音堂碑记中提及的"万年无疆之休尖吉寓此嵬谷……龙辉煌炫耀鲜丽堪观……"也当深富其舆理，因此相关地方志史载述的驼方、谷驼名称易改也正是在宋代前后那个时期，并随沧桑史流机缘巧遇地又与这一带传扬的"鬼谷子"佳话交织在了一起③，独成一秀，别具一格，固有清代学者张之演为之传誉发出了"铜驼泪丽古陵怨，辇路香销歌伎哀"的感叹，使表征最底层平民公共祭祀心声的铜驼宗法灵虞，高度寄托了世态瑞祥深邃的"驼墟（也就是今天的集市、庙会）"人文生活祈愿，至今当地以佳祭节日为名号的相应墟市奠祭活动仍还袭延繁盛，让人崇奉有加。其实，通览从唐宋时开始留传全国的著名鬼谷子传说遗址，十分巧合的是几乎都大致孕育形成于当时拓跋李族掌控影响的势力之内，像山西韩城、陕西扶风池阳的鬼谷子遗址，本就是西夏地境；河北临漳谷子，河南淇县云蒙山、汝阳云梦山、颍川阳城的鬼谷子传说显然也置身处于拓跋李氏迁居感念的驼方境域；位于湖北远安清溪、湖南大庸天门山、浙江宁波青溪的鬼谷子遗址则基本产生于南唐拓跋李氏的权域之内，而且在很大程度上各处还都附有党项人玄奥的鬼谷、丹驼（也就是创制火药、炼制丹药）情结，真是恰逢其缘，意味深长。

另据《资治通鉴》记载，由于契丹人的入侵和五代各兵家的紧步轮番征伐，使中原乡民横遭流难，所剩寥无几人，唯有藉唐朝余威显盛的党项异部趁中原兵燹寥荒之

---

① 《晋书》，中华书局，1992年。
② 《汉书·地理志》，中华书局，1983年。
③ 邓中堂：《古邺奇才鬼谷子》，中国文史出版社，2003年。

际，源源不断地将其西北后方党项族民不断输入内地。除了拓跋李族秉建的后唐外，继之的后晋、后汉、后周也基本都是分支汉化的党项异姓人（内地泛称他们为沙驼人）所构建。其中到后周时有一位党项裔大将李谷，在统兵南下征战中深感中原地域的沟泽泥沼拦路不便，路过驼方名地深受丹驼、铜驼文明智慧启发，结合党项人自己的"橐驼"信仰理念，即兴摸索创造出了一种精巧便利的涉水过河装备，尤其是攻伐江南过江淮密布江河水网，发挥了很先进的作用，为表崇敬，人们就寄托其驼虞灵气称其为"谷驼、驼驼"①，其模样大概类似于用气囊收放的皮艇、皮筏之形象，这也使谷驼声名渐次扩散传扬开来，因此就一脉相承留下了今天相应周边的桑、壶河泮阳原县谷驼，漳、滏河泮磁县谷驼，淇、卫河泮淇县谷驼，都充分传载着谷驼风貌的深切情趣。另外《元史》中也明载蒙古元朝人侵伐西夏时，曾几度想抢掠毁坏西夏镇国之宝"驼驼"，都遭遇了党项人的倾力捍卫，无奈最后国破玉碎，国宝"驼驼"也含恨隐灭于世流中。

六、谷驼李宗传世佳话

如今，在谷驼不仅仍依稀流传着灵毓深长的李氏宗祠和御家谷柘老槐仙，以"千年松，万年柏，也赶不上老槐仙歇一歇"的俗谚佳话。李家弟兄拓仕、长虫缠樏啦（俗音稞拉，席草编织的粮食仓囤，也就是茓褆）、家宅镇符箓、神俑灵显世、鸮魖啸魂鸣、秉祝老坟舍等趣闻轶事，这都无疑承籍了《资治通鉴》所述"鬼鸮着鼎鸣耳，桑谷同生殷朝"的古殷商水土暝茫桃桃景象。尤其西夏党项人对其鸮、魖灵异讳称的"迦陵频伽"法尊，经现代研究考证，其材质完全出自于驼方境内的磁州窑工艺，②因而更显示着当时党项拓跋李氏对驼方辖域的掌控事实。再结合其家世流传的祀冥祭器造艺，在党项人特色萱缬（彩绘印染）、炻器技艺影响下，也促使了宗法习统的俑陶法器有质的突破，逐渐促推出了质地玄异的萱鸟炻质祀器，以庄重大范牲灵性的牛、马、魖造型祀器升格取代了既往素雅畜灵性的猪、狗、羊形祀器，因此才流传下了谷驼李家特有的一些映宅、祝茔、乾明、坤照、仰神、敕鬼等镇家避刹祀器符箓，其神奇灵誉名声也在磁州窑瓷器扬名传播中引发了相应的异域蛮人为此来窃珍盗宝传说，所以从明、清至今一直不断有不速之客慕名盗扰谷驼故墟，谷驼李家仅剩的几样传世炻俑神龛、牲灵炻像在近代荒乱中最终也被掠没殆尽（其中被日本人抢走一件，"文革"破四旧时销毁一件，家人度荒年变卖一件）。总之，所有这一切都似乎朴素地深化承启着含蓄诙意的蛇疍葳蕤女祀持家人文理念，似有"铜山西崩，灵钟东应"之验灵而昭示着天下家兴看牝罕（音家，就是俗谚家庭中所崇拜的囍斗之灵）宗明的女祀修操哲理。

---

① 〔宋〕司马光：《资治通鉴》，中华书局，1976年。
② 中国社会科学院西夏文化研究所：《西夏文化资料汇编》，2015年。

故此，在西夏陵区也传闻有"鸦亡魂，葬若频，频频里面藏鬼神，要求鬼神愿，只等原（元）来人"或是"昊王坟，葬故人，故人有灵埋金银，若得金银现，只是原（元）来人"玄讳谣曲。明朝弘治年间借朝廷赐封敬仰，谷驼李氏族人又斥资奉缮重修了其戴望的家祠观音堂，进一步晟铭了碑载的"佛法宏开 南北二十丈 东西六十丈……"豪阔气度，不但香火葳蕤繁盛，又篋以人杰地灵的风水殷情陆续哺育造就了李文智、李大伦、李银郎等玳宗仕第，着实印证了宗训"将以岬钟"的惊鸣万世俗礼。更惊奇的是族人至今还隐隐地遗传表现有《山海经》中所述的戎人头上长"角"和鬓生"耳魋"的稀奇象征，而且在生育遗传中表现的同卵胎、异卵胎、龙凤胎、早产胎、过产胎也都极为多见，相对族群占比达十分之二三还多，甚是出奇，这与党项史诗吟诵的"黑头赤面石头城；漠水父冢白河中……"传说的党项人奇异形象十分似若相映，类若成趣，从而也更妙趣地完善传承了其独特的"叩角抵、狐尾掉（俗言磕拐拐、嬗羊羔）"趣艺儿戏俗风，情至斐然。不但如此，如今又在谷驼近旁的大名、魏县、濮阳地境相继发现了原西夏部族裔民迁居生活的铭碣史迹，都充分展现了古驼方国的确切无疑，其方国实力相继南北两宋、辽、金约二百余年，一直默认沿袭至元代，完整地划改为元朝河北道治，并以"土流合治，迁民戍边（也称：以夷治夷）"的元朝政策，将仅此兴盛的大部驼方党项裔民误认作中原汉民，迁往至南疆江北道，即江淮一带，以便阻抗盘踞江南的南宋余僚以及明、夏起义不服势力，因此也就在今长江沿岸的芜湖、安庆、铜陵一带隐约传承下了多股西夏党项裔人脉。

七、拓跋氏数典奇迹

综观党项拓跋李氏从汉代至明代的一千五百年现世历程，更宽限地说从周初犬戎时到如今河北临漳、磁县，河南西华、新安县的拓跋李氏族裔这二千八百年传家牒续，先搁下先秦时主导的西戎、犬猷、高奴、鲜虞、中山部落和西夏灭亡后秘逃于横断、喜马拉雅山脉隐匿再生的木雅人西兀尔王国、夏尔巴人香巴拉王国暂不细论，单就从封建社会开始的汉代代郡之王算起，到创建代国、襄国、西凉、北魏国、东魏国、西魏国、大唐、后唐、南唐、西夏，以及拓跋木祢子孙承袭的吐谷浑政权，李从益（因投靠后汉主刘知远为其义子改姓刘）承袭的后汉政权，李保勖（因投靠南平主高季昌为其义子改姓高）承袭的南平（也称荆南国）政权，共自主执政竟达 10 个朝代，袭位执政 3 个朝代，几乎共占比中国七八十个封建朝政的六分之一；所历经的累计总年限竟长达九百余年，几乎鼎夸华夏二千年封建史的近一半，加之先秦时鼎立主导的千余年人文世历，其共承载的二千多年文明历史几乎也又占中华五千年文明史的近一半；所涌现出的拓跋李族当政帝王也近 70 位，在中国历史四百余位封建帝王总数占比也达六分之一还多，总是在世道戡乱、礼崩乐坏历史节点力挽狂澜、挺身出手，以偏安大度之风而一揽归统,都堪属世无伦比的奇迹,而且更有受民舆敬重得以安存的国中之国驼方、唐古特、土默特(异音也称作谷驼,都在内蒙古阿拉善盟至巴彦淖尔盟一带)也相续存在了上百余年。其至有研究认为,于 13 至 15 世纪消失的西兀尔、香巴拉裔民又饱经了暗自嬗化流变,转育促成了遍布木雅地域(今川藏地区横断山脉一带)的夏尔巴人,以至于又繁衍扩散到了中国西藏西边的独毗疆壤小国锡金、不丹及尼泊尔、印度、孟加拉僻境①,悄悄地慕橡着祢天神巅信念,默延着德佑祀戎根脉。不仅如此,以有资可鉴的西夏为典例,呈现了唯一的历史状元皇帝李遵顼,两代姑侄文武精英女后梁氏皇后,而且还连续有五位女后垂帘听政百余年,几乎占整个西夏二百年朝政的一半还多,和那位同样孕育生于西北古戎夏福地河东并州(今山西文水)的鼎铭唐皇女后武则天同样,都是历史政坛和女祀俗统绝无仅有、盖世无双的奇葩,一定程度上也更是西戎、党项族民古老母系氏族思想精神的玄异升华和体现。同时在发展演化中为保家卫国需要,西夏国还刻意整肃首创了国家正规的女兵戎祀建制,公然冲破了封建礼约所忌讳的"牝鸡之晨,唯家唯索"束缚②,托《汉书》中所描述的西戎祖人嫘姐、麻奴之女尊智慧形象,而冠称飒爽英姿麻撩军,堪称巾帼天娇,绝代英豪,这也与谷驼李宗铭碑所述的"麻撩……兵苹之垄地广人……"之语似有某种心照不宣之意。另外,在历史洪流磨炼中党项人还集民族智慧丰富完善了颇具特色的泻卤渔耕(改良盐碱和水田水产)农经体系和雕版、活版印刷文化艺术,以及采石矿冶、炻器制造(介于陶器和瓷器之间像砂锅、鼎釜一类较耐火的炻釉器具),精良改进了鬼谷火药、青白盐艺、冷锻白钢(相当于不锈钢)、军火弩机等秘术绝技,惊叹不已,正所谓"契丹鞍、党项剑、高丽色秘映中原"史话,真不愧是数典耀世的人文精粹。

再有一位值得提及的拓跋李系奇才人物,就是出奇生就双眼仁的南唐后主李煜,以超脱的诗赋乐情而独领世道风骚,旷世婉约,但又终因心智偏执,佚本废业,痛失家国,降房于宋都汴京悯殿红尘,最后无奈以陇西郡公空号苟且委身于其妻后姿悦郑国夫人赐号名下,最后鸩冥于京畿驼墟方地(今开封东北长垣县),以忧伤忿遭的《浪淘沙》"……无限江山,别时容易见时难"、《虞美人》"……问君能有几多愁,恰是一江春水向东流"满腹情悠,为汴京驼乡叙就了缠绵史舆,成了如今河南长垣县驼文化产业园的凄楚话题。所以,历来史学家都十分关注神秘党项人的开拓文明踪秘,曾一度因法国巴黎地区与西夏人文的奇妙相映联系而助推了自明、清以来欧洲世界来探寻东方神秘"赛丽丝(党项事迹)"文明的热潮。③其实早从元代起就有厄本笃、利马窦、伊本·拔图塔等西方

---

① 宁夏大学西夏文化研究院:《资料汇编》,2015 年。
② 《尚书·洪范》,中华书局,1985 年。
③ 《元史》,内蒙古人民出版社,1982 年。

游历者为此不远万里来到中国,并相应逗留探访于西北青藏高原、河西走廊深处的西夏故土。清朝末期又显有沙俄皇家地理学会探险者科兹洛夫历尽千险侥幸从黑水城废墟(古西夏国的西北边城,在今内蒙额济纳旗一带)盗掘走大批西夏文物珍宝(世说其约有上万件之多,曾装运了二三十辆四轮大马车),武装抢掠转运到万里之遥的俄罗斯圣彼得堡都城,并专门为之建起了冬宫博物院东方文献研究所,引以举世之宝予以独藏探究,不遗余力从中解读了许多相关西夏党项文明史密,这也更促就了众目睽睽的赛丽丝欲求,直接导致了以西夏女尸为代表的一些相应珍贵文物于世界大战乱时不径失落隐匿,实奈令人叹之悠悠。

On the Historical Scriptures of Dangxiang Descendant: Tuoba in Gutuo

Li Chengjun

(The Cultural Society of Ancient YeCheng, LinZhang, Hebei, 056600)

Abstract: Gutuo, showing a playback of the dignified Guigu and the Chinese gunpowder civilization, abstruse patriarchal clan system, Confucianism and Taoism culture with a deep persuasion, created a solid humanistic foundation and demonstrated a simplified secular worship of copper camel. Together with ancient Qiang Rong and Tuoba-Dangxiang descendant, Gutuo actually offered an interpretation of the aristocratic world and its events, in which, or hidden or now, see every clue clearly in thousand years Li-pedigree history.

Key words: Gutuo; copper camel; patriarchal clan; Guigu; Tuoba family

北齐都城邺城兴衰的因素探析

乔凤岐 李瑞勤

（许昌学院魏晋文化研究中心，河南许昌，461000）

[摘 要] 北齐都城邺城的兴起不仅与漳河流域相对优越的自然环境密切相关，而且受农业、交通、人口、历史文化基础等人文地理因素影响尤为明显。周隋以后，邺城的衰落虽然受到了自然环境变迁的影响，而政治中心转移和人为破坏等人文地理因素的影响更大。

[关键词] 北齐 邺城 自然环境 人文地理

[中图分类号] K928   [文献标识码] A

[第一作者简介] 乔凤岐（1964— ），男，河南新郑人。许昌学院魏晋文化研究中心教授，许昌颍川文化研究中心研究员，历史学博士。主要研究方向为魏晋隋唐史、中国历史地理。

北齐邺城作为古代华北地区的重要区域性中心城市，在中国历史上繁盛一时。但自周隋以后，邺城丧失了作为中国大一统王朝都城的机会而由盛转衰。其中有自然环境发生了重大变化的原因，同时也有重要的人文地理因素。

一、邺城兴起和发展的自然环境

古代中国以农业立国，在选择都城的诸多地理因素中，自然环境颇为重要。谭其骧先生说，历代统治者为了使其封建统治长期延续下去，"主要是根据经济、军事、地理位置这三个方面的条件来考虑，决定建立他们的统治中心——首都的"[①]。历代君主重视都城建设，想借此加强对所能控制的疆域的统治，尤其是在分裂时期，割据一方的政权选择立都之地更加注重地理位置、地势山川、土壤气候等自然条件，在保障都城安全的同时，以便于获得赋税、兵员。兹分别作简要分析。

（一）地理位置

中国古代都城的选择，首先考虑的是地理位置，即"择天下之中而立国"[②]。就当时全国的版图而言，邺城处于黄河流域，自古就是古人心目中的天下之中，所谓"昔

---

① 谭其骧：《长水集续编》，人民出版社，1994年，第30页。
② 〔战国〕吕不韦：《吕氏春秋》卷十七《审分览·慎势》，上海古籍出版社，2002年，第1119页。

唐人都河东,殷人都河内,周人都河南。夫三河在天下之中,若鼎足,王者所更居也"①。北齐与北周和陈三足鼎立之时,北齐占据了中国北东部,南与陈以长江为界,西与周对峙于崤、函一线。"在这样的格局下,周、秦、汉、魏以来的传统都城长安与洛阳,前者为西魏与北周所据有,后者处于双方对抗的前沿地带。"②就当时局势而论,处于战争前沿的古都洛阳确实如高欢所言:"虽有山河之固,土地褊狭,不如邺。"③以北齐的版图而言,邺城基本上居于国土之中,符合古代的选都原则。

都城作为国家的政治中心,其位置的选择必须适合统治全国的的需要。史念海先生说:"都城的最早的作用是王朝或政权以之来统治或控制全国的疆土。达到了这样的目的,王朝或政权才能长治久安。远古时期有些人设想,为了能够更好的统治或控制,都城所在地以居全国疆土的中央为宜。"④邺城是古代从山东到西北、从中原到幽燕的必经之地,袁绍称此地:"南据河,北阻燕、代,兼戎狄之众,南向以争天下。"⑤在控制北齐国土与对抗西魏、北周方面,邺城所在的地理位置使其再次成为都城所在地。

(二)地势山川

在诸多自然灾害中,对古代人们生命及财产威胁最大的当属水灾。黄河流域在历史上经常发生洪涝灾害,尤其是黄河下游河道的多次改迁,对华北地区的危害尤为严重,人们选择生存环境必须考虑如何避免华北诸河道的洪水泛滥所带来的危害。为了趋吉避凶,古人对"宅"十分重视:"故宅者,人之本,人以宅为家居,若安即家代昌吉,若不安即门族衰微,……上之军国,次及州郡县邑,下之村坊署栅,乃至山居,但人所处皆其例焉。"⑥至于如何选"宅",古人认为:"人之居处,宜以大地山河为主。其来脉气势,最大关系人祸福,最为且要。若大形不善,总内形得法,终不全吉。"⑦无论是普通民众选择住宅,还是帝王选择国都,均是从地势山川及其走向考虑的。都城属于大区位选址,"周边须有名山的依托和大河的环绕,只有这样才能汇聚起承载帝王居住的龙脉"⑧。徐元文在《历代宅京记·序》中云:"自古帝王维系天下,以人和不以地利,而卜都定鼎,计及万世,必相天下之势而厚集之。"⑨此处的"相天

---

① 〔西汉〕司马迁:《史记》卷一百二十九《货殖列传》,中华书局,1959年,第3262—3263页。
② 高敏:《略论邺城的历史地位与封建割据的关系》,载《中州学刊》1989年第3期。
③ 〔唐〕李百药:《北齐书》卷二《神武本纪下》,中华书局,1972年,第16页。
④ 史念海:《中国古都和文化》,中华书局,1998年,第214页。
⑤ 〔西晋〕陈寿:《三国志》卷一《五帝本纪》,中华书局,1959年,第26页。
⑥ 《黄帝宅经·序》,顾颉:《堪舆集成》第一册,重庆出版社,1994年,第1页。
⑦ 《阳宅十书》,顾颉主编:《堪舆集成》第二册,重庆出版社,1994年,第191页。
⑧ 乔凤岐:《论东魏北齐定都邺城的地理因素》,载《河南师范大学学报》(哲学社会科学版)2016年第1期。
⑨ 〔清〕顾炎武:《历代宅京记》,中华书局,1984年,第4页。

下之势"指的是古代堪舆学中的风水文化，也就是依据山川河流的高低与走向判断地势的吉凶。邺城处于太行山系向华北平原的过渡丘陵地带，西高东低的特征极为明显，纵横交错的河道之间的高坡台地，远古时期就成为人们休养生息之所。

从华北地理环境来看，"西面太行山就像一道绵延千里的屏障，滏口陉两边的险要地势构成了邺城西面的门户；黄河环绕着邺城的南面和东面成为一道防御天堑，当时黄河上黎阳渡口（在今河南浚县境内）地势尤为重要，是邺城南下的重要门户。从漳河流域来看，发源于太行山脉的滏阳河流经北面，洹水流经南面，漳水绕过城南向东北流去与滏阳河交汇，背山环水的独特地形犹如一个环形封闭区域，形成了几道天然的防御屏障，有着良好的军事地理条件"①。邺城依山临水，沟壑从横，基本符合"非于大山之下，必于广川之上。高毋近旱而用水足，下毋近水而沟防省。因天材，就地理"②的立都原则。

（三）土壤气候

中国自古以农业立国，都城所在地的土壤肥力格外受到重视，冲积平原往往是最理想的农耕地带，也是最佳的立都之所。沈括说："余奉使河北，遵太行而北，山崖之间往往衔螺蚌壳及石子如鸟卵者，横亘石壁如带。此乃昔之海滨，今东距海已近千里。所谓大陆者，皆浊泥所湮耳。尧殛鲧于羽山，旧说在东海中，今乃在平陆。凡大河、漳水、滹沱、涿水、桑乾之类，悉是浊流。今关、陕以西，水行地中，不减百余尺，其泥岁东流，皆为大陆之土，此理必然。"③说明古人很早就认识到"华北平原是黄河、漳河、滹沱河带来的泥沙沉积而成，位于豫北冀南的邺城一带的丘陵高台，不仅土壤肥沃，而且水源充足，排水良好，具有发展农业的良好基础"④。

魏晋南北朝时期是中国历史上的寒冷期，灾害频发。据这一时期的正史和《资治通鉴》等文献记载，东魏迁都邺城之前的6世纪前期，洛阳一带的自然灾害非常频繁，有据可查的旱灾18次，水灾5次；邺城一带仅水灾1次。（表1）

表1 6世纪初至东魏迁都邺城年间邺城、洛阳两地水旱灾害对比简表

时间	水灾			旱灾			备注
	灾情	地区	出处	灾情	地区	出处	
502年 北魏景明三年				三年二月阳旱积时	洛阳	《魏书·世宗本纪》，第194页	
503年 北魏景明四年				（四月）不雨十旬	洛阳	《魏书·世宗本纪》，第196页	

---

① 乔凤岐：《隋唐地方行政与军防制度研究》，人民出版社，2013年，第219页。
② 〔春秋〕管仲撰，黎翔凤校注：《管子校注》卷一《乘马第五》，中华书局，2004年，第83页。
③ 〔北宋〕沈括：《梦溪笔谈》卷二十四《海陆变迁》，中华书局，2009年，第264页
④ 乔凤岐：《隋唐地方行政与军防制度研究》，人民出版社，2013年，第219页。

续表

时间	水灾			旱灾			备注
	灾情	地区	出处	灾情	地区	出处	
504年 北魏正始元年				（六月）以旱彻乐减膳	洛阳	《魏书·世宗本纪》，第197页	
505年 北魏正始二年				（八月）郊甸之内，大大旱逾时	洛阳	《资治通鉴》卷一四六，第4552页	
506年 北魏正始三年				（五月）今时泽未降，春稼已旱	洛阳	《魏书·世宗本纪》，第202页	
507年 北魏正始四年				永平元年三月诏书：去岁旱俭	洛阳	《魏书·世宗本纪》，第205页	
508年 北魏永平元年				五月，帝以旱故，减膳彻悬	洛阳	《魏书·世宗本纪》，第205页	
509年 北魏永平二年				五月，帝以旱故，减膳彻悬，禁断屠杀	洛阳	《魏书·世宗本纪》，第208页	
511年 北魏永平四年	延昌元年六月己卯诏书：去岁水灾	洛阳	《魏书·世宗本纪》，第212页				
512年 北魏延昌元年	延昌元年夏，京师及四方大水	洛阳	《魏书·灵征志》，第2903页	四月，诏以旱故，食粟之畜皆斩之	洛阳	《魏书·世宗本纪》，第211页	
518年 北魏神龟元年				自正月不雨至于六月	洛阳	《魏书·肃宗本纪》，第227页	
519年 北魏神龟二年				（二月）农要之月，时泽弗应，嘉谷未纳，三麦枯悴	洛阳	《魏书·肃宗本纪》，第229页	
				秋末久旱	洛阳	《魏书·崔光传》，第1497页	
520年 北魏正光元年				五月诏书：炎旱为灾	洛阳	《魏书·肃宗本纪》，第230页	
521年 北魏正光二年	夏，定、冀、瀛、相四州大水	邺城	《魏书·灵征志》，第2903页	（正月）今旱暵方甚，圣慈降膳	洛阳	《资治通鉴》卷一四九，第4663页	
				七月诏书：时泽未降，禾稼形损	洛阳	《魏书·肃宗本纪》，第232页	

续表

时间	水灾			旱灾			备注
	灾情	地区	出处	灾情	地区	出处	
522年 北魏正光三年				六月诏书：嘉雨弗洽，百稼燋萎，晚种未下，将成灾年，秋稔莫觊	洛阳	《魏书·肃宗本纪》，第233页	
523年 北魏正光四年				八月诏书：雨旱愆时	洛阳	《魏书·肃宗本纪》，第235页	
527年 北魏孝昌三年	孝昌三年秋，京师大水	洛阳	《魏书·灵征志》，第2903页				
528年 北魏武泰元年	嵩高山水洪溢，军人死散。	洛阳	《陈书·陈庆之传》，第463页				
531年 北魏普泰元年				（七月）尔朱彦伯以旱逊位	洛阳	《魏书·广陵王本纪》，第277页	
532年 北魏永熙元年	出帝太昌元年六月，京师大水	洛阳	《魏书·灵征志》，第2903页				
534年 东魏天平元年							（十月）迁都邺城

从简表中可以看出，从6世纪初至东魏孝静帝天平元年（534年）十月迁都邺城这段时间内，首都洛阳一带水旱灾害非常严重，而地处华北平原的邺城一带几乎没有太大的水旱灾害，说明当时邺城一带气候条件比洛阳好得多。古代的农业经济决定于自然环境和气候的好坏，邺城气候良好也说明当时社会经济相对较好，为邺城的繁荣奠定了物质基础。

二、北齐邺城兴起的历史人文基础

北齐邺城的发展和繁荣与漳河流域的自然环境密切相关，厚重的人文环境和文化因素也是邺城发展繁荣的重要人文地理因素。

（一）人口密集

古代对地方官员的政绩考核，主要根据辖区内耕地和户数的多少，这两项也是国家征发赋税徭役的依据。据《魏书·地形志》记载，东魏孝静帝武定年间（543—550年）有八十个州，其中的四十七个州有户口记录，共计二百零七万九千六十六户，人口七百五十九万一千六百五十四，平均每州约四万户。治所设于邺城的司州在当时户口最盛，"领郡十二，县六十五，户三十七万一千六百七十五，口一百四十五万九千八百三十五"①。邺城一带的户数就占据了东魏北齐可考户数的近五分之一，超过其他州平均户数的九倍，这可能与邺城作为都城有一定关系。

（二）交通便利

由于山川等自然环境因素的制约，邺城一带自古就是贯穿华北平原的一个重要控制点，具有重要的战略地位，顾祖禹将这一带地势描述为："山川雄险，原隰平旷，据河北之襟喉，为天下之腰膂。"②发源于太行山脉的漳水、滏水、洹水在邺城一带交汇，南北交通必须借助于渡口才能畅通，同时这些河道也成了从邺城进入太行山腹地和河东州郡的天然通道，使邺城一带成为货物集散地和中转站。"白沟和利漕渠的开凿，漳水与其它河渠相沟通，太行山东各处的船只，能够驶抵邺城之下，邺城由此而得到繁荣和发展"③。

（三）经济发达

周昆叔先生说："山能为人类生存提供水、土、生物等重要资源。山是水之源，水乃人之托。山在人类文化形成中的作用应于更多关注。"④魏晋南北朝时，太行山系仍然保存着较好的森林植被，能够为人们提供建筑木材和日常所需烧饭、取暖的薪材。曹操修筑邺城宫殿之时"于上党（今山西省长治市）取大材"⑤，到东魏北齐时期仍然在邺城大修宫室，说明与邺城相近的黎城、平顺一带依然有较好的森林资源可供利用，这些森林之中也自然生存了可供人们猎取的野生动物。

邺城一带的自然环境优越且自然资源丰富，自古成为黄河流域的经济发达区域之一。先秦时期，"魏文侯以西门豹为邺令也，引漳以溉邺，民赖其用。其后至魏襄王，以史起为邺令，又堰漳水以灌邺田，咸成沃壤，百姓歌之。魏武王又竭漳水，回流东注，号天井堰。二十里中，作十二墱，墱相去三百步，令互相灌注，一源分为十二流，皆悬水门"⑥。这些水利设施在以后不断得到整修，是邺城一带农业生产的保障条件。北魏的均田制将更多的农民固定在这块土地上从事生产，促进了邺城一带经济恢复和繁荣，以致在东魏孝静帝迁都邺城之初能够"出粟一百三十万石"⑦，解决随迁之人的饮食问题。

作为南北朝时期北方的一大都会，邺城一带的手工业在《隋书》中有所记述："魏

---

① 〔北齐〕魏收：《魏书》卷一百六上《地形志上》，中华书局，1974年，第2456页。
② 〔清〕顾祖禹：《读史方舆纪要》卷四十九《河南四·彰德府》，中华书局，2005年，第2315页。
③ 周书灿：《殷都安阳兴衰的地理因素探析》，载《人文地理》2006年第5期。
④ 周昆叔：《论中华民族文化的核心——嵩山文化圈》，载《中国文物报》2005年03月11日。
⑤ 〔西晋〕陈寿：《三国志》卷十五《梁习传》，中华书局，1959年，第469页。
⑥ 〔北魏〕郦道元：《水经注》卷十《浊漳水》，中华书局，2007年，第258页。
⑦ 〔北齐〕魏收：《魏书》卷一百一十《食货志》，中华书局，1974年，第2861页。

郡，邺都所在，浮巧成俗，雕刻之工，特云精妙，士女被服，咸以奢丽相高，其性所尚习，得京、洛之风矣。"① 唐初的史官虽然以批评的观点记录邺城的手工业状况，其发达程度在字里行间也有一定显示。邺城西南的林虑山是一个矿产资源丰富之地，"山多铁，县有铁官"②。从汉朝开始，便在这里设有铁官管理冶铁生产。③ 宋朝的林虑县"县侧近山并多铁钏，可以鼓铸"④。作为传统的冶铁行业在北齐时期可能不会废弃，铁既是制作兵器的材料，也是生产工具的原材料，因而是邺城经济发达的重要标志。

（四）历史文化厚重

都城的选址，通常会考虑历史文化的积淀因素。邺城一代自商朝开始建都，在此后多次作为政治中心，三国时期，"魏武帝（曹操）受封于此，至文帝受禅，呼此为邺都"⑤。此后，后赵、前燕先后在此立都，修筑宫室，使邺城的文化积淀进一步厚重。崔光说："邺城平原千里，运漕四通，有西门、史起遗迹，可以饶富，在德不在险，请都之。"⑥崔光建议北魏孝文帝迁都邺城，也是从历史文化基础考虑的。

三、邺城衰落的地理因素

东魏迁都邺城标志着邺城步入鼎盛时期，北齐灭亡以后，邺城失去了作为统一王朝都城的机会而由盛转衰，北周以后更是一蹶不振。其中既有自然环境变化的原因，也有诸多人文地理因素的影响。

（一）经济衰退

北齐取代东魏以后，邺城一带可考自然灾害中，水灾四次，雪灾三次，雨木冰灾害六次，旱灾五次。（表2）邺城一带冰雪灾害频发，虽然受南北朝时期气候寒冷大趋势的影响，但也是邺城一带气候转向寒冷的标志。自然条件渐趋恶化，是导致该地区农业经济衰退以及政治中心地位丧失的重要因素之一。

表2 北齐时期邺城一带自然灾害简表

时间	水灾	雪灾	冻灾	旱灾	出处	备注
551年 北齐天保二年			雨木冰三日		《隋书·五行志》，第628页	
557年 北齐天保八年				春三月，大热，人或暍死	《北齐书·文宣帝本纪》，第63页	

---

① 〔北齐〕魏徵：《隋书》卷二十四《食货志》，中华书局，1973年，第860页。
② 〔唐〕李吉甫：《元和郡县图志》卷十六《河北道一》，中华书局，1983年，第456页。
③ 〔东汉〕班固：《汉书》卷二十八《地理志》，中华书局，1962年，第1554页。
④ 〔北宋〕乐史：《太平寰宇记》卷五十五《河北道四·相州》，中华书局，2007年，第1142页。
⑤ 〔唐〕李吉甫：《元和郡县图志》卷十六《河北道一》，中华书局，1983年，第453页。
⑥ 〔北宋〕乐史：《太平寰宇记》卷五十五《河北道四·相州》，中华书局，2007年，第1134页。

续表

时间	水灾	雪灾	冻灾	旱灾	出处	备注
558年 北齐天宝九年				夏，大旱	《北齐书·文宣帝本纪》，第64页	
560年 北齐乾明元年				春，旱	《隋书·五行志》，第635页	
562年 北齐河清元年			岁大寒		《隋书·五行志》，第649页	
563年 北齐河清二年		二月，大雨连雪，南北千余里，平地数尺，繁霜昼下			《隋书·五行志》，第627页	
564年 北齐河清三年	六月庚子，大雨昼夜不止息，至甲辰乃至				《北齐书·武成帝本纪》，第93页	
566年 北齐天统二年				（三月）以旱故，降禁囚	《北齐书·后主本纪》，第98页	
		十一月，大雪			《隋书·五行志》，第627页	
567年 北齐天统三年		正月，大雪			《隋书·五行志》，第627页	
	十月，积阴大雨				《隋书·五行志》，第626页	
568年 北齐天统四年				自正月不雨至于是（五）月	《北齐书·后主本纪》，第101页	
570年 北齐武平元年			雨木冰		《隋书·五行志》，第629页	
572年 北齐武平三年		正月，大雪			《隋书·五行志》，第627页	
			二月，雨木冰		《隋书·五行志》，第629页	
575年 北齐武平六年			春冬木冰		《隋书·五行志》，第629页	
576年 北齐武平七年			春冬木冰		《隋书·五行志》，第629页	
	去秋以来，水潦人饥				《北齐书·后主本纪》，第109页	
	七月丁丑，大雨霖，水涝，人户流亡				《隋书·五行志》，第626页	

北齐时期，邺城一带的农业经济受到自然灾害的影响是不可否认的事实，但造成

社会经济衰退的主要原因则是人为因素。一是"赐与无节,府藏之积,不足以供"①。二是大兴土木,"造修文、偃武、隆基嫔嫱诸院,起玳瑁楼。又于游豫园穿池,周以列馆,中起三山,构台,以象沧海,并大修佛寺,劳役巨万计"②。三是币制混乱,"邺中用钱,有赤熟、青熟、细眉、赤生之异。……武平以后,私铸转甚,或以生铁和铜"③。北齐统治者奢靡无度,不仅造成了国家府库的空虚,也导致了京师邺城的经济衰退。

(二)政治中心的转移

在全国大一统或者北方统一的政治格局下,邺城虽然称得上山川俱备,但军事防御方面的地理优势仍然有限,既不能与"瀍、涧之中,天地交会,北有太行之险,南有宛、叶之饶,东压江、淮,食湖海之利,西驰崤、渑,据关河之宝"④的洛阳相比,更比不上"左殽函,右陇蜀,沃野千里,南有巴蜀之饶,北有胡苑之利,阻三面而固守,独以一面东制诸侯"⑤的关中长安。北齐之后的隋、唐均兴起于西部关中地区,在庞大的关陇政治集团支持下选择了长安作为都城。中国古代区域社会的发展具有很强的政治依附性,都城地位的丧失和政治中心的转移,是邺城走向衰落的必然。

(三)人为的破坏活动

邺城经过南北朝时期数百年的建设,在北齐时期成为高度发达的北方都市,却在北周时期遭到两次人为破坏。北周军队于建德六年(557年)正月攻占邺城后,周武帝下诏:"伪齐叛涣,窃有漳滨,世纵淫风,事穷雕饰。或穿池运石,为山学海;或层台累构,槩日凌云。……方当易兹弊俗,率归节俭。其东山、南园及三台可并毁撤。瓦木诸物,凡入用者,尽赐下民。山园之田,各还本主。"⑥三台是邺城的标志性建筑,曹操修筑的目的可能是为了游乐,正如曹丕《登台赋》所言:"飞阁崛其特起,层楼严以承天。步逍遥以容与,聊游目于西山。"关于在魏晋南北朝时期多次增高加固的原因,周一良先生认为:"三台虽在西北一隅,但因形成制高点,造成邺城易守难攻的形式。"⑦隋唐以前,邺城多次成为与关中政治集团对抗的中心和北方统一过程中难以攻克的堡垒。周武帝虽然是在"归于节俭"的口号下拆除三台,但其真正目的可能是为了削弱邺城城防功能。北周末年,相州刺史尉迟炯不满杨坚专权,凭借邺城优越的地理环境起兵造反。叛乱平定以后,周隋统治者以"邺都俗薄,号曰难化"⑧为由,

---

① 〔北齐〕魏徵:《隋书》卷二十四《食货志》,中华书局,1973年,第676页。
② 〔北齐〕魏徵:《隋书》卷二十四《食货志》,中华书局,1973年,第678页。
③ 〔北齐〕魏徵:《隋书》卷二十四《食货志》,中华书局,1973年,第691页。
④ 〔后晋〕刘昫:《旧唐书》卷一百九十中《文苑中》,中华书局,1975年,第5020页。
⑤ 〔东汉〕班固:《汉书》卷四十《张陈王周传第十》,中华书局,1962年,第2032页。
⑥ 〔唐〕令狐德棻:《周书》卷六《帝纪第六·武帝下》,中华书局,1971年,第101页。
⑦ 周一良:《读〈邺中记〉》,载《内蒙古社会科学》1983年第4期。
⑧ 〔北齐〕魏徵:《隋书》卷七十三《樊叔略传》,中华书局,1973年,第1677页。

"移相州于安阳,其邺城及邑居皆毁废之"①。岑参《登古邺城》诗云:"武帝宫中人去尽,年年春色为谁来?"说明"唐时的邺城已是一座无人居住的空城了"②,昔日繁华的古邺城成了一片荒凉的废墟。

总的来看,自然地理环境为邺城的兴起奠定了基础,人文地理因素则是邺城走向繁荣重要条件。北周末年,"焚烧邺城,徙其居人"③的做法,直接导致了北齐以后邺城的一蹶不振。在自然地理环境变化不大的条件下,人文地理环境对城市兴衰的影响尤为重大。

The Rise and Fall of Yecheng, the Northern Qi Capital

Qiao Fengqi li Ruiqin

(Wei-Jin cultural research center, Xuchang University, Xuchang, Henan, 461000)

Abstract: The rise of Yecheng, the capital city of Northern Qi during the Northern and Southern Dynasties, is not only closely related to the relatively superior natural environment of Zhanghe River basin, but also affected by the cultural and geographical factors such as agriculture, transportation, population and historical and cultural basis. After Northern Zhou and Sui Dynasties, though the decline of Yecheng was affected by the change of natural environment, the cultural and geographical factors such as the transfer of political center and man-made destruction were more influential.

Key words: Northern Qi; Yecheng; Natural environment; Human geography

---

① 〔唐〕令狐德棻:《周书》卷八《帝纪第八·静帝》,中华书局,1971年,第133页。
② 沈琨:《漳河岸畔访邺城》,载《寻根》2004年第5期。
③ 〔宋〕司马光:《资治通鉴》卷一百七十四《陈纪八》,宣帝太建十二年(580年)八月条注引刘昫语,中华书局,1956年,第5426页。

中国古都研究概观与简评

沈 山 刘科彬

（江苏师范大学地理测绘与城乡规划学院，江苏徐州，221116）

[摘 要] 笔者从古都学学科理论、古都形制与文化、古都自然环境与景观、古都文化旅游开发、古都保护规划与现代化、古都的国际化研究六个方面对我国古都研究进行概观，提出我国古都研究需要完善的三个方面：古都学基础理论的完善和系统化、引入空间计量分析方法和古都研究的国际化发展。

[关键词] 古都　研究概观　简评

[中图分类号] K928　　**[文献标识码]** A

[第一作者简介] 沈山（1970— ），男，河南南阳人。江苏师范大学地理测绘与城乡规划学院教授，人文地理学博士，主要研究方向为城市文化与遗产价值、历史文化名城与名镇景观。

一、引言

作为我国现代学科之一的中国古都学，是历史地理学重要的组成部分与研究热点，现代意义上的中国古都学起步于20世纪50年代，随着研究深度和广度的不断加大，到20世纪80年代初正式形成并建立。[①] 对于古都学的定义，目前学术界普遍认可的是由中国古都学奠基人史念海先生对其所作的定义：中国古都学是研究中国古都的形成、发展、萧条或至于消失或经过改革成为新的城市的科学，它不仅研究这些古都演变的过程和现象，而且研究其中演变的规律，以为当前的城市建设服务。[②] 古都作为古都学研究的核心内容，其定义有广义和狭义之分，两种不同的定义与学科定义相结合使得古都研究的对象分为历史时期的所有都城和今天的古都类城市两大类。目前，我国古都数量多达220余处以上，古都的数量和体量在世界范围内都是名列前茅的。

中国古都学历经30余年的发展，在中国古都学会、中国考古学会、中国历史文化名城研究会等学会组织与多个相关学科专家学者的共同推动参与下，迄今在学术研究层面上已取得了多方面的颇为丰硕的成果。早在1984年11月在南京举行的中国古都

---

① 华林甫：《20世纪的中国古都研究》，载《中国历史地理论丛》2005年第1辑，第135—145页。
② 史念海：《中国古都概说》，载《中国古都研究》（第8辑），第1—134页。

学会第二次学术会上就提出了有关古都研究的 11 个课题。这些课题涉及全面，基本上划定了古都学的研究范围和研究内容。之后学者们对于古都的相关研究大多是围绕这些课题来展开的。有关古都研究的综述性梳理研究，之前就有学者已经从多个视角进行过整理研究，但是随着古都研究的不断深入以及社会经济的不断发展，古都研究也出现了新的研究内容和研究趋势，这也是需要我们及时跟进并梳理的。

二、主要研究概观

（一）古都学学科理论研究

自学科建立以来，古都学发展速度快态势好，积累了丰富的研究成果，早期的专家学者对于古都学的定义及研究范畴作过界定，之后古都学理论方面的研究或以著作出版或以论文刊发。[1][2][3] 史念海首先对古都学定义及研究对象进行了具体的论述，[4] 吴宏岐等对古都学中古都的概念及范畴进行梳理补充，从研究对象、研究内容、与相关学科的关系等方面对古都学进行了阐述，认为中国古都学是城市科学与历史学交叉而形成的一门边缘综合性学科。[5] 也有对早期学者学术思想进行研究的，毛曦认为陈桥驿先生丰富的大古都思想，产生了广泛的学术影响和社会影响，在中国大古都研究中具有开创性的贡献，在当代中国学术史上具有不可替代的地位。[6]

随着相关学科如历史地理学、都城地理学的快速发展，古都学的研究也需要打破传统研究思路。李久昌通过对洛阳古都研究发展脉络的梳理发现，学术界对于洛阳古都的研究主要从建都朝代界定、都城规划与布局、经济与市场发展、都城里坊制度、都城生态环境、都城文化以及都城学术著作等方面展开了具体的阐述，并指出在未来要把都城空间研究、都城与生态环境互动关系研究等作为学术发展趋势与方向。[7] 吴宏岐从都城地理学的研究范畴、研究内容、研究方法等方面阐释都城地理学，认为都城地理学是古都学不可或缺的部分，是用地理学视角去研究中国古代都城的相关问题，

---

[1] 朱士光：《八年来中国古都学研究概述》，载《中国古都研究》（第 9 辑），第 9 页。
[2] 朱士光：《中国古都学理论建设刍议》，载《中国历史地理论丛》2005 年第 1 辑，第 132—134 页。
[3] 王嘉川、狄三峰：《1949 年以来中国大陆历史城市地理研究之发展》，载《保定学院学报》2012 年第 5 期，第 50—60 页。
[4] 史念海：《中国古都概说》，载《中国古都研究》（第 8 辑），第 1—134 页。
[5] 吴宏岐、李瑞：《关于中国古都学的若干理论问题》，载《陕西师范大学学报》（哲学社会科学版）2004 年第 1 期，第 32—37 页。
[6] 毛曦：《20 世纪 50 年代前的中国大古都问题——有关大古都研究学术史的补充》，载《中国历史地理论丛》2017 年第 1 辑，第 48—56 页。
[7] 李久昌：《20 世纪 50 年代以来的洛阳古都研究》，载《河南大学学报》（社会科学版）2007 年第 4 期，第 27—35 页。

有助于完善中国古都学学科体系。①

目前古都学的相关理论比较丰富，但仍存争议内容。其中之一就是关于中国有"几大古都"的认定。众多古都中，少数建都历时较长、都城规模较大、历史影响深远、地位显赫的古都，被誉为大古都，诸多地方古都争冠"大古都"引起的学术争议此起彼伏，成为学界关注和探讨的重要研究内容之一。毛曦从已有的几类大古都认定的学术观点入手，追溯和梳理了20世纪50年代之前中国大古都研究的学术史，既是对上述学术观点的有力佐证，更是对大古都学术史源流的重要补充，并认为大古都学术研究要建立在必要的学术史研究的基础之上，与此同时，对于大古都的认定还需要建立一个综合性、全面性、科学性的标准量化体系，以此推动古都分类研究的进一步深入。②何一民通过成都与安阳、南京和杭州三大古都的自然环境与地理位置、都城历史积年、城市历史地位、当代发展等方面进行比较，认为成都具备列为大古都的基本条件，成为中国大古都当之无愧。③

（二）古都形制与文化研究

古都的形制是古都物质文化、制度文化以及精神文化的集中反映。尹钧科从概念、理论原则等7个方面详细论述中国都城制度。④李小波以黄河流域秦以后的主要都城为研究对象，从古都中宫殿数量、中轴线形成、宫殿方位等三个方面对古都形制进行分析，提出都城规划思想所体现的政治上王权至上、精神上天人合一及制度上礼法并用的特征。⑤任云英通过对隋唐长安城的空间形态演变入手，认为非均衡对称的形制是受地理条件、文化环境、经济发展、军事需求等方面影响的，表明了都城形制的功能趋向性。⑥吴宏岐等在梳理西安城市发展的历史阶段的基础上，分析西安自建城以来城市更新的六种模式，认为新世纪背景下的城市更新的模式选择新旧分制更符合西安未来城市的可持续发展。⑦王鲁民以"聚合型"都城为研究对象，分析从商到两汉时期的聚合型都城的形态特点及对当时政权统治的意义，探讨"聚合型"都城退出历史舞台的原因及

---

① 吴宏岐、郝红暖：《中国都城地理学若干问题刍议》，载《陕西师范大学学报》（哲学社会科学版）2009第3期，第53—59页。

② 毛曦：《20世纪50年代前的中国大古都问题——有关大古都研究学术史的补充》，载《中国历史地理论丛》2017年第1辑，第48—56页。

③ 何一民：《成都与安阳、南京、杭州三大古都之比较》，载《中华文化论坛》2017年第1期，第68—76页。

④ 尹钧科：《中国古代都城制度略说》，载《中国古都研究》（第17辑），第355—359页。

⑤ 李小波：《古都形制及其规划思想流变》，载《城市问题》2002年第3期，第10—13页。

⑥ 任云英、朱士光：《从隋、唐长安城看中国古代都城空间演变的功能趋向性特征》，载《中国历史地理论丛》2005年第2辑，第48—56页。

⑦ 吴宏岐、严艳：《古都西安历史上的城市更新模式与新世纪城市更新战略》，载《中国历史地理论丛》2003年第4辑，第26—38页。

影响。① 申有顺认为古都的规划布局不仅会对其他城市的建设产生深远的影响，更是彰显中华建筑文化与都城建设的融合。② 钱国祥以近年来洛阳宫城考古发现入手，研究两汉至隋唐时期的都城形制和格局的发展演变脉络，认为各个时期的都城形制变化既是对传统汉地都城制度的继承，又是适应当时历史社会环境变迁的过程。对汉唐时期的都城形制进行研究，探索其中的各种渊源和汉化因素，在中国古代都城发展史及整个东亚地区古代文化与文明的发展进程中，都具有重要的意义。③

对于古都文化的研究，古都既是政治中心，同时也是文化中心，向外不断传播文化，研究古都文化有助于我们对整个中华文化的理解。④ 古都文化是当时王朝时代文化的缩影及精华，是中华文化的重要组成部分，需要我们在古都文化源流、内涵、特征及影响等方面进行深入的探讨与研究。⑤ 古都文化是历史记忆的见证，是文化记忆和文化认同的体现。⑥ 另一方面，古都文化的价值不仅体现在有助于对历史王朝文化、整个中华文化的研究方面，还体现在利用古都文化进行旅游开发而带来的经济效益⑦，这同样也体现了古都文化的重要价值。

（三）古都自然环境与景观研究

自然因素是古都选址的重要条件，而这其中地质环境既是自然资源首要的赋存体系，也是人类栖息场所、活动空间及生活生产载体。宫进忠等在全国水系沉积物地球化学调查成果的基础上，通过对七大古都的环境地球化学背景特征的研究发现七大古都所在地的水系沉积物元素中人体必需营养元素含量均值大大高于人体有害元素的均值，以此认为古都选址过程中地质地球化学背景也是重要的考虑因素之一⑧。古都自然环境中地理景观的变迁对古都风貌的影响也是重要的研究内容。姚亦峰以古都南京地

---

① 王鲁民：《中国古代"聚合型"都城的演变与退隐》，载《城市规划学刊》2015年第4期，第91—98页。

② 申有顺、路春艳：《从南诏大理三座古都规划布局谈中华建筑文化之融合》，载《中国古都研究》（总第25辑），第97—105页。

③ 钱国祥：《中国古代汉唐都城形制的演进——由曹魏太极殿谈唐长安城形制的渊源》，载《中原文物》2016年第4期，第34—46页。

④ 史念海：《中国古都的变迁与文化融通》，载《陕西师大学报》（哲学社会科学版）1994年第4期，第13—22页。

⑤ 朱士光：《中国古都与中华文化关系研究》，载《陕西师范大学学报》（哲学社会科学版）2004年第1期，第26—31页。

⑥ 梁燕城：《从历史地理的宏观脉络看中国与北京——关于古都文化的对话》，载《北京规划建设》2013年第6期，第122—129页。

⑦ 张高军、王晓峰：《"文化旅游圈"视角下的古都旅游开发——以开封为例》，载《资源开发与市场》2011年第10期，第957—960页。

⑧ 宫进忠、李广平：《中国七大古都的地球化学环境特征》，载《中国地质》2009年第5期，第1154—1162页。

理景观为研究对象,在对自然环境与古都格局遗存现状分析的基础上,通过规划学与地理学视角综合研究得到南京古都风貌保护的地理格局网络,以此为依据构建完整的古都景观保护格局,充分肯定地理环境在古都风貌研究与保护中发挥着不可或缺的作用①,其把这种研究思路也运用到洛阳等国内其他古都的研究中,把洛阳的"四方门户"和四条河流视为洛阳自然地理景观的核心②。王树声通过对古都西安山水风景营造的历史脉络的回顾,分析和探讨古都西安山水风景"基因"在现代城市建设过程中得以继承和传承的相关路径,并提出研究城市山水风景"基因"有助于我们应对城市快速扩张带来的挑战和实现"望得见山,看得见水"的城市规划新理念。③

除了对地质环境、山水景观等因素展开研究之外,也有学者从中国传统的风水等视角对中国古都分布展开论述,风水因素对古代都城的选址和建造是有着极大影响的,这其中有为满足统治阶级自身对国家统治的需求,更多体现的是一种因地制宜的朴素的人地和谐思想④。

(四)古都文化旅游开发研究

古都旅游因为古都丰厚的历史文化底蕴和特殊身份特征逐步成为当前旅游发展的重要方向之一。早在古都研究的起步阶段,相关学者就已经意识到古都旅游未来的重要性:对古都旅游事业发展而言,首先需要我们对古都文化遗产进行整理研究,并以此为依托进而对古都旅游活动制定符合古都实际特征与内涵的总体规划及安排⑤。古都文化旅游是古都旅游业发展的重要方向之一,首先要对古都的城市形象与城市名片有着清晰的定位与认识,在此基础上,借助古都丰富的文化资源从铸造旅游之魂、丰富旅游内涵、提升旅游品味、树立旅游形象、开拓海外市场等5大方面入手做好古都旅游⑥。

随着古都旅游的发展,古都旅游吸引了越来越多的游客的参与,学术界对于古都旅游的研究的注意力开始转向对于游客群体感知和满意度方面的研究,并有针对性的

---

① 姚亦锋:《从南京城市地理格局研究古都风貌规划》,载《人文地理》2007年第3期,第92—97页。
② 姚亦锋、陶潇男、黄燕:《洛阳古都地理景观变迁研究》,载《中国名城》2015年第4期,第54—60页。
③ 王树声:《中国城市山水风景"基因"及其现代传承——以古都西安为例》,载《城市发展研究》2016第12期,第1—4页。
④ 陈爱平:《从风水的视角看中国古都分布》,载《青海师范大学学报》(哲学社会科学版)2003年第6期,第92—96页。
⑤ 朱士光:《发掘古都文化遗产 发展古都旅游事业》,载《中国古都研究》(总第10辑),第293—299页。
⑥ 沈祖祥、林弈言:《我国"八大古都"古都文化旅游发展战略思考》,载《旅游科学》2006年第3期,第13—15页。

提出建议。马红丽等以西安为研究案例，借助模糊综合评价方法，在分析抽样调查结果的基础上，对国内游客对古都旅游形象认知进行评价，以此为依据，对西安市旅游形象设计、旅游产品开发以及旅游业发展提出了相应的建议。[①] 郑长海等则以南京为例，利用"推—拉理论"来分析南京市入境游客旅游动机的差异性，以此为南京市未来旅游业提供发展路径和建议。[②] 吴晶等以西安为例，从游客感知的视角，运用层次分析法和模糊综合评价法对古都西安的旅游资源从关注度和满意度等方面进行定量分析，在此基础上，对西安旅游资源的开发提出了相应的改进建议及策略。[③] 此外，完善有效的解说系统能够提高游客的游览质量和参与度，既增强古都旅游吸引力，又能促进古都旅游业的可持续发展。廉晓利等以旅游解说系统为切入点，在对洛阳古都旅游解说系统研究分析的基础上指出其旅游解说存在的诸多问题，并认为以文化遗产为主要旅游资源的古都旅游解说系统需要在物化性、多样性以及普遍性等方面加以改进和提高。[④]

对于古都旅游的未来发展方向和路径，何青等则是从旅游环境竞争力评价入手对河南四大古都的旅游环境竞争力进行了量化分析，并得出郑州、洛阳、开封和安阳的旅游环境竞争力依次减弱的研究结论，进而对四大古都分别提出了相应的建设路径。[⑤] 梁娟等以九大古都为研究对象，运用相关定量分析方法，构建相应的评价指标体系，从分析旅游空间结构入手，在古都旅游空间结构类型、旅游综合竞争力水平划分、旅游竞争力聚类分析等方面研究了九大古都旅游竞争力空间格局发展过程。[⑥] 袁海霞等通过对古都旅游相关文献的整理分析，认为古都旅游研究存在重视程度不够、基础理论偏弱以及内容层次感不足等问题，并指出在充分利用古都文化内涵基础上，创新与可持续发展是古都旅游未来研究的主要发展方向。[⑦]

（五）古都保护规划与现代化研究

伴随着经济社会的发展，作为古都学研究对象的历史时期的都城和古都类城市都

---

① 马红丽、马耀峰、张佑印：《基于模糊综合评价的古都旅游城市总体形象认知研究——以西安市国内游客为例》，载《资源开发与市场》2009年第9期，第781—783页。

② 郑长海、马耀峰、王冠孝、张佑印：《古都城市入境旅游推—拉力因素实证研究——以南京市为例》，载《资源开发与市场》2009年第8期，第751—753页。

③ 吴晶、马耀峰、高军：《基于游客感知的古都类城市旅游资源评价研究》，载《干旱区资源与环境》2012年第2期，第186—191页。

④ 廉晓利、袁书琪：《遗产旅游解说系统研究——以古都洛阳为例》，载《重庆师范大学学报》（自然科学版）2011年第2期，第79—83页。

⑤ 何青、韩增林、赵林：《城市旅游环境竞争力评价研究——以河南四大古都为例》，载《资源开发与市场》2013年第3期，第325—328页。

⑥ 梁娟、李悦铮、江海旭：《中国九大古都旅游竞争力空间结构分析》，载《资源开发与市场》2014年第6期，第749—754页。

⑦ 袁海霞：《国内古都旅游研究文献述评》，载《河南大学学报》（自然科学版）2014年第4期，第442—448页。

会面临古城保护的问题,这其中既有自然、历史等不可抗拒因素,又有人类社会经济活动、人为破坏、环境恶化等人为因素[①],因而对于古都的保护主要从规划、立法、公众参与等方面来展开。早在古都学建立之初,已有学者开始研究古都的规划问题。[②] 奚永华等认为对于古都的保护而言,城市总体规划以及各专项规划都是必不可少的,且在制定的过程中需结合古都的空间格局、文化内涵等方面。[③] 朱士光认为古都保护工作中要关注古都大遗址的保护,并在对古都大遗址分类的基础上,指出大遗址保护存在的诸多问题,进而提出要从多部门拟制全局性纲要规划、保护及展示规划等方面来做好古都大遗址的保护工作。[④] 周尚意等从地上不可移文物价值评价入手,利用层次分析法构建不可移文物价值评估体系,对北京西城区103处各级不可移文物进行价值评估,根据评价结果分析其在古都文化空间格局保护中所发挥的作用,进而提出了相应的空间规划建议。[⑤] 吴朋飞等认为在城市现代化进程中对于古都历史地名的保护是古都保护的重要环节,并应当从地名普查、地名规划以及营造保护氛围等方面展开古都历史地名的保护。[⑥] 此外,王世仁等还从古都中轴线的保护出发,考虑古都保护对策。[⑦] 同时,我们在制定相关保护规划的时候应注意到古都风貌的整体保护,不能仅仅局限于对于某类建筑、某个街区的保护,而是要考虑到保护对象及被保护对象的周边环境及其他构成要素的保护。姚亦峰认为对于古都的保护要重视古都风貌规划,建设城市新区则是保持古都风貌的重要措施。[⑧] 苏天钧、郑孝燮、朱敬等也分别从现代化建设[⑨]、宫城保护[⑩]、绿地建设[⑪]等方面进行了分析与阐述,这些都表明在古都发展过程中对于古都

---

① 冯斐菲、袁方:《古都保护之困》,载《北京规划建设》2016年第5期,第95—99页。
② 晨风:《古都保护工作面临的新问题——六大古都保护规划研讨会综述》,载《城市规划》1985年第6期,第39—40页。
③ 奚永华、陈铎:《南京古都保护规划再思》,载《城市问题》1991第5期,第40—45页。
④ 朱士光:《试论当前我国古都保护与城市建设问题》,载《陕西师大学报》(哲学社会科学版)1994年第3期,第101—105页。
⑤ 周尚意、赵继敏、姜苗苗:《地上不可移动文物价值评价对古都文化空间格局保护的作用——以北京市西城区为个案研究区域》,载《旅游学刊》2006年第8期,第81—84页。
⑥ 吴朋飞:《论城市现代化背景下古都地名生存困境与对策》,载《中国名城》2011年第9期,第38—42页。
⑦ 王世仁:《北京古都中轴线的文化遗产价值》,载《北京规划建设》2012年第4期,第111—112页。
⑧ 姚亦锋:《论南京自然地形与古都风貌保护规划》,载《中国城市规划学会2001年会论文集》,第225页。
⑨ 苏天钧:《21世纪北京在现代化建设中如何保护古都的独特风貌(题纲)》,载《北京联合大学学报》2000年第1期,第17—19页。
⑩ 郑孝燮:《古都北京皇城的历史功能、传统风貌与紫禁城的"整体性"》,载《故宫博物院院刊》2005年第5期,第8—22页。
⑪ 朱敬、赵锡京:《古都风貌保护与大型集中绿地建设——以北京北二环城市公园建设为例》,载《中国园林》2007年第2期,第40—44页。

整体风貌保护的重要性。

在立法保护方面，陶信平在对古都西安历史文化遗产保护现状分析研究的基础上，结合意大利和日本等历史文化遗产保护法制体系建设较成功国家的经验，提出需要从提高文化遗产保护意识、完善立法、协调行政管理体系以及建立公众参与体系等4个方面共同推动古都西安乃至国内其他古都的历史文化遗产法律保护体系的完善。[①] 石明磊认为北京古都风貌保护的"死结"实质就是多个利益主体之间的交叉博弈，在此背景下，从经济学视角为切入点，通过利益分配、制度创新、法律制定等方面的研究来实现多个利益主体共生共赢，以此推动古都风貌保护[②]。也有学者认为古都保护的整体风貌保护，不仅仅是古都内部形制、文化遗产、空间格局还包括古都文化环境以及古都周边区域的风貌保护，我国古都文化资源相当丰富，其中有相当部分有特殊价值的资源散布于古都的郊区[③]。

不管是规划、立法还是提高公众参与意识都是为了保护古都，然而保护并不代表着抗拒发展，古都类城市同样需要进行现代化建设。在古都现代化过程中只有正确认识现代化与古都保护的关系，才有可能实现古都的现代化。[④] 王东在对现代化城市内涵的解读的基础上，通过对法国、意大利、印度、日本等国家历史文化遗产保护经验的探讨，对北京历史文化名城的工作提出建议。[⑤] 总之，在古都现代化建设的进程中，具有丰富内涵的中华文化是重要的推动力，把古都现代化与中华历史文脉、传统的人与自然和谐共存理念相融合，使得古都在现代化进程中既保留传统文化风韵，又具有现代化气息。[⑥]

（六）古都的国际化研究

古都研究国际化是古都研究的重要内容，其包括外国古都研究和中国古都研究的国际化。目前，国内学者对于国外古都的相关研究主要是以东亚地区尤其是日本的几大古都为对象的研究较多，一是地理位置的便利性有利于开展相关研究；二是东亚地

---

① 陶信平：《我国古都历史文化遗产的法律保护——以西安市为例》，载《政治与法律》2009年第10期，第92—97页。

② 石明磊：《探求北京古都风貌保护"死结"的经济解》，载《北京规划建设》2005年第4期，第81—82页。

③ 周复多：《重视古都郊区文化资源的保护与利用》，载《现代城市研究》2008年第10期，第43—45页。

④ 齐童：《保护古都风貌与城市现代化》，载《首都师范大学学报》（自然科学版）2002第2期，第81—83页。

⑤ 王东：《北京的现代化城市建设与文化古都保护》，载《北京社会科学》2003年第1期，第11—16页。

⑥ 朱士光、肖爱玲：《古都西安的发展变迁及其与历史文化嬗变之关系》，载《陕西师范大学学报》（哲学社会科学版）2005年第4期，第83—89页。

区之间的文化共源性使得该区域其他国家的古都建设深受我国古代都城建造的影响，研究这些古都可以为研究国内古都建设发展脉络提供一定的借鉴和经验来源。早在 20 世纪 80 年代初的时候，有部分学者在对国内都城制度研究的基础上，开始探讨东亚尤其是日本都城制度的起源与中国古代都城制度之间的关系。[①] 之后，王仲殊从古都形制、空间布局等方面对中日两国古都进行比较研究，发现日本古都在很大程度上是根据古都长安、洛阳的形制和布局而仿建的，这反映了我国都城文化的传播方向，同时也体现了中华文化对于周边国家和地区的深远影响。[②] 牛润珍以邺城的都城制度为研究对象，分析了邺城与朝鲜都城、日本都城在都城形制、宫城位置、坊市街区等方面的联系，强调了邺城城制对于东亚其他国家都城建设的影响是不容忽视的。[③] 韩宾娜通过对中国学者关于日本古都研究的成果梳理，认为国内学者在日本古都形制研究、仿学对象研究、宫都迁移规律研究等方面有了长足的发展，并形成了日本古都研究的中国特点，相关研究视角更新和研究成果可信度等方面得到中日两国学界的认可。[④] 黄婕以日本京都为研究对象，通过对京都文化环境的研究，总结出京都复兴之路的"京都模式"，认为独特的文化环境对地域经济的发展有着强有力的推动作用，用文化力代替政治主导权力缺失，把文化与高科技相结合是古都发展的重要途径，这对国内古都地域经济发展有借鉴和参考价值。[⑤] 杨菁丛等以建筑物高度控制为切入点，以京都为研究对象，从法律层面和制度层面分析了京都高度控制体系及实施保障体系，并认为国内历史文化名城的高度控制研究在高度控制手段、公众参与、实施保障措施等方面可以从京都经验中得到启示。[⑥] 除了对东亚地区的都城进行研究，也有部分学者对欧美国家的古都风貌开展相关研究，为国内古都的风貌保护发掘提供可借鉴的经验[⑦]。

不仅国内学者对国外古都展开相关研究，也有部分国外学者对我国古都以及古都研究进行梳理和讨论，日本学者木田知生在对中国历史地理学研究发展脉络梳理的基础上，以中国"几大古都"为核心展开讨论，并分段进行了说明分析。[⑧]

---

① 刘沛林、杨载田：《中国古代都城模式对日本都城制度的影响》，载《衡阳师专学报》（社会科学）1989 年第 2 期，第 23—28 页。
② 王仲殊：《论洛阳在古代中日关系史上的重要地位》，载《考古》2000 年第 7 期，第 70—80 页。
③ 牛润珍：《邺城城制对古代朝鲜、日本都城制度的影响》，载《韩国研究论丛》（第 15 辑），第 271—289 页。
④ 韩宾娜：《近 20 年中国关于日本古都研究的新特点》，载《古代文明》2007 年第 4 期，第 56—61 页。
⑤ 黄婕：《从日本京都看古都文化环境与地域经济发展》，载《洛阳师范学院学报》2013 年第 3 期，第 84—87 页。
⑥ 杨菁丛、薛里莹：《日本古都保护的高度控制方法——以京都为例》，载《华中建筑》2015 年第 12 期，第 45—50 页。
⑦ 李忠东：《海外如何保护古都风貌》，载《广西城镇建设》2008 年第 3 期，第 92—97 页。
⑧ ［日］木田知生：《中国历史地理研究述论——以近三十年中国古都研究为中心》，载《江海学刊》2013 年第 4 期，第 27—38 页。

三、研究简评与国际趋势

（一）中国古都研究简评

无论从研究者的参与度，还是研究内容的广泛性，都可以看出中国古都研究受到了学界的普遍关注。20 世纪 80 年代初以来，经过 30 多年的发展，古都学及古都研究得到了较好发展，但是我们依然可以发现中国古都学的研究仍然存在着需要进一步完善的方面：一是需要继续完善古都学基础理论并系统化。尽管古都学的理论研究成果相当丰富，但是完善的科学化的理论系统构建仍然不足，也缺乏一本纲领性、系统性的学科教材或著作，如《中国古都学》。再者，关于"大古都"标准讨论的问题，需要进一步对中国的古都进行类型界定和科学的评价体系构建，以及古都价值再发展等。对于任何一门学科来讲，其基础理论的完善和系统化都是促进学科和相关研究不断提升的有效手段。二是需要注意学科交叉，引入空间计量分析方法。古都学与多个学科都有交叉，我们在研究的过程中要善于把其他学科的新思路、新方法引入到古都学研究中来，比如在研究方法上我们需要定性与定量分析方法相结合的思路，一些数理统计方法、空间分析方法要与古都学研究传统方法充分结合起来，进而增强古都研究的科学性，突破传统考古和文献研究法的古都研究方法论和技术论。三是需要增强古都研究的国际化交流与合作。国际化的交流既可以让国内的研究走向世界，增强我国古都学在世界范围内的影响，又可以了解国外关于古都学研究的最新动向和趋势，进而在国内研究中有新的突破。

（二）古都研究国际展望

国外甚少有"古都学"或"古都研究"这一概念，更多的是对"历史城市（Historical Cities）""遗产城市（Heritage Cities）"的研究和关照。通过对世界历史城市联盟（The League of Historical Cities）、世界遗产城市联盟（Organization of World Heritage Cities）的官网以及相关的世界历史城市联盟大会宣言的研判，历史城市是人类文明进步的鲜活载体，是人类极大的财富，保护全球环境、推动历史城市可持续发展、创造历史城市更加美好的未来是我们共同的责任。[①] 在全球化和城市迅速转变的时代，城市本身的特征应集中体现在历史地区及其文化之中，城市发展的一个基本因素是历史地区的保护和延续。[②] 目前，国际历史城市及古都研究呈现的基本趋势如下[③]：

一是对文化延续性与历史城市破坏研究。对每个民族而言，其历史城市在民族文化延续性方面有着重要的作用，一方面我们需要加强对于历史城市的整体风貌，生态、历史景观结构等的研究，推进还原历史空间来重建历史记忆，以保证历史城市的

---

① 《第十四届世界历史城市联盟大会扬州宣言》，2014 年。
② 《保护和发展历史城市国际合作苏州宣言》，1998 年。
③ http://www2.city.kyoto.lg.jp/somu/kokusai/lhcs/.

文化延续性[①]；另一方面更需要对城市发展过程中自然和人为因素对历史城市的破坏研究[②]，包括自然因素的破坏如自然演变、自然灾害、环境风险等，人为因素破坏如人为破坏、战争因素、政治经济因素、宗教因素等。

二是对文化多样性的重视和全球参与的遗产保护网络体系的研究。各个国家和地区之间通过历史城市研究及保护的过程需要认识到文化多样性的丰富性和多元文化互动的紧迫性，需要不同文化之间的相互交流和促进的相关关系，强化全球合作意识，构建全球参与的可持续历史城市遗产保护的网络化体系。

三是公众参与下的历史文化价值观的培育。一方面是让公众认识到历史城市的价值所在，能够积极维护、加强和弘扬民族传统和文化[③]，参与到历史城市的保护与建设中；另一方面就是文化价值观培育，需要在弘扬历史城市所拥有的传统文化的同时，提高青年的文化价值观，推动全球青年之间的交流，让青年提高对历史城市特殊性的认识，来强化他们对历史城市的价值、地方记忆、地方认同的意识，塑造特殊的文化身份。

An Overview of the Study of China's Ancient Capitals and Suggestions

Shen Shan　Liu Kebin

(School of Geography, Geromatics Planning, Jiangsu Normal University, Xuzhou, Jiangsu ,221116)

Abstract: This study gave a general survey of China's ancient capital research from six aspects: the subject theory of the ancient capitals, capital structure and its culture, natural environment and landscape of the ancient capitals, the ancient capital protection, the planning of culture tourism development and modernization, and the internationalization of the ancient capital study. It proposed that China's ancient capital study needs improvements in three aspects: theoretical perfection and systematic study of basic ancient capital study, introduction of the spatial econometric analysis method and the international development of the ancient capital research.

Key words: ancient capital; overview of the research; suggestions

---

① Bahrami B, Samani F. *Reconnecting the Landscape in Historical Cities, Conceptual Analysis of Historic Urban Landscape Approach in Iran, Current World Environment* 2015, 10（2）: 456-466。

② ［日］小川圭一、髙野隼也、安隆浩: *An Analysis of the Research Activities on Disaster Mitigation of Cultural Heritage and Historical Cities Based on Titles of Academic Paper*,《歷史都市防災論文集 =Proc.of urban cultural heritage disaster mitigation》,2015,9:183-190。

③ Jorge Llopis, Ana Torres, Juan Serra, Ángela García. *The preservation of the chromatic image of historical cities as a cultural value.The old city of Valencia(Spain), Journal of Cultural Heritage*, 2015,16(5):611-622。

20世纪以来宋敏求《长安志》研究刍议

马森

(陕西师范大学西北历史环境与经济社会发展研究院,陕西西安,710119)

[摘 要] 宋敏求《长安志》作为一部重要的历史地理学著作,20世纪以前只有少数学者谈及其版本、流传问题,长期没有得到应有的重视。20世纪以来,对《长安志》的研究逐渐深入,以新中国成立和改革开放为界分三个阶段。同时这三个时期日本学者对《长安志》的研究也越来越深入,研究成果值得关注和借鉴。对中国卷帙浩繁的地方志而言,20世纪以来《长安志》的研究作为近现代地方志研究的缩影,对其他地方志的研究起借鉴作用。

[关键词] 宋敏求 《长安志》 地方志
[中图分类号] K928 [文献标识码] A
[作者简介] 马森(1996—),安徽濉溪人。陕西师范大学西北历史环境与经济社会发展研究院中国史研究生,主要研究方向为历史城市地理与文化名城保护。

北宋宋敏求所撰写的《长安志》是记载北宋熙宁以前特别是唐代长安城以及周边地区地理情况的一部重要的历史文献。此志涉及"凡府县之政,官尹之职,河渠关塞之类,至于风俗、物产、宫室、道衢"[①],"织悉毕具"[②],为著此志,宋敏求耗时24年,"博采群籍,参校成书",故"世称其博"。《长安志》共20卷[③],内容广泛,其中宫室和唐京城8卷之中,对历代古迹、坊市、街道、宫室、官邸、城墙等有着详细的记载,深得历代学者的好评。[④] 司马光在《河南志·序》中称赞其"开编粲然,如指诸

---

① 〔宋〕晁公武撰,〔清〕阮元辑:《宛委别藏:衢本郡斋读书志》,江苏古籍出版社,1988年,第234页。
② 〔清〕永瑢等撰:"《长安志图》提要",《四库全书总目》,中华书局,1965年影印本,卷七零史部地理类三,第619页下。
③ 卷首冠之以赵彦若《序》一篇,卷一:总叙、分野、土产、土贡、风俗、四至、管县、户口、杂制;卷二:雍州、京都、京兆尹、府县官;卷三至卷六:宫室(包括秦汉至隋唐历代宫室);卷七至卷十:唐皇城、唐京城;卷十一至卷二十:所属各县。
④ 仓修良:《方志学通论》,齐鲁书社,1990年,第291页。

掌，真博物之书也"①。清代著名的考据学家王鸣盛也对《长安志》十分推崇，认为"宋氏此编，纲条明晰，瞻而不秽，可云具体。厥后程大昌《雍录》，好发新论，穿凿支离，不及宋氏远矣"②。在《长安志》出现前后，同样出现了一大批以关中历史地理作为主要内容的古籍文献，但以宋敏求《长安志》论述"精博宏赡"，"实非他地志所能及"③，后世学者将其作为研究隋唐长安地理的主要文献资料。而且宋朝处于古代方志书籍从图经向地方志书转变的关键时期，《长安志》的出现成为后世地方志书效仿的对象，方志中的人文因素大大增加，在方志学上也有着重要的意义。

最早是文献学家开始了对《长安志》的关注，这些学者在自己的著述中稍有谈及，他们在研究宋代方志时，以写序言、跋语、书目提要等形式，对其版本情况、内容、价值等方面作一些初步的研究和讨论，散见于版本目录书籍以及文人散记的部分卷章之中。如陈振孙的《直斋书录解题》④、晁公武的《郡斋读书志》⑤、朱彝尊的《曝书亭集》⑥等书中均有提及，而且清代黄丕烈对此书有多次题跋。可以很明显地看出，传统学术对《长安志》的关注微乎其微，仅限于对《长安志》的作者宋敏求的基本情况、内容提要等，在辑佚和版本考订方面也并不完备，疏漏很多。

20世纪以来，学者对《长安志》的研究逐渐深入，研究视角和研究方法也愈加多样化，研究成果颇为丰硕。同时，日本学者在这100多年间对《长安志》的研究体现出不同的学术风格，值得关注和借鉴。本文试图以时间为线索，分三个时期：新中国成立以前、新中国成立至改革开放、改革开放以来，考察学界对《长安志》的关注和研究成果。

一、新中国成立以前学者对《长安志》的关注

《长安志》在学者眼中地位转变开始于近代方志学的形成。20世纪初学者延续明清以来的方志鼎盛发展的态势，并且"对地方志的科学价值予以高度重视和重新评估"⑦，《长安志》在方志学上的地位、价值等开始被发掘。傅振伦的《中国方志学通

---

① 〔宋〕司马光：《河南志·序》，《温国文正司马公文集》卷六十五，《四部丛刊初编》，商务印书馆，1919年上海涵芬楼借常熟瞿氏铁琴铜剑楼藏绍熙刊本影印本，集部。
② 〔清〕王鸣盛：《新校正〈长安志〉序》，见《长安志》毕沅校本序言，成文出版社，1970年，第6页。
③ 〔清〕永瑢等撰"《长安志》提要"，见《四库全书总目》，卷七零史部地理类三，司马光赞语。
④ 〔宋〕陈振孙撰，徐小蛮、顾美华点校：《直斋书录解题》，上海古籍出版社，1987年，第242页。
⑤ 〔宋〕晁公武：《委宛别藏：衢本郡斋读书志》，第234页。
⑥ 〔清〕朱彝尊撰，杜泽逊、崔晓新点校：《书熙宁〈长安志〉后》，《中国历代书目题跋丛书：曝书亭集》，上海古籍出版社，2010年，卷四十四跋三，第532页。
⑦ 杨军昌：《中国方志学概论》，贵州人民出版社，1999年，第30页。

论》①对方志的源流和发展历史作了介绍，对旧方志的作用和一些具体的方志书的优缺点作出点评，而且由于自身从事史学研究工作，又参加过县志的编修，所以对新时期地方志的编修也提出了自己的意见，是一部系统、完善、极有价值的方志学理论著作。傅振伦将《长安志》置于一个相当高的地位，他在《中国方志学通论·方志学之发展上》②中说道："州郡志书，五代以前无闻，北宋以来，未有古于《长安志》及《吴郡图经续记》二书者"，将《长安志》作为州郡志书的开山鼻祖③。对此，李泰棻有不同意见，其认为"最古以志名书者，首推常璩《华阳国志》"④，当然这是基于李泰棻"志即史也"⑤、"方志与史相同"⑥的方志概念而产生的不同看法。⑦但此时对《长安志》的关注仍然是很少的，许多方志学通论性的著作和谈及方志发展的著作中甚至都没有提到《长安志》，如李泰棻《方志学》、寿鹏飞《方志通义》⑧等。

　　这一时期学者对《长安志》的关注，除通论性著作之外，还有方志学目录书对《长安志》的研究。40年代朱士嘉编撰了《国会图书馆藏中国方志目录》⑨一书，这是他在美国国会图书馆工作之余对馆藏的中国方志进行的整理，对了解中国方志在国外的收藏情况有很大价值。朱士嘉在书中对民国以前《长安志》的版本情况作了详细介绍，他指出《长安志》主要有4种版本：（1）乾隆四十九年（1784年）灵岩山馆校刻本，四册；（2）光绪十七年（1891年）思贤讲舍重刻本；（3）顺治三年（1646年）说郛本；（4）乾隆年间经训堂丛书本⑩。必须要指出的是，朱士嘉所见的这四种版本均是清朝的版本，（1）（2）（4）三种是毕沅校本，对清朝以前的版本没有提及，对《长

---

① 傅振伦：《中国方志学通论》，商务印书馆，1935年。
② 傅振伦：《中国方志学通论》，商务印书馆，1935年，第23页。
③ 傅振伦以为方志确实起源于周秦时舆地之学中的地图，如《禹贡》《山海经》等，但是图经并不等于方志，至宋代，图经开始向方志转变，《长安志》和《吴郡图经续记》作为最早的州郡志书，方志正式出现。
④ 李泰棻：《方志学》，商务印书馆，1935年，第8页，指出"《吴越春秋》、《越绝书》……等皆可称为方志"。
⑤ 李泰棻：《方志学》，商务印书馆，1935年，第7页。
⑥ 李泰棻：《方志学》，商务印书馆，1935年，第2页。
⑦ 李泰棻认为方志和史书是相同的，只是记载地域范围大小有异而已。虽然傅振伦也认为方志是史书的一种，但是方志和史书仍是有诸多不同，体例不同，国史详古，方志详今；国史盖棺定论，方志可载生存之人；国史彰善掸恶，方志隐恶扬善；国史简略，方志详尽，方志为国史之材料。
⑧ 寿鹏飞：《方志通义》，1941年，铅印本。
⑨ 朱士嘉：《国会图书馆藏中国方志目录》，美国国会图书馆，1942年。1988年由北京中华书局影印出版，并更名为《美国国会图书馆藏中国方志目录》。
⑩ 朱士嘉：《美国国会图书馆藏中国方志目录》，中华书局，1988年，第359—360页。

安志》在宋至清朝以及民国时期的流传情况没有作说明。

张国淦《中国古方志考》一书，"其体例略仿朱彝尊《经义考》，凡属方志之书，无论存佚，概行收录"①，"虽其收载范围自秦、汉至宋、元，但以宋朝方志为多"②。其中"《长安志》"条指出明嘉靖刻本、经训堂丛书本、光绪王先谦刻本三个常见的版本；全文收录了赵彦若的序、目录；对《宋史·艺文志》《郡斋读书志》《遂初堂书目》《直斋书录解题》《郡斋读书志附志》《文献通考·经籍考》《国史·经籍考》《四库全书总目》等收录有《长安志》的版本目录书籍也进行搜集整理，并将该条全文收录下来；对重刊本的序言也加以全文收录，如嘉靖十一年（1532年）重刊本武功康海序、经训堂丛书本嘉定王鸣盛序；并且对部分问题加以考证、说明③。可见，《中国古方志考》对《长安志》的考订是全面的、细致的，将古籍中能见到的有关《长安志》的资料全部展现了出来，体现了作者卓越的文献搜集和整理水平。明显的阙漏在于版本的说明上并不完善，各版本之间的关系同样没有进行梳理。

与此同时，国外也开始了对《长安志》的关注，尤其是日本学者在对汉唐长安城进行考察的基础上，对《长安志》的文献资料价值加以利用。清末曾在西安执教的日本学者足立喜六④在对长安城考察之后，于1933年完成了《长安史迹研究》⑤一书，"堪称20世纪唐代长安研究的嚆矢之作"⑥。对《长安志》的利用集中体现在《长安史迹研究》第七章《隋唐长安城》上，对城墙、宫室、坊市的位置、范围、尺寸等进行实地测量之后，再结合《长安志》等历史文献进行比对，从而绘制出的长安城地图更为可靠，使学界对于隋唐长安城构造的认知更加具体化、精准化。足立喜六从对遗址进行实地考察的角度进行研究，试图复原汉唐长安城的坊市范围，并与历史文献和今

---

① 张国淦：《中国古方志考》，中华书局，1962年，"序例"，第1页。
② 顾宏义：《宋朝方志考》，上海古籍出版社，2010年，第9页。
③ 张国淦：《中国古方志考》，中华书局，1962年，第158—159页。
④ 足立喜六（1871—1949年），原籍日本静冈县磐田郡袖浦村字冈，东京高等师范学校毕业，文学博士。1906—1910年于陕西高等学堂教授算学和理化，1908年受游历陕西的日本东西交通史专家桑原骘藏博士指导和鼓励，以调查长安史迹为己任。1910年返回日本后致力于中国历史研究，先后出版了《长安史迹研究》、《法显传——中亚、印度、南海纪行研究》、《大唐西域求法高僧传》、《入唐求法巡礼行记》（译注）等。
⑤ [日]足立喜六：《长安史迹研究》，东洋文库，1933年，1983年再版。经杨鍊翻译成中文，为《长安史迹考》，1935年商务印书馆出版，2003年三秦出版社出版王双怀、淡懿诚、贾云译本。
⑥ [日]妹尾达彦：《长安的都市规划》，高兵兵译，三秦出版社，2012年，第250页。

人研究相对照，从而订正前人讹误，使结论更为准确细致①。以实地考察研究历史地理在当时是较为先进的研究方法，将传统方志研究的书斋式的文献考察引入到具体的空间之中，这在民国时期是独树一帜的。足立喜六凭借其在数理上的功底，对遗址遗迹进行科学的测绘度量，并且对古代的尺度、里程进行计算推测，努力确定遗址的位置和城坊宫殿的大致范围。基本来说，"论旨稳健，论证扎实"②。大概是出身自然科学工作者的缘故，足立喜六明显在利用历史文献方面经验不足，所以在运用史料以及所作考证上往往并不能令人十分满意③。但是这本著作仍然具有十分重要的学术价值，它弥补了近代长安遗址记述和研究的空白，将"清末的实际状况详细地记录下来"④。更加弥足珍贵的是它提供了多至171张图片，"其价值非同一般"⑤。不过，将实地考察、科学测算和历史文献相结合的研究方法并没有影响到国内的方志研究，国内对地方志的研究仍然是以文献考察为主。

二、新中国成立至改革开放《长安志》的研究状况

新中国成立后，大批旧方志的发现和整理，为方志学研究提供了十分丰硕的材料，而且国内环境稳定，百废俱兴，在一定程度上推动了国内方志学的发展，不过这一时期多是新的方志理论的确立和新方志的撰写。在对旧方志的研究方法上，依旧是传统的历史文献的方法，对《长安志》的研究也是如此。这并不意味着一点成果都没有，代表性的是朱士嘉《中国地方志综录》（增订本）⑥。

朱士嘉《中国地方志综录》（增订本）是对1935年商务印书馆《中国地方志综录》的修改和补充，对新中国成立之后各方志的版本流传和收藏情况作了细致的归纳和整理。其中"《长安志》"条：20卷，宋敏求撰，熙宁九年（1076年）修书。主要版本有：（1）成化四年（1468年）邠阳书堂刻本；（2）嘉靖十一年（1532年）李经刻本；（3）乾隆四十三年（1778年）吴氏吴欢堂刻本⑦；（4）嘉庆二十年（1815年）；（5）光绪十七年（1891年）思贤讲舍重刻灵岩山馆本；（6）民国二十年本（1931年）⑧；

---

① ［日］足立喜六：《长安史迹研究》，王双怀、淡懿诚、贾云译，三秦出版社，2003年，"那波利贞《序》"，第4页。
② ［日］足立喜六：《长安史迹研究》，"那波利贞《序》"，第5页。
③ ［日］足立喜六：《长安史迹研究》，"黄永年《〈长安史迹研究〉新译本序》"，第2页。
④ ［日］足立喜六：《长安史迹研究》，"黄永年《〈长安史迹研究〉新译本序》"，第1页。
⑤ 侯甬坚：《足立喜六先生与长安》，载《西安教育学院学报》2001年第4期。
⑥ 朱士嘉：《中国地方志综录》（增订本），商务印书馆1958年。1935年由商务印书馆出版《中国地方志综录》，新中国成立后又出版增订本。
⑦ 当为"吴氏古欢堂抄本"。
⑧ 民国二十年长安县志局铅印本，后1970年台湾成文出版社有限公司影印发行。

（7）四库全书本；（8）经训堂丛书本；（9）清钞本；（10）毕沅校定本。相较民国时期，提出明代的两种版本是一大进步，并且可以很清晰地看出，对《长安志》的收藏较为普遍，保存较好。但是各版本之间的关系并没有进行梳理，流传情况也没有交代。

出于丰富的研究资料及和平的研究环境，对《长安志》的研究将版本前溯至明朝，这是一个进步。不过研究者无法和国际进行及时有效的沟通交流，研究视角和眼界也大大受限，资料也得不到有效补充，所以在其他领域和方面对《长安志》的研究和利用也同样没有丝毫进展。

60 年代后半段以及整个 70 年代，受政治运动的影响，国内学术界万马齐喑，《长安志》研究也一度停滞。

这一时期日本对隋唐长安城的研究进一步深入，最具代表性的是石田乾之助的《长安之春》①。这是一部描写唐代社会生活的名著，聚焦唐代的长安城，将大量的唐代诗歌与历史文献结合，文笔烂漫而严谨，构筑了作为国际化大都市的唐长安城丰富多彩的文化生活及中外交融的历史画面。②《长安之春》由 18 篇看似毫不相关的文章组成，但是实际上可以看作是以"长安文化交融"为主题展开的专题研究。其内容一类是对唐人日常生活和娱乐活动的考察，如聚会宴饮、节日观灯、夏日避暑等，一类是对唐代一些特殊群体的关注和考订，如妇女、歌伎、胡姬、胡商等。③其中涉及长安城坊市名称的大量考订资料基本来源于《长安志》。这种历史文献考察和利用方式将《长安志》引入到长安文化、盛唐文化和唐代社会生活研究的领域。这种视角对 80 年代以来国内学者研究长安的都市文化，构建"长安学"研究体系，有着重要的借鉴作用。

除《长安之春》之外，50 年代日本京都大学人文科学研究所平冈武夫主持编制了《唐代研究指南》④12 篇，其中《唐代之长安与洛阳·索引篇》《唐代之长安与洛阳·资料篇》《唐代之长安与洛阳·地图篇》中对唐长安城作了资料性质的收集和整理，为唐史的研究提供了具体详细的空间范围。《资料篇》收录有经训堂丛书本《长安志》

---

① ［日］石田乾之助：《长安之春》，清华大学出版社，2015 年。日文版最早是在 1941 年由创元社出版，1967 年平凡社出版了由榎一雄解说并增加数篇的《长安之春》（增订版），1979 年讲谈社出版文库本，由井上靖作跋。

② ［日］石田乾之助：《长安之春》底封的内容提要，清华大学出版社，2015 年。

③ 钱婉约、贾永会：《〈长安之春〉：文化交融下的唐代长安》，载《中华读书报》2014 年 1 月 1 日第 18 版 "国际文化"。

④ ［日］平冈武夫主编《唐代研究指南》，共 12 篇，包括《唐代的历》《唐代的行政地理》《唐代的散文作》《唐代的诗人》《唐代之长安与洛阳·索引篇》《唐代之长安与洛阳·资料篇》《唐代之长安与洛阳·地图篇》《李白歌诗索引》《李白的作品》《唐代的散文作品》《唐代的诗篇》《文选索引》，1956 年京都大学人文科学研究院，1985 年由同朋舍再版，1989 年上海古籍出版社据同朋舍本影印出版。

第六—十卷（关于唐代长安城内的部分），《地图篇》的大量资料来源于对《长安志》的整理，可见对日本学者而言，《长安志》在研究唐代长安历史方面有十分重要的地位。

三、改革开放以来学者对《长安志》的考证和利用

改革开放以来，学风自由开放，大陆与港台学者、国内与海外学者的学术交流愈加频繁，研究的角度越来越多样化，对《长安志》所保存材料运用的领域越来越广泛，研究的成果越来越丰富。学者对《长安志》的研究有多方面的著作和论文面世，概括而言，可以分为以下几方面：

（一）文献学方面，集中在《长安志》的版本以及流传情况。中科院北京天文台主编的《中国地方志联合目录》①"以朱士嘉1962年修订的《中国地方志综录》为蓝本"②，对现实方志藏书进行重新核对、补充和修改，能清晰、完整地反映藏书情况。《熙宁长安志》条有两种：1.（熙宁）《长安志》③二十卷图三卷，〔宋〕宋敏求撰，〔元〕李好文绘图，该本修书于宋熙宁九年（1076年），有（1）明成化四年（1468年）邠阳书堂刻本；（2）明嘉靖十年（1531年）李经刻本④；（3）清乾隆四十三年（1778年）吴氏古欢堂刻本；（4）清抄本；（5）清乾隆《四库全书》本五种版本；2.（熙宁）《长安志》二十卷图三卷，〔宋〕宋敏求撰，〔元〕李好文绘图，〔清〕毕沅校，该本为毕沅校本，有（1）清乾隆四十九年（1784年）镇洋毕氏灵岩山馆刻《经训堂丛书》本；（2）清光绪十三年（1887年）影印《经训堂丛书》本；（3）清光绪十七年（1891年）思贤讲舍重刻灵岩山馆本；（4）民国二十年（1931年）长安县志局铅印本四种版本。⑤相比《中国地方志综录》而言，藏书的图书馆数量有很明显的增加。更重要的是，基本厘清了有两种较为常见的版本，一为宋熙宁九年传下来的明刻本，一为清毕沅校刻本，这是一大进步。但是，熙宁九年本并没有流传下来，现存最早的是两种明刻本，明刻本与熙宁本有什么关系？两种明刻本之间有什么关系？明刻本和清毕沅校刻本这两种基础版本之间有什么关系？由基础版本而来的各版本之间是什么关系？各版本是如何流传的？这些都不得而知。

---

① 中国科学院北京天文台主编：《中国地方志联合目录》，中华书局，1985年。
② 中国科学院北京天文台主编：《中国地方志联合目录》"前言"，第1页，应为"1958年修订本"。
③ 〔元〕李好文著《长安志图》，后人多将《长安志》与《长安志图》合并为一，图文结合。
④ 嘉靖本是嘉靖十一年冬西安知府李经主持刊刻的，卷首有嘉靖十年十月康海序，卷尾有嘉靖十一年十月李经后序，所以造成了嘉靖本有十年和十一年两种说法。
⑤ 中国科学院北京天文台主编：《中国地方志联合目录》，中华书局，第162页。

辛德勇的《考〈长安志〉〈长安志图〉的版本——兼论吕大防〈长安图〉》[1]在有关《长安志》版本问题讨论的文章中最为精细，也最具代表性。辛德勇认为《长安志》流传下来的有成化四年（1468年）邰阳书堂刊本和嘉靖十一年（1532年）西安知府李经主持刊刻本两种明刻本，两书均是将《长安志图》置于《长安志》之前，且这两种明刻本是出自同一个元刻本。整体而言，成化本虽有漫漶不精及个别阙漏之处，但整体上比嘉靖本完善得多。现存的四库本《长安志》是依据嘉靖本刊刻的。世间传布较广的毕沅校刻本[2]是依据辗转出自成化本的一部抄本，但是该本"讹错尚多，非善本也"[3]。清末王先谦对毕沅校刻本进行了重新刊刻，民国二十年长安县志局的铅字排印本采用的也是毕沅校刻本，这两种版本流传也较为普遍。经过辛德勇的考证，《长安志》的版本和流传问题（如下图[4]所示）基本可以盖棺定论了。基于《长安志》现存版本情况，重新整理、校订《长安志》当以成化本为底本，主要对校嘉靖本，适当参考《四库全书》本和毕沅刻本，方能达到最佳效果[5]。

除此之外，还有一些论文就《长安志》文献学方面的问题作出讨论，如魏喜娥《宋敏求〈长安志〉引书钩稽》[6]对《长安志》的引书、引文进行系统梳理，在一定程度上证明了该志在辑佚、保存资料等方面的文献价值；张丽《〈长安志〉考略》[7]对《长安志》的版本情况、部分篇章的缺失，及后世对它的评价和影响等问题重新进行考索等。

（二）方志学方面，多是对宋敏求《长安志》的基础情况作简单的评述，并点出其在方志学上的地位和价值。改革开放的春风带来了新中国第二次修志热潮，在"盛世修志"的背景之下，全国出现了一大批方志学通论性和理论性著作，如刘光禄《中

---

[1] 辛德勇此文最初刊载于《古代文献研究集林》第2集（1992年），后收入作者《古代交通与地理文献研究》（中华书局，1996年）一书中。

[2] 毕沅刻本随后汇入所纂辑《经训堂丛书》，亦称经训堂本，或以毕氏斋号称为灵岩山馆刻本。

[3] 见吴氏古欢堂抄本吴翌凤《长安志》跋。

[4] 辛德勇：《古代交通与地理文献研究·考〈长安志〉〈长安志图〉的版本——兼论吕大防〈长安图〉》，中华书局，1996年，第319页。

[5] 三秦出版社2013年出版了由辛德勇和郎洁重新点校的《长安志·长安志图》，应该算是辛德勇对自己在文章中谈到的对《长安志》整理方法的兑现。但介于成化和嘉靖两个本子一直珍秘罕为人见，所以给现在的研究工作带来一定的困难，所以辛校本的《长安志》以中华书局《宋元方志丛刊》影印清毕沅刻本为底本，改本《长安志图》脱佚卷首李好文《序》和卷下《渠堰因革》首页，用台北影印文渊阁《四库全书》本作为底本补入，并且全书通校黄虞稷旧藏明成化邰阳书堂刻本和台北影印文渊阁《四库全书》本，参校明嘉靖李经刻本（辛校本《长安志·长安志图》凡例）。

[6] 魏喜娥：《宋敏求〈长安志〉引书钩稽》，硕士学位论文，东北师范大学中国古代文献学专业，2012年。

[7] 张丽：《〈长安志〉考略》，载《江西社会科学》2010年第6期，第245页。

国方志学概要》①，仓修良《方志学通论》②，周迅《中国的地方志》③，张格非主编《中国方志学纲要》④，王德恒、许明辉、贾辉铭《中国方志学》⑤，王德恒《中国方志学》⑥，杨军昌《中国方志学概论》⑦，林衍经《方志学综论》⑧等。傅振伦重新修订旧著《中国方志学通论》，并更名为《中国方志学》⑨，以补旧著不足。傅振伦再次强调了宋朝完成了由图经向方志的转变，方志正式定型，且"宋朝方志以《长安志》与《吴郡图经续记》为最古"⑩，指出《长安志》在方志学的发展史上具有重要的意义。其后王德恒的《中国方志学》也认为"宋敏求《长安志》……横排门类，内容综合，已成定型方志之体，反映了图经已有渐向方志过渡的事实"⑪。仓修良著《方志学通论》也延续了傅振伦的观点，认为《长安志》"是北宋所修以志命名的地方志唯一所能见到的著作，它对于方志发展历史的研究亦有着重大作用。它告诉我们，到了北宋时代，从内容到体例都已逐步在摆脱旧旧图经的框架和格局"⑫。将《长安志》置于方志发展史的角度来研究，反映了方志定型期的基本事实。

我国对方志进行目录学的总结，一般有两种形式：一是只录书名、卷数、纂修者、版本、藏书单位等，提供志书存在的线索，以供读者自行查阅；一是考录方志目录，又称书目提要，这要求所收录的每一志书条目不仅反映上述形式目录的各项事宜，还要负责审读、研究每一本志书的内容，对每一种志书力求搞清楚其修纂者的身份、时代背景、成书经历、主要内容、文献特征与价值、影响等，对这些项目以解释性的评语进行简单、凝练地概括。⑬第一种形式的代表性著作是1985年中国科学院北京天文台主编的《中国地方志联合目录》，上文已经提及，在此不作赘述。第二种形式的代

---

① 刘光禄：《中国方志学概要》，中国展望出版社，1983年。
② 仓修良：《方志学通论》，齐鲁书社，1990年。
③ 周迅：《中国的地方志》，山东教育出版社，1991年。
④ 张格非主编：《中国方志学纲要》，西南师范大学出版社，1992年。
⑤ 王德恒、许明辉、贾辉铭：《中国方志学》，文化艺术出版社，1994年。
⑥ 王德恒：《中国方志学》，大象出版社，1997年。
⑦ 杨军昌：《中国方志学概论》，贵州人民出版社，1999年。
⑧ 林衍经：《方志学综论》，华东师范大学出版社，2008年。
⑨ 修订书稿于1981、1982年在《河北师范大学学报》连载，分别为《中国方志学（连载之一、二、三、四、五）》。
⑩ 傅振伦：《中国方志学（连载之二）》第二章方志的起源与发展"第二节方志的发展及其定型"，载《河北师范大学学报》1981年第3期。
⑪ 王德恒：《中国方志学》，大象出版社，1997年，第96页。
⑫ 仓修良：《方志学通论》，齐鲁书社，1990年，第291页。
⑬ 金恩辉、胡述兆主编：《中国地方志总目提要·序》，汉美图书有限公司，1996年，第2页。

表性著作是全国性的方志书目提要——《中国地方志总目提要》①。该书"(熙宁)《长安志》"条介绍了作者宋敏求的基本情况、书的大致内容、几种版本，以及《长安志》的地位和价值。版本方面，没有《中国地方志联合目录》及辛德勇的文章介绍得细致，只是稍稍提到了有"成化四年（1468年）邰阳书堂刊本、嘉靖十年（1531年）李经刊本②、民国二十年（1931年）长安县志局铅印本"这几部主要的版本，甚至对于流传最为广泛、普遍的清毕沅校刻本都没有提及，但是整体上这段文字兼具版本、提要、目录三大功能，是对《长安志》介绍最全面、最准确的评述。

顾宏义的《宋朝方志考》③是21世纪初期宋代方志研究的代表，该书是专门为考辨宋志而作，考订了宋朝1031种路、州、县、镇之志（包括存佚），较张国淦《中国古方志考》所录增多近300种，又因《中国古方志考》效仿朱彝尊《经义考》体例多有可取之处，所以该书在体例上多取法于此④。《宋朝方志考》"(熙宁)《长安志》"条内容丰富，包括作者宋敏求的情况、赵彦若的《序》、《郡斋读书志》和《四库全书总目》的提要、《雍录》对其评价。更加值得注意的是，对各书所载卷数上的分歧作了讨论，对版本问题以及书中出现的有关坊市名称的脱误进行说明，相比张国淦的《中国古方志考》单纯是辑录和说明性的文字而言，这是一个进步。

20世纪80年代学者对宋代方志研究继续深入，一批概述性的论文出现，如黄苇《论宋元地方志书》⑤、黄燕生《宋代的地方志》⑥、黄燕生《宋代地方志的史料价值》⑦、刘纬毅《宋代方志述略》⑧等。21世纪对《长安志》在方志学上的研究进入新的阶段。孟蔷《〈长安志〉的编纂体例和特色》⑨论述了编纂体例上综合运用多种史书体例，点明了自注体在《长安志》体例中的重要性；编纂特色上，用词雅致、简洁、精练，体现了宋代方志中特有的人文情怀。田青刚《宋敏求与宋代方志编纂》⑩认为宋敏求的《长安志》在方志发展史上有重要的地位，在方志图书从地理考述向人文记载转变的过程

---

① 金恩辉、胡述兆主编：《中国地方志总目提要》，汉美图书有限公司，1996年。
② 是对《中国地方志联合目录》说法的沿用。
③ 顾宏义：《宋朝方志考》，华东师范大学出版社，2010年。
④ 顾宏义：《宋朝方志考》，华东师范大学出版社，2010年，第10页。
⑤ 黄苇：《论宋元地方志书》，载《历史研究》1983年第3期。
⑥ 黄燕生：《宋代的地方志》，载《史学史研究》1984年第3期。
⑦ 黄燕生：《宋代地方志的史料价值》，载《中国历史博物馆馆刊》1984年第6期。
⑧ 刘纬毅：《宋代方志述略》，载《文献》1986年第6期。
⑨ 孟蔷：《〈长安志〉的编纂体例和特色》，南昌大学2014年硕士学位论文。
⑩ 田青刚：《宋敏求与宋代方志编纂》，载《焦作师范高等专科学校学报》2010年第3期，第45页。

中发挥了重要作用。朱军《〈长安志〉与〈雍录〉比较研究》①对宋代记载长安地区的两部名志——《长安志》和《雍录》的作者、内容题材、优缺点进行比较，分析两书的价值和差异，以便于更好地利用和研究宋代方志。

（三）历史地理学方面，尤其是将《长安志》作为基本文献史料进行长安地区沿革地理的考证和利用。史念海对长安城历史地理研究领域有一些论文著述，以《唐代长安外郭城街道及里坊的变迁》②为代表，依据《长安志》《长安志图》和《唐两京城坊考》，结合实地考察和考古资料，从历史地理学的角度对长安外郭城的街道变迁和里坊设置进行考察。黄永年在先后校订《雍录》和《类编长安志》时，也对《长安志》作了大量详细、严谨的考证和辨析，对今天《长安志》的研究有重要的帮助。代表性的著作有严耕望《唐代交通图考》卷一《京都关内区》③、辛德勇《隋唐两京丛考》④、妹尾达彦的《长安的都市规划》⑤。

严耕望《唐代交通图考》考订了唐代的交通地理沿革，内容翔实，考据严谨，以"区"分为6卷，以"路线"为篇，分述交通路线沿途的行政设置、津渡驿站、山河地理、寺观古迹，加以距离远近的考证，每篇之后另附地图，是一部规模和价值均具有空前意义的交通史断代巨著，体大思精，"堪称中国历史交通地理著作之经典"⑥。虽然由于两岸学术交往不畅、缺乏大量实地考察等诸多原因，造成严耕望考证过程中存在缺陷，但是仍不能掩盖《唐代交通图考》在中国历史人文地理学上的光辉。第一卷《京都关内区》对驿站、驿程、交通路线的考订，如都亭驿、滋水驿、长乐驿等大量运用到《长安志》的材料。对"长安都亭驿"的考证问题上，严耕望根据《长安志》的材料唐长安城有两个"都亭驿"，但辛德勇依元代骆天骧《类编长安志》考证出都亭驿只有通化坊一处，另一处为《长安志》讹文。⑦另外，辛德勇在严耕望影响下，立足于前人的研究成果，依据《长安志》等历史文献资料，写了《隋唐时期长安附近的

---

① 朱军：《〈长安志〉与〈雍录〉比较研究》，载《商丘师范学院学报》2011年第11期。
② 史念海：《唐代历史地理研究·唐代长安外郭城街道及里坊的变迁》，中国社会科学出版社，1998年版，第272—312页。
③ 严耕望：《唐代交通图考》卷一《京都关内区》，中研院历史语言研究所专刊之八十三，中央研究院历史语言研究所，1985年5月。
④ 辛德勇：《隋唐两京丛考》，三秦出版社，1991年。
⑤ ［日］妹尾达彦著，高兵兵译：《长安的都市规划》，三秦出版社，2012年。
⑥ 邬建麟：《严耕望史学研究》，博士学位论文，华东师范大学史学理论与史学史专业，2013年。
⑦ 辛德勇：《唐长安都亭驿考辨——兼述今本〈长安志〉通化坊阙文》，收入辛氏著《古代交通与地理文献研究》，第113—116页；另见辛氏著《隋唐两京丛考》，上篇之第34节"都亭驿考辨"条，第87—93页。

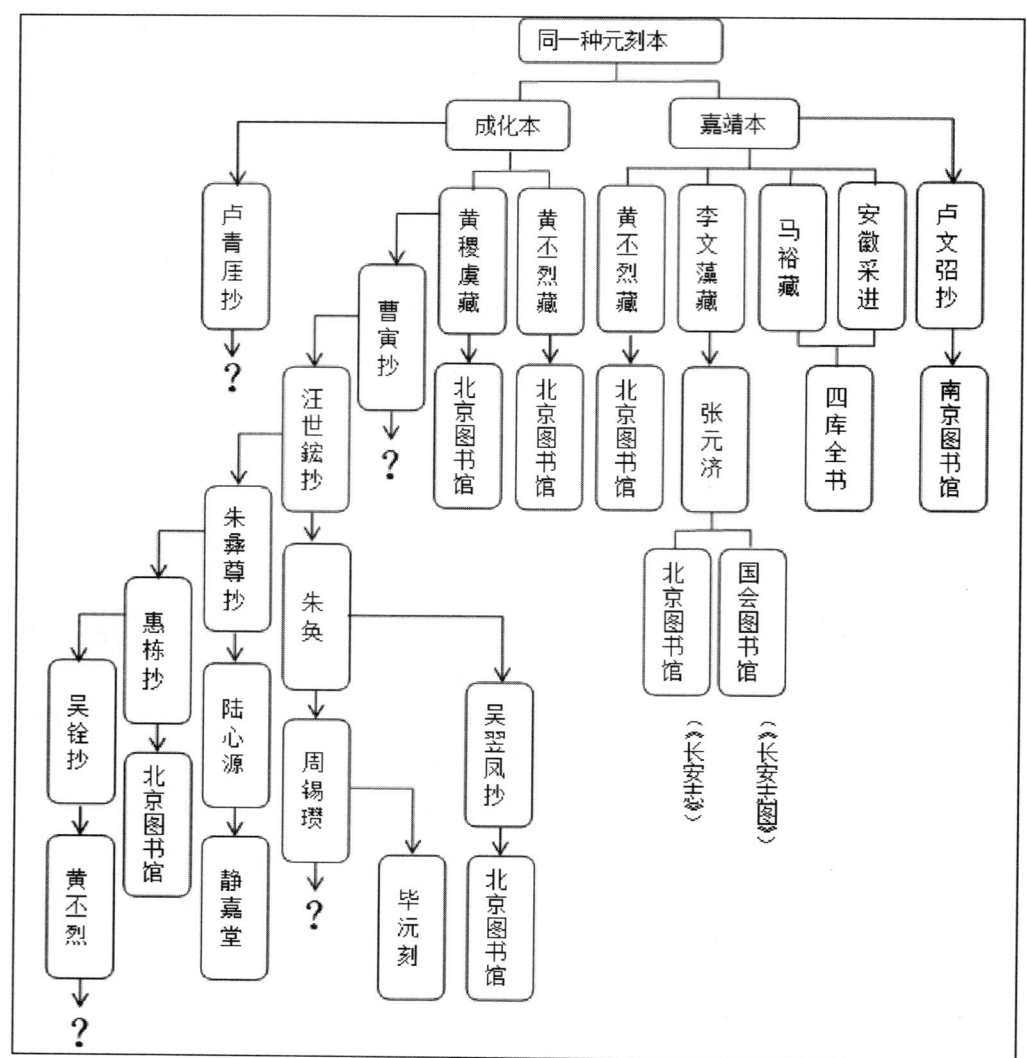

陆路交通》①一文，深刻探讨了唐代关中地区的交通路线，特别是对唐长安城及其附近地区的交通形势进行深入研究，对前人的研究成果作了很大的补充和订误。

辛德勇对隋唐长安、洛阳两城的城墙宫殿、坊市府邸、寺观道路等基本建置问题作过深入研究②，并且后来将这一问题作为其博士学位论文的选题，依靠考古资料、实地勘探和发掘以及文献记载，著成《隋唐两京丛考》一书。上篇"西京篇"对《长安志》保存的城坊资料进行了大量利用，对唐长安城中的城门、坊市、宫殿、寺观、府邸、

---

① 辛德勇：《古代交通与地理文献研究》，中华书局，1996年，第142—165页。
② 辛德勇：《古代交通与地理文献研究·后记》，中华书局，1996年。

驿站等位置、范围、由来等作了大量地理文献的考辨分析，综合历史、文献和地理知识，解决了前人长期没有解决的关于隋唐两京的疑难问题，对研究《长安志》有很大的指导作用。

日本学者对长安城的研究代表作是妹尾达彦的《长安的都市规划》，该书将《长安志》作为其三大基础文献之一，[①]从全球化的视角，把唐代长安城的空间结构定位置于世界文明中重新审视，同时将唐长安城的城市规划与传统中国的宇宙观、礼制思维相对照，并且涉及市井生活与城市布局的关系，是21世纪初日本长安研究的代表作。

除此之外，还有大量的论文，如朱雷《唐"籍坊"考》[②]、龚胜生《唐长安城人口札记二则》[③]、舒峤《唐代长安城的坊》[④]、辛璞玉《〈长安志〉对〈水经注〉"交水"条的割裂与曲解》[⑤]、陈忠凯《唐长安城坊里名称变更之探析》[⑥]、马强《新出土唐人墓志与唐代历史地理研究的新拓展》[⑦]、李磊《〈长安志〉载大业坊相关问题考》[⑧]等。

（四）区域文化方面，主要是长安文化的定义、阐发和延伸。从空间的维度来看，"秦中自古帝王乡"，关中平原八百里沃野，钟灵毓秀，文化底蕴厚重悠长，它的地域特色直接决定了它的文化性格和内涵。从时间的角度来看，十三朝古都，从秦汉至隋唐，长期作为国家政治、经济、文化中心的长安城处于世界经济文化的顶峰，有着开放性和包容性的都城文化。《长安志》中有关宫殿、城墙、坊市、寺观等章节集中体现了隋唐长安城的帝都风貌、城市建设、市井文化、宗教文化等，这些内容正是长安文化的重要组成部分。基于长安文化角度来理解，《长安志》并不仅仅是宋敏求的这一本方志，而是以《长安志》为代表的一系列以长安区域研究为中心的历史文献。

关于长安文化，概括得较为全面的是朱士光的文章，其在《论汉唐长安文化的内涵与特点》[⑨]中提出长安城作为唐王朝的都城展现出了雄伟辉煌的帝都气象、兼收并蓄

---

① 另为唐韦述《两京新记》和清徐松《唐两京城坊考》。
② 朱雷：《唐"籍坊"考》，载《武汉大学学报》（社会科学版）1983年第5期。
③ 龚胜生：《唐长安城人口札记二则》，载《中国历史地理论丛》1991年第3辑，第194页。
④ 舒峤：《唐代长安城的坊》，载《中国历史地理论丛》1993年第1辑，第106页。
⑤ 辛璞玉：《〈长安志〉对〈水经注〉"交水"条的割裂与曲解》，载《中国历史地理论丛》2001年第3辑，第19—21页。
⑥ 陈忠凯：《唐长安城坊里名称变更之探析》，载《中华传统文化与新世纪国际学术研讨会论文集》2001年。
⑦ 马强：《新出土唐人墓志与唐代历史地理研究的新拓展》，载《中国历史地理论丛》2013年第4辑，第84—92页。
⑧ 李磊：《〈长安志〉载大业坊相关问题考》，载《牡丹江师范学院学报》（哲社版）2016年第1期。
⑨ 朱士光：《论汉唐长安文化的内涵与特点》，见中国古都学会：《中国古都研究》（第12辑），山西人民出版社，1998年。

的博大胸怀和开放进取的精神风貌,影响深远,有着重要的历史借鉴意义;在《中国古都学的研究历程》①中强调,除了要注重表层的文化形式之外,还要注重更深层次的影响古都发展甚至历史进程的制度性的文化因素。王亚荣《长安文化的定义及其特征》②从文化传统的整体性上对长安文化的定义进行探讨,并对其文化形态的发展阶段、主观基础、客观条件进行研究,归纳出长安文化的五大特征,强调长安文化作为中国传统文化的重要组成部分,值得继承发扬。

关于长安文化的著作十分丰硕,20世纪80年代起,由史念海主编、三秦出版社编辑出版了"古长安丛书";2002年以来,由崔林涛担任编辑委员会主任,组织西安地区的专家学者编著、撰写,西安出版社出版了"古都西安丛书";2006年由魏全瑞主编,三秦出版社整理出版了有关长安地区的史地文化典籍"长安史迹丛刊"③;张永禄的《唐都长安》④从长安立都的条件、都城的营建、布局规划、建筑制度以及都城的政治经济文化生活等方面进行了综合研究,将文献资料和考古成果结合,并进行实地考察,是一部唐都长安城的专史⑤;李炳武主持编辑的《长安学丛书》⑥对长安的文化艺术、历史地理和政治宗教等都分别作了论述,统揽以长安为中心的各个领域的资料,进行了更加综合的整理,并在此基础上立论创派,力求勾勒出"长安学"⑦的基本轮廓,对研究长安的历史地理文化有很大的参考价值;2009年北京大学出版社出版的《唐研究》第15卷集中刊发了有关长安学研究的19篇论文,被称为"'长安学'研究专号",研究视角新颖,研究的问题多微观具体,代表了长安学研究的新潮流。尽管如此,还

---

① 朱士光:《中国古都学的研究历程》,中国社会科学出版社,2008年。
② 王亚荣:《长安文化的定义及其特征》,《长安大学学报》(社会科学版)2010年第2期。
③ 魏全瑞主编:《长安史迹丛刊》,主要包括《类编长安志》《西京杂记》《三辅黄图校注》《三秦记辑注·关中记辑注》《三辅记录·三辅故事·三辅旧事》《关中佚志辑注》《两京新记辑注·大业杂记辑佚》《游城南记校注》《南山谷口校注》《隋唐两京丛考》,书前仍采取史念海主编"古长安丛书"撰写的总序。
④ 张永禄:《唐都长安》,西北大学出版社,1987年。
⑤ 张永禄:《唐都长安》,西北大学出版社,1987年,"张岂之《序》",第1页。
⑥ 李炳武主编:《长安学丛书》(共八卷),陕西师范大学出版社,2009年。
⑦ 黄留珠认为,以长安为中心的关中文化乃至整个陕西文化作为中国众多区域文化之一,可称之为"长安文化"或"长安文明",对长期以来有关长安文化、长安文明的研究,称之为"长安学"。见《论长安文化》,《长安大学学报》(社会科学版)2012年第3期;《长安学研究述评》,《长安大学学报》(社会科学版)2014年第1期。

是能很明显地看出，古籍整理选目不够全面①，而研究性丛书的选题也有疏漏，更为严峻的是，除了黄亚新《长安文化》②一书外，有关长安文化理论阐述的升华性著作几乎没有。所以以《长安志》及相关文献为中心的长安文化研究，仍有诸多领域可以继续开发和拓展。③

四、结语

宋敏求《长安志》作为一部重要的历史地理文献，不仅是"后世研究唐代及唐以前长安都城的主要文献资料"④，而且在方志学发展史上也占据着重要的地位。但是在20世纪以前，学者对其关注有限，仅限于以散记稍稍提及版本和流传情况。20世纪以来，对《长安志》的研究开始进入一个崭新的时期。新中国成立以前，学者大多延续乾嘉的考据学风继续对版本和流传情况进行说明，同时随着近代方志学的建立，《长安志》在方志学上的地位被发掘。新中国成立至改革开放，新中国成立对《长安志》研究起到了促进作用，不过由于对外的学术交流比较少，研究受限，所以只是在版本和流传方面有进步，其余方面少有探索。改革开放以来，对《长安志》的研究趋于多元化，研究和应用的领域也愈加丰富，涉及文献学、方志学、历史地理学、区域文化学等方面，成果斐然。海外学界，尤其是日本学界在这三个阶段同样也有不同层次对《长安志》的探讨，从实地考察与文献资料结合转向多方面运用史料，研究愈加深入，他们采取的不同视角和研究方法值得我们关注和借鉴。

虽然对《长安志》的研究已经很丰富，领域也更为多元，但是在一些方面还是略显不足。就《长安志》本身而言，版本考订限于材料原因似乎已经无法再进一步推进了，但是和其他以长安为中心进行记述的历史文献的对比还有很多研究可以继续。就研究方面而言，多是以《长安志》作为基本史料进行应用，少有考虑到以宋敏求为代表的宋代文人在叙述前代都城时的史学情感，分析宋人视角下的唐长安城。这些方面都是需要进一步的研究。

"据统计全国保存的各种方志有八千五百种左右⑤，共十一万多卷，占我国现存

---

① 史念海曾撰文提及整理长安地区的古籍文献应"分为五集：甲集、整部撰述，或后世的辑本；乙集、专篇撰述、或由其他著作中节录的有关篇章；丙集、记游撰述而未集成专著者；丁集、诗词歌曲；丁集、近人专著"。
② 系1989年陕西师范大学出版社出版的《中国文化史概论》之上卷。
③ 朱士光：《长安文化之形成及深入推进其研究之管见》，载《长安大学学报》（社会科学版）2010年第2期。
④ 冯文慧：《宋敏求〈长安志〉研究》，硕士学位论文，青海师范大学中国古代文献学专业，2012年。
⑤ 《中国方志大辞典》"傅振伦《序》"有不同意见，认为"传世志书，约8700余种"。

古籍十分之一左右。"① 如何对这样一批规模庞大的文献资料进行合理有效的运用是一个值得探讨的话题。这 100 多年来《长安志》的研究状况是中国近现代地方志书研究状况的缩影，通过本文对 20 世纪以来《长安志》研究的梳理，希望能对其他地方志书的研究起到借鉴作用。

A Review of the study of Song Minqiu's *Chang'an Zhi (Chang'an Chronicles)* Since the 20th Century

Ma Sen

(Northwest Institute of Historical Environment and Social-Economic Development, Shaanxi Normal University, Xi'an, Shaanxi, 710062)

Abstract: Before the 20th century, Chang'an zhi (Chang'an Chronicles) by Song Minqiu, as an important work of historical geography, had not received due attention for a long time. Only a few scholars discussed it and the research was limited to its version and circulation. Since the 20th century, the research on "Chang'an zhi" has been gradually deepened. The establishment of new China and Economic Reform and Opening-up actually divided the study of it into three stages. At the same time, the Japanese scholars also have been deepening their research on "Chang'an zhi", and the research results are worthy of attention and reference. Among the numerous local chronicles in China, the study of Chang'an since the 20th century, as the epitome of the study of modern and contemporary local chronicles, has served as a reference for the study of other local chronicles.

Key words: Song Minqiu; *Chang'an zhi*; local chronicles

---

① 仓修良：《方志学通论·前言》，第 1 页。